नवभारत

वाणी प्रकाशन
नई दिल्ली-110002

नवभारत

वी.रा. जगन्नाथन

नवभारत
वी. रा. जगन्नाथन

वाणी प्रकाशन
4697/5, 21-ए, दरियागंज
नयी दिल्ली-110002

प्रथम संस्करण : 1992 ISBN 81-7055-252-4

मूल्य : 60.00

चित्र : रवि सिन्हा

लेज़र टाईप सेटिंग
सीता कम्पोजर्स प्रा. लि.
एच-135, फ़ेज़-I, अशोक विहार, दिल्ली-52
फ़ोन : 7231789

मुद्रण
विशाल आफसेट, नवीन शाहदरा, दिल्ली-32

NAVBHARAT (A Novel)
by Dr. V. R. Jagannathan

मानवता के नाम

1

नंबर 4-3 म 35 नियमानुसार अपने चिंतन सत्र से उठा और दफ़्तर जाने की तैयारी करने लगा। 35 (उसके सहयोगी उसे इसी नाम से बुलाते थे) के लिए आज का दिन और दिनों से कोई भिन्न नहीं था। रोज़ की तरह उसकी पत्नी स 35 (अर्थात 4-3 स 35) कुछ देर पहले दफ़्तर चली गयी थी और जाते समय उसे नवक्रांति चिंतन की शुभकामना दे गयी थी। उसके दोनों बच्चे रोज़ की तरह शिक्षा सत्र पूरा करके अंदर खेल रहे थे। आख़िर छोटे बच्चे ही तो थे। बड़ी लड़की 35 स अ की उम्र होगी कोई 24 साल; छोटा बच्चा 35 म अ करीब 18 साल का था। दोनों के लिए संगणक में दिन भर के लिए सारे नियम भरे जा चुके थे। दिमागी खेल के बाद वे दोनों कुछ देर आराम से हुड़दंग मचा सकते थे। संगणक बच्चों की ओर से किसी दौड़ा-दौड़ी के ख़िलाफ़ नहीं था, बशर्ते बच्चे नियत समय में अपना कार्य कर लें, ठीक से पठन, स्वास्थ्य परीक्षण आदि कार्य पूरे कर लें। खेल के बाद संगणक उन्हें आराम करने का आह्वान देता और दोनों अपने सिरहाने संगणक का प्रशमन तंतु रखकर सो जाते। वे दुपहर को तब तक सोते रहते, जब तक संगणक उन्हें पुनः भोजन के लिए जगा न देता।

35 घर से निकलने ही वाला था। दीवार पर उसका यान आने वाला था। इसी बीच घर के अंदर किसी के ज़ोर से गिरने और अचानक चीख़ने की आवाज़ आयी।

35 का सिलसिला टूटा। वह यान में जाने की जगह तेज़ी से बच्चों के कमरे की ओर भागा। 35 म अ नीचे गिर गया था और उसे ठुड्डी में चोट लग गयी थी। वह तुरंत टर्मीनल के पास बच्चे को लेकर गया और जाँच करवायी। संगणक टर्मीनल ने जाँच करके बताया कि चोट मामूली है और बाकी सब शारीरिक क्रियाएँ सामान्य हैं। थोड़ा-सा ख़ून निकला था। संगणक ने मलहम क ऊ 12 द लगाने की ताकीद की और हर चार घंटे में जाँच की सलाह दी। 35 ने रोते बच्चे को चुप करने के लिए उसे संगणक के पीड़ा शमन तंतु से जोड़ा। बच्चा चुप हो गया। उसने बटन दबाकर मलहम की माँग की, जो कुछ ही क्षणों में उसे मिल गया। उसने बच्चे को मलहम लगाया, फिर संगणक में हर चार घंटे में जाँच के आह्वान की ताकीद भरी। इन सारे कार्यों में उसे मुश्किल से 5-6 मिनट का समय लगा होगा। लेकिन उसे बेचैनी होने लगी। और दिन होता, तो वह किसी तरह निभा लेता। आज ठीक 11 बजे अंतर्राष्ट्रीय संगणनवेत्ताओं का विश्व अधिवेशन शुरू होने वाला था। ठीक 10.59.52 पर विश्व के चारों देशों के 3,642 संगणन विभागों के 58,415 संगणनवेत्ता उद्घाटन के लिए एक दूसरे से जुड़ जाते और ठीक 11 बजे नवभारत के प्रधानमंत्री उन्हें संबोधित करते। क्या यह कभी संभव था कि एक बच्चे की चोट की वजह से इतने महत्वपूर्ण कार्यक्रम में कोई व्यवधान आए। बच्चे की देखरेख किये बिना वह जा भी नहीं सकता था। अगर बच्चे की हालत

में कुछ भी बिगाड़ आता, तो स्थानीय प्रशासन उसके ख़िलाफ़ गैरज़िम्मेदारी और कर्त्तव्यच्युति का आरोप लगाता और उसे कर्त्तव्यपारायणता का सत्र पूरा करना पड़ता। लेकिन इस देरी को बचाने के लिए वह कुछ भी नहीं कर सकता था। अगर खाना छोड़ता है, तो टर्मीनल का पूर्वनियोजित क्रम टूट जाता और आगे के कार्यक्रमों में खलल पड़ जाती। फिर स्थानीय प्रशासन भी उससे जवाब तलब करता। अधिवेशन के आयोजन में उसके अपने कार्य को देखने के लिए कोई दूसरा व्यक्ति भी नहीं मिल सकता था। सब लोग अपने-अपने कार्य में व्यस्त होते। जब तक सारा कार्य अवरुद्ध होने की स्थिति न आ जाती, किसी को यह मालूम भी न होता कि वह अपनी जगह उपस्थित नहीं है।

उसने देखा कि उसका यान वापस जा चुका है। यान किसी के यहाँ दस सेकेंड से ज़्यादा रुकता नहीं था। उसे कई घरों से लोगों को ले जाना होता था। अगर वह समय से सब घरों से न निकले, तो समय पर लोगों को दफ़्तर पहुँचा नहीं सकता था। उसकी घबराहट और बढ़ गयी। देर से पहुँचने के परिणाम की कल्पना कर वह सिहर उठा। उसके लिए यह अनुभूति बिल्कुल नयी थी। आशंका, आतुरता और चिंता की यह अनुभूति बता रही थी कि अब भी वह एक व्यक्ति है। जीवन के मशीनी क्रम के रहते अब भी उसे अपना रास्ता या उपाय सोचने की आवश्यकता पड़ रही है। उस सोचने में उसे मानसिक भावनाओं के वशीभूत होना पड़ा, जो उसके लिए नया अनुभव था। उसने सोचा कि वह इस पहलू पर विचार करेगा और अगले चिंतन सत्र में संगणक से सवाल करके हल पाने की कोशिश करेगा। इस समय उसके सामने समय पर दफ़्तर पहुँचने की समस्या थी। उधेड़बुन की इस अवस्था में उसने अपने कलाई टर्मीनल से आपत्कालीन वाहन की माँग की और किसी तरह समय पर अपने कार्यालय पहुँच गया।

2

ग्यारह बजने से ठीक आठ सेकेंड पहले सभी देशों के संगणक सर्किट से जोड़े गये। छह सेकेंड पहले राष्ट्रीय सर्किटों की जाँच की गयी, चार सेकेंड पहले अंतर्राष्ट्रीय सर्किट की जाँच की गयी। तीन सेकेंड पहले दृश्य पटल की जाँच की गयी और दो सेकेंड पहले उद्घाटन की घोषणा की गयी। एक सेकेंड था, तब दृश्य पटल प्रकाशवान हुआ। ठीक ग्यारह बजे नवभारत के प्रधानमंत्री 1-1 म 1, जो कि संगणन विश्लेषण विभाग भी सम्हाले हुए थे, संगणक के दृश्य पटलों पर आये और अधिवेशन के शुभारंभ की

घोषणा की। उसके बाद नवभारत के संगणन उपमंत्री ने अपने देश की तथा अन्य तीनों देशों के मंत्रियों या उपमंत्रियों ने अपने-अपने देश की स्थिति का ब्योरा दिया। अधिवेशन का मुद्दा यही था कि किस तरह देश का प्रशासन खाद्योत्पादन, यातायात, जलवायु नियंत्रण, मनुष्योत्पादन आदि क्षेत्रों में संगणन विश्लेषण और नियंत्रण क्या कार्य कर रहा है और क्या कोई समस्या रह गयी है, जिसे सुलझाने में संगणक की सहायता ली जा सकती है।

बाद में नवभारत के प्रधानमंत्री अपने अभिभाषण में कहने लगे -"मित्रो, अक्सर संगणनवेत्ताओं से यह सुनने में आता है कि हम मशीन बनते जा रहे हैं या मशीनें हम पर शासन कर रही हैं। ऐसे कथनों का तात्पर्य मेरी समझ में नहीं आता। हमीं ने मशीनों की ईजाद की है और मशीनों से हमीं काम ले रहे हैं। मशीनें कभी आदमी का स्थान नहीं ले सकतीं, न ही मशीनें हम पर हावी हो सकती हैं। कुछ ही हज़ार साल पहले की बात है। तब आदमी के पास मशीनों का अधिक सहारा नहीं था। उस समय लोग अपने जीवन को नियंत्रित नहीं कर पाये थे। रोग से मौत, खाद्यान्न का अभाव, वाहनों की दुर्घटनाएँ और लोगों की मौत -- ये सब बातें सुनने में कितनी अजीब लगती हैं! आज हम इन सबकी कल्पना भी नहीं कर सकते । पता नहीं, लोग कितनी आदिम अवस्था में थे! आप सुनेंगे तो विश्वास भी नहीं करेंगे। उस समय लोग कभी बारिश से मर जाते थे, कभी घर में आग लगने से मर जाते थे। बहुत से लोग तो खाना खाने से उत्पन्न कई बिमारियों से मर जाते थे। आप सोचेंगे कि आदमी खाना खाने से मर कैसे सकता है! वे हमारी तरह पोषक तत्त्व नहीं लेते थे, बल्कि जानवरों की तरह अपने पेट में पेड़-पौधे और कभी-कभी ज़िंदा जानवरों को भी डाल लेते थे। हम उस आदिम अवस्था से बहुत आगे आ गये हैं। क्या आप लोग चाहते हैं कि हम अपने विकास को छोड़कर फिर से उस आदिम अवस्था में पहुँच जाएँ? शिक्षा में सुधार के कारण हमारी नयी पीढ़ी शुरू से ही जीवन के नये मूल्यों को अपना लेती है और जीवन के सहज, सामान्य रास्ते पर चलती है। क्या आप चाहेंगे कि हम उस बर्बर अवस्था में पहुँचें, जिसमें कई ख़राबियाँ थीं? चोरी, हत्या, भुखमरी, बलात्कार, यौन रोग, देशद्रोह, आंदोलन, युद्ध-- आपमें से कई लोग इन शब्दों का अर्थ भी नहीं जानते होंगे। ये सिर्फ़ शब्द नहीं हैं, उस युग के जीवन की रीति के परिचायक हैं। अगर आप आज का जैसा आनंद युग चाहें, जिसमें शांति है, और परेशानियाँ नहीं हैं, तो आप मशीनी संस्कृति से मुँह नहीं मोड़ सकते। हाँ, यह तो संभव नहीं है कि हम उन्नति, समृद्धि और जीवन की शांति भी चाहें और साथ ही उच्छृंखल व्यक्ति-स्वातंत्र्य और वैचारिक अराजकता भी........।"

प्रधानमंत्री का भाषण चलता रहा। उसका मन भाषण में नहीं लगा। इसलिए नहीं कि वह यह भाषण कई बार सुन चुका था और उसके लिए कोई नई बात नहीं थी, बल्कि इसलिए कि वह अपने बच्चों के बारे में सोचने लगा था। उसे लगा कि वह घर से संपर्क कर बच्चों की स्थिति मालूम करे और पत्नी को चोट लगने की सूचना भी दे दे। फिर उसे यह सोचकर हँसी भी आयी कि पत्नी क्या सोचेगी। वह तो उसकी तरह बिल्कुल विचलित नहीं होगी, क्योंकि वह जानती है कि संगणक नियंत्रण के रहते उसके चिंतित होने की न कोई आवश्यकता है, न ही कोई मतलब। मनुष्य परेशान होकर कर भी क्या सकता है? चिंतित होने पर उसकी पत्नी यह भी सोच सकती है कि 35 के मन में कोई अप्राकृतिक विकृति आ गयी है। वह संगणक के साथ किसी सत्र में इसकी चर्चा भी कर सकती है। 35 ने पत्नी से बात करने की इच्छा को रोका और अधिवेशन की कार्रवाई में मन लगाने का यत्न करने लगा। उसे ख़ुद यह सोचकर परेशानी हो रही थी कि उसके मन में इन दिनों ऐसी कमज़ोरी क्यों आने लगी है। मनुष्य जीवन में ऐसी भावनाओं का स्थान नहीं होना चाहिए। ये माया तत्त्व मनुष्य के व्यक्तित्व को नष्ट कर देते हैं और राष्ट्र को कमज़ोर कर देते हैं। उसे बचपन से यही शिक्षा मिली थी। लेकिन उसने अनुभव किया कि वह प्रेम, दया आदि कमज़ोरियों के वशीभूत हो जाता है। कुछ वर्षों से उसके मन में ऐसी कमज़ोरियाँ बढ़ने लगी हैं। उसने मन की कुलबुलाहट पर रोक लगायी और अधिवेशन समाप्त होने का इंतज़ार करने लगा।

3

शाम को वह पत्नी के आने से पहले ही घर पहुँचा। बच्चे ठीक-ठाक थे, अध्ययन सत्र में रत थे। उन्हें सही हालत में देखकर वह शांतचित्त हो गया था। संगणक के सूचना तंत्र से मालूम हुआ था कि बच्चे की चोट ठीक होने लगी है। कटी कोशिकाओं के स्थान पर नयी कोशिकाएँ बनने लगी हैं और रक्त संचार ठीक से चल रहा है। लड़के की स्थिति को देखकर उसके मन में जो व्याकुलता पैदा हुई थी, वह उसके लिए एक नयी, सुखद अनुभूति थी। उसने लड़के के पास जाकर उसके सिर पर हाथ फेरा। लड़का शिक्षण सत्र के बीच में बाधा उपस्थित किये जाने पर अपने भावशून्य चेहरे पर उभरी प्रश्न मुद्रा से उसकी ओर देखने लगा। उन बच्चों ने माता-पिता से भावात्मक स्तर पर व्यवहार की अपेक्षा नहीं की थी, न ही वे भावाभिव्यक्ति के आदी थे। पिता कभी-कभी ममता का भाव प्रकट करता था, लेकिन बच्चे उस स्थिति से अपरिचित-से थे। वे अपने

समाज में किसी से भाव प्रकटन की अपेक्षा नहीं करते थे। बच्चों को 50 साल की उम्र तक घर में रहना होता था। इस व्यवस्था में माता-पिता घर के दो अन्य सदस्य थे, बस।

थोड़ी देर में उसकी पत्नी दफ़्तर से लौटी, तो उसने उसे दिल का हाल कह सुनाया और अपनी व्याकुलता की चर्चा की। पत्नी ने उसकी मानसिक अवस्था पर विस्मय प्रकट किया। उसने कहा, "संगणक के रहते तुम्हें चिंतित होने की क्या ज़रूरत थी? और चिंतित होकर तुम कर भी क्या सकते थे?" 35 ने पत्नी से कहा, "सवाल यह नहीं है कि हम क्या कर सकते हैं। मेरी चिंता यह भी नहीं थी कि हम क्या कर सकते हैं या नहीं कर सकते। मुझे इस बात का दुख हुआ कि मेरा बेटा बीमार हुआ। मैं उसके सुख की कामना करता हूँ। बच्चों से प्यार करता हूँ न, इसलिए।" पत्नी कुछ कठोर स्वर में बोली, "वे तुम्हारे बच्चे नहीं हैं। वे राष्ट्र के बच्चे हैं। तुम बेकार ही भावनाओं के बहाव में बह रहे हो। यह नहीं जानते कि नवजीवन के दर्शन में भावनाओं का कोई स्थान नहीं है?" "क्या प्यार करना भी गलत बात है? मैं तुमसे प्यार करता हूँ? क्या तुम कह सकती हो कि तुम मुझसे प्यार नहीं करती हो?" 35 ने पत्नी से सवाल किया। एक क्षण के मौन के बाद उसकी पत्नी ने कहा, "इसमें प्यार की बात कहाँ से आ गयी? हर स्त्री को एक पुरुष चाहिए। इसलिए हम दोनों साथ हैं। हो सकता है कि कल मुझे दूसरा पति दे दिया जाए। फिर मैं उसके साथ रहूँगी। दोनों साथ में रहेंगे, एक दूसरे से यौन तुष्टि पाएँगे, मैं उसके बच्चों के साथ रहूँगी। ऐसी स्थिति में जीवन में भावनाओं का क्या स्थान है?"

35 कुछ रुष्ट-सा होकर बोला, "यही तो परेशानी है। हम मानव हैं, हमने अपने जीवन की सुविधाओं के लिए इन मशीनों का निर्माण किया है। लेकिन अब ...? हम इन मशीनों के अंग बन गये हैं। हमारी सारी भावनाएँ, विचार, व्यवहार सब मशीनों से नियंत्रित होते जा रहे हैं। मैं इन मशीनों से अलग एक व्यक्ति हूँ, एक स्वतंत्र मनुष्य; मेरी अपनी भावनाएँ हैं। लेकिन विकसित समाज का यह तात्पर्य नहीं है कि मनुष्य भी मशीनों की तरह राग-द्वेष से परे हो जाए। प्यार, घृणा, क्रोध, ईर्ष्या, मोह, ममता ये सब मनुष्य के सहज भाव हैं। इन्हीं से जीवन का सुख-दुख भी जुड़ा है। इनके अभाव में मुझे लगता है ज़िंदगी वीरान और नीरस हो गयी है।" पत्नी ने कुछ अविश्वास से उसकी बातें सुनीं। फिर उसे झिड़कते हुए- से कहा, "तुम्हारे विचार आधुनिक युग से मेल नहीं खाते। हम यह मानकर चल रहे हैं कि व्यक्तिगत भावनाओं और विचारों का राष्ट्र के लिए कोई महत्व नहीं है। हमें उन्हीं रास्तों पर चलना है, जो राष्ट्र ने हमारे लिए निश्चित किये हैं। अच्छा हुआ तुमने सिर्फ़ मुझसे ये बातें कहीं। अगर चिंतन सत्र में तुमने ऐसे विचार प्रकट किये, तो तुम्हारे लिए बड़ी परेशानी हो जाएगी। तुम यह भूल जाते हो

कि हम सब एक उन्नत, आधुनिक समाज के ज़िम्मेदार सदस्य हैं और समाज की व्यवस्था हमारे लिए सर्वोपरि है। किसी व्यक्ति को यह अधिकार नहीं है कि वह स्वतंत्र रूप से अपने विचार रखे और भावना आदि की दुहाई दे।" उसने पत्नी से इससे अधिक कोई चर्चा करना नहीं चाहा। नहीं तो वह चिंतन सत्र में अपने पति के मानसिक असंतुलन और वैयक्तिक विचारों की बात कह देती और फिर उससे बेकार में जवाब तलब किया जाता। रह-रहकर उसके मन में यह बात आती रही कि आख़िर समाज में उसका अस्तित्व क्या है! वह जिस समाज का सदस्य है, वह उसे इतना क्यों बाँध देता है कि वह अपने ढंग से कुछ सोच न सके, अपनी बात न कह सके और अपनी इच्छा से कोई कार्य न कर सके। आख़िर वह मनुष्य है, सोच-विचार कर सकने वाला चिंतनशील प्राणी है।

भोजन से पहले वह पत्नी के साथ चिंतन सत्र में शामिल हुआ। दोनों ने अपने को संगणक संपर्क तंतु से जोड़ लिया। चिंतन सत्र में लोग बीस मिनट तक संगणक से बातचीत करते थे। वे अपने सारे सवाल संगणक के सामने रख सकते थे और संगणक उनके हर सवाल का उचित जवाब देता था। उसने संगणक से प्रश्न किया--समाज में व्यक्ति का क्या स्थान है? संगणक ने उत्तर दिया--आधुनिक समाज व्यक्तियों का संगठित समूह है। उसमें रहने वाला हर व्यक्ति समाज का अंग है और उसे समाज की स्वीकृत पद्धति के अनुसार जीना है। इसी में विश्व कल्याण है। 35 ने फिर सवाल किया-- इस पद्धति का निर्माता कौन है? कौन वह व्यक्ति या संगठन है, जो लोगों के जीवन के तौर-तरीके निश्चित करता है, सारे नियम-कानून बनाता है? उत्तर मिला--नवभारत का प्रशासन तंत्र, जिसके तुम भी सदस्य हो। उसने पूछा--लेकिन मैं कभी नियम बनाने की प्रक्रिया से नहीं जुड़ा था। न ही कभी किसी ने मुझसे नियम बनाने के संबंध में कोई राय माँगी। संगणक ने प्रताड़ना के शब्दों में कहा--ये नियम रोज़-रोज़ नहीं बना करते, न ही हर व्यक्ति से इसकी राय ली जाती है। ये लंबे समय से चले आ रहे हैं और समय की कसौटी पर खरे उतरे हैं। समाज में हर व्यक्ति का धर्म है कि वह नियमों का पालन करे। तुम्हारा व्यक्तिगत कर्त्तव्य है कि तुम व्यवस्था में बने रहो और इस व्यवस्था को बनाये रखने में राष्ट्र का साथ दो। 35 ने अंत में पूछा--क्या मैं जान सकता हूँ कि पुराने समय में किस तरह की सामाजिक व्यवस्था थी और लोगों को कितना या किस तरह का व्यक्ति-स्वातंत्र्य प्राप्त था? संगणक ने संक्षिप्त-सा उत्तर दिया- चिंतन सत्र में पुराने ज़माने की कोई ख़बर नहीं दी जाती। आगे से ऐसा सवाल मत करना। उसका सत्र समाप्त हो गया था। उधर उसकी पत्नी भी अपना सत्र समाप्त करके उठ गयी थी। दोनों भोजन के लिए उठ गये।

4

वर्ष था 51/367, अर्थात नयी गिनती शुरू करने के बाद 51 सहस्राब्दियाँ बीत चुकी थीं और 52 वीं सहस्राब्दी का 367 वाँ वर्ष चल रहा था। नयी गिनती पुराने ज़माने की इक्कीसवीं शताब्दी से शुरू हुई थी, जब किसी मूर्ख शासक के गलत निर्णय से कई परमाणु बम एक साथ फूटे और संसार का लगभग विध्वंस हो चुका था। लेकिन मानव हार मानने वाला कहाँ! उसने विकास की नयी शुरुआत की थी। तभी से नये युग के वर्षों की गिनती भी शुरू हुई थी।

नवभारत का जीवन व्यवस्थित था, समाज बहुत सुसंगठित था। प्रशासन ने पिछले कई हज़ार वर्षों से देश की आबादी पर पूर्ण नियंत्रण कर रखा था। आबादी में एक की संख्या से भी वृद्धि नहीं हो सकती थी। प्रशासन उतने ही बच्चों के जन्म की व्यवस्था करता था, जितने की आवश्यकता थी। देश की आबादी की ही बात नहीं, घर के सदस्यों की संख्या भी निश्चित थी। हर घर में पति, पत्नी और दो बच्चों के रहने की व्यवस्था थी। बच्चों में भी एक लड़का होना चाहिए और एक लड़की। परिवारों में सिर्फ़ इतना ही अंतर हो सकता था कि किसी घर में लड़की बड़ी होती तो किसी घर में लड़का बड़ा होता। लेकिन यह निर्णय भी प्रशासन का होता था कि पहले लड़का हो या लड़की। देश की पूरी आबादी को देखते हुए प्रशासन निश्चय करता था कि उस वर्ष देश में कितने लड़के होने चाहिए और कितनी लड़कियाँ। बच्चे लगभग 50 साल की उम्र तक अपने माँ-बाप के साथ रहते थे। तब तक उन्हें कोई कार्य नहीं करना पड़ता था। 50 साल के बाद प्रशासन उन्हें अलग घरों में साथी के साथ बसा देता था और उन्हें देश के लिए किसी न किसी विभाग में कार्य करना पड़ता था।

घर में जीवन साथी का होना अनिवार्य था। जीवन साथी भी प्रशासन ही चुनता था। पति या पत्नी के चयन में व्यक्ति की रुचि या अरुचि का कोई सवाल नहीं था। विवाह का व्यक्ति के जीवन से कोई संबंध नहीं था, विवाह समाज के हित में होता था। यह भी तो बात थी कि नवभारत में एक दूसरे से संबंध प्रेम, घृणा आदि भावनाओं पर आधारित नहीं थे। संबंधों का पहला और प्रमुख आधार था आवश्यकता और उसकी पूर्ति। इसीलिए व्यक्ति के कार्य और भूमिका का महत्त्व था, उसके व्यक्तित्व का नहीं। आम तौर पर पति-पत्नी का संबंध जीवन भर का साथ होता था। लेकिन किन्हीं कारणों से, आवश्यकता पड़ने पर प्रशासन एक साथी को हटाकर दूसरे साथी की व्यवस्था कर सकता था। इस परिवर्तन से किसी को कोई दुख नहीं होता था, क्योंकि लोग लगाव या किसी भावना के बिना साथ रहने के आदी थे।

संगणक ने लोगों के जीवन का पूर्ण प्रबंध कर रखा था। जीवन की हर आवश्यकता की पूर्ति संगणक द्वारा या उसकी देखरेख में होती थी और जीवन के समस्त कार्यकलाप

संगणक केंद्र द्वारा नियंत्रित होते थे। देश में लोगों का जन्म-मरण, लालन-पालन, भोजन, वस्त्रादि की आवश्यकताएँ, भवन निर्माण तथा भवनों की देखरेख, शिक्षा इन सारी बातों का नियंत्रण संगणक केंद्र करता था। घरेलू संगणक दिन के समस्त कार्यों को पूर्वनिर्धारित कार्यक्रम के अनुसार संचालित करता था। संगणक ही लोगों को ख़ुराक तथा आवश्यकता के अनुसार दवाइयाँ आदि देता था। वह नियमित रूप से लोगों का स्वास्थ्य परीक्षण करता था और ख़ुराक की मात्रा घोषित करता था। उसके बताये निर्देशों के अनुसार लोग आवश्यक सामग्री की माँग करते थे। संगणक के साथ लगी नली से ख़ुराक की गोलियाँ प्राप्त हो जाती थीं।

संगणक लोगों के मानसिक विकास के लिए घर में कई सत्रों का आयोजन करता था। वही बच्चों के लिए शिक्षा का साधन था, बच्चों को शिक्षा देता था। शिक्षा सत्र में बच्चे विविध विषयों की जानकारी प्राप्त करते थे। वे अपनी रुचि के अनुसार किसी भी विषय में आगे बढ़ सकते थे। बड़े बच्चों की प्रगति और आवश्यकता के अनुसार संगणक उन्हें उच्च अध्ययन की दिशा सुझाता था। इस तरह वे वयस्क होते-होते किन्हीं क्षेत्रों में विशेषज्ञता प्राप्त करते थे और देश के योग्य नागरिक बनते थे। सिर्फ़ शिक्षा ही नहीं, उन्हें जीवन मूल्यों की भी जानकारी दी जाती थी, जिससे वे उस उन्नत समाज के योग्य सदस्य भी बन सकें। बड़े लोगों के लिए संगणक के साथ चिंतन सत्र की व्यवस्था थी। इन सत्रों में लोग संगणक से अपनी समस्याओं का समाधान माँग सकते थे, शंकाओं के निवारण हेतु सलाह ले सकते थे। देश की नीति और व्यवस्था के विरुद्ध सवालों को छोड़कर संगणक सभी सवालों का जवाब देता था। इसी तरह अन्य कई उपयोगी सत्र थे– मनोरंजन सत्र, घृणा सत्र, यौन तुष्टि सत्र आदि, जो नियत समय पर होते थे। लोगों का इन सत्रों में भाग लेना अनिवार्य था। इन सत्रों में संगणक सही व्यवहार के तरीके सूचित करता था। लोगों के लिए इन हिदायतों के अनुसार कार्य करना आवश्यक था। व्यवहार में चूक होने पर संगणक उन्हें प्रताड़ित भी करता था। लोग संगणक के दंड से बहुत घबराते थे, क्योंकि उसकी प्रताड़ना का मतलब था प्रशासन का व्यक्ति से रुष्ट हो जाना। प्रशासन जिससे रुष्ट हो जाता था, उस व्यक्ति को अपनी जगह से हटाकर कहीं दूसरी जगह भेज देता था। फिर उस व्यक्ति के बारे में कभी कोई ख़बर ही नहीं मिलती थी। लोग यह भी नहीं जान पाते थे कि उसका क्या हुआ। लेकिन ऐसी नौबत कम ही आती थी। लोगों की शिक्षा ही कुछ ऐसी थी कि लोग प्रशासन की विचारधारा के ख़िलाफ़ कुछ सोच भी नहीं सकते थे।

नवभारत उस युग के चार देशों में एक था। कह भी सकते हैं कि चारों में प्रमुख था। पूरा देश एक गुंबद के अंदर था, जो काँच जैसी पारदर्शी वस्तु से बना था। देश

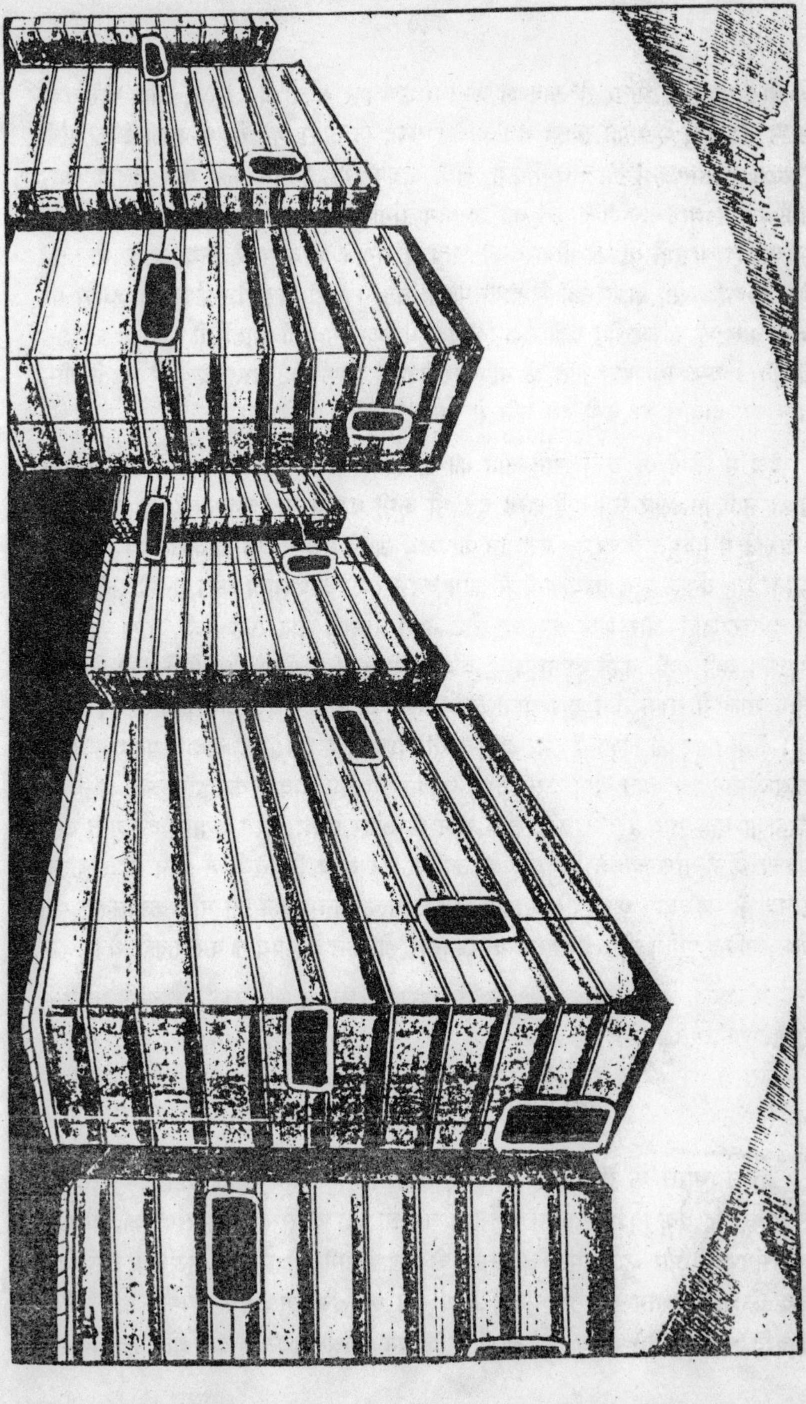

के लोग गुंबद के भीतर से आकाश का निरीक्षण कर सकते थे। सूरज, चाँद, तारे सभी व्योम मंडल में देखे जा सकते थे। लेकिन गुंबद के अंदर भूरे रंग के मकानों की लंबी शृंखला थी, मकानों के बीच सँकरी, लंबी दीर्घाएँ थीं, जिनमें कहीं कुछ चलता नज़र नहीं आता था। इन गलियारों का उपयोग संगणक के तार बिछाने, लोगों को अन्न पहुँचाने वाली नलियों को दीवारों की आड़ में लगाने के काम में किया जाता था। पूरे देश में कहीं कोई प्राणी नहीं दिखायी पड़ता था; न कहीं कोई पेड़-पौधा, न ज़मीन पर कहीं घास की हरियाली। यहाँ तक कि देश में हवा भी नहीं आती थी। लगता था जैसे सब कुछ थम गया हो। गति के नाम पर देश में सिर्फ़ एक वस्तु दिखायी पड़ती थी--यान, जो दीवारों पर बड़ी द्रुत गति से चलते दिखायी पड़ते थे।

देश में लोगों को कहीं आने-जाने की आवश्यकता ही नहीं थी। बच्चे कभी घर से बाहर नहीं निकलते थे। इसी तरह बूढ़े भी कभी घर से या विश्रामालय से बाहर नहीं निकलते थे। बहुत से व्यक्ति प्रशासन का कार्य अपने घरों में बैठे ही करते थे। निकलना पड़ता था, केवल कुछ कार्यालयों में काम करने वाले कुछ लोगों को। वे भी सवेरे यान से दफ़्तर जाते और शाम को घर लौट आते। इसके बाद उन्हें कहीं आना-जाना न पड़ता। यही नहीं, कहीं आना-जाना वर्जित भी था। लोगों से मिलने-मिलाने के लिए लोग साल में सिर्फ़ तीन बार यानों का प्रयोग कर सकते थे। यान दीवारों पर चलते थे। नीचे-ऊपर की दिशा में और दायीं-बायीं दिशाओं में। घरों की दीवारों पर एक जगह दरवाज़े-सा द्वार था। यान उस जगह आकर रुकता, दीवार का द्वार और यान का दरवाज़ा एक साथ खुलते और लोग यान के अंदर प्रवेश करते। यानों की गति और गंतव्य दोनों संगणक के नियंत्रण के अधीन थे। अन्य स्थितियों में यान प्राप्त करना संभव ही नहीं था। कुछ वरिष्ठ अधिकारी आपत्कालीन वाहन की माँग कर सकते थे। शेष व्यक्ति पूर्वनिर्धारित व्यवस्था के अनुसार ही यान का प्रयोग कर सकते थे।

5

35 नवभारत के संगणक केंद्र के एक विभाग में काम करता था। नवभारत का संगणक केंद्र एक विशाल भवन में स्थित था, जो देश के सभी घरेलू संगणकों, बीच के बड़े संगणकों और कुछ प्रमुख व्यक्तियों के कलाई टर्मीनलों से जुड़ा हुआ था। संगणक केंद्र के कई विभाग थे, उसके कई कार्य थे। एक विभाग अभिलेखागार था, जिसमें देश-विदेश की, बीते समय की, लोगों के जीवन संबंधी सूचनाएँ दर्ज थीं। एक विभाग

देश के नागरिकों के व्यवहार, आचार-विचार आदि का निरीक्षण करता था और प्रशासन को लोगों की गतिविधियों के बारे में सूचनाएँ देता था। एक विभाग राष्ट्रीय स्तर की अन्य सेवाओं का संचालन करता था। आबादी का नियोजन, राष्ट्रीय सुरक्षा, अंतर्राष्ट्रीय संपर्क, उत्पादन, रोशनी की व्यवस्था आदि महत्वपूर्ण क्षेत्र थे, जिनमें संगणक केंद्र का नियंत्रण आवश्यक था। संगणक केंद्र में कुछ अन्य अति गोपनीय विभाग थे, जिनके कार्य के बारे में किसी को कोई जानकारी नहीं थी। इन विभागों में प्रधानमंत्री और कुछ वरिष्ठ मंत्रियों के अलावा और किसी की पहुँच नहीं हो सकती थी। 35 का अनुमान था कि इन विभागों में लोगों को दंड देने संबंधी निर्णय लिये जाते होंगे और उनके कार्यान्वियन की योजना बनती होगी।

संगणक केंद्र केवल महत्त्वपूर्ण मामले ही देखता था। लोगों के नियमित कार्यों की देखरेख माध्यमिक स्तर के बड़े संगणक करते थे, जो स्थानीय प्रशासन के अधीन थे। अन्न वितरण की व्यवस्था, स्वास्थ्य-परीक्षण और उपचार, यातायात, शिक्षा सत्र, चिंतन सत्र आदि नैत्यिक कार्यकलापों से संगणक केंद्र का कोई मतलब नहीं था। बीच के बड़े संगणक इन कार्यों को बख़ूबी निभा लेते थे। बच्चों की जन्म दर का नियंत्रण आदि कार्य भी बड़े संगणकों द्वारा होते थे। लोगों के आचरण की देखरेख का भार भी इन्हीं मध्य स्तर के संगणकों पर था। वे देखते थे कि लोग राष्ट्रीय नीतियों और व्यवहार के नियमों के अनुसार कार्य करें, विचार करें। जो व्यक्ति विपरीत दिशा में आचरण करते थे या भिन्न विचार रखते थे, उन्हें संगणक चिंतन सत्रों में सही दिशा में लाते थे। जो व्यक्ति हठपूर्वक व्यक्तिगत विचार या व्यवहार करना चाहते थे, उन्हें संगणक गलत आचरण के लिए प्रताड़ित करते थे। जब व्यक्ति प्रताड़ना के बाद भी सुधरते नहीं थे, तभी संगणक केंद्र को इसकी सूचना दी जाती थी। इस तरह माध्यमिक स्तर के संगणक ही व्यवहार सुधार का प्रारंभिक कार्य करते थे। उस समय की प्रताड़नाएँ उसी स्तर तक सीमित रह जाती थीं और राष्ट्रीय प्रशासन ऐसे मामलों से चिंतित नहीं होता था। लेकिन संगणक केंद्र किसी भी समय इन बड़े संगणकों से किसी भी व्यक्ति के बारे में सूचनाएँ ले सकता था और आगे कार्रवाई कर सकता था। संगणकों की इस व्यापक शृंखला में संगणक केंद्र देश के किसी भी संगणक की कार्रवाई का निरीक्षण कर सकता था, उससे आवश्यक सूचनाएँ ले सकता था; लेकिन कोई भी संगणक अपने से बड़े संगणक से सारी सूचनाएँ लेने का अधिकारी नहीं था। संगणक केंद्र की बहुत-सी गुप्त सूचनाएँ अन्य संगणकों की पहुँच के बाहर थीं।

35 संगणक केंद्र की प्रमुख गतिविधियों से दूर था। उसका विभाग तकनीकी कार्यों के लिए स्थापित था। नवभारत के प्रधानमंत्री तथा प्रमुख मंत्री अक्सर संगणक पर देश को संबोधित करते थे। उस समय संगणक के सामान्य कार्यों को रोककर सारे देश को एक सर्किट में जोड़ना उसका काम था। ऐसे सत्रों में देश के सभी नागरिकों की उपस्थिति अनिवार्य थी। लोग अपने घर के संगणक टर्मीनल से देश के अन्य किसी भी व्यक्ति से बात कर सकते थे। इसके लिए पहले उन्हें संगणक केंद्र की नामावली से संपर्क का नंबर मालूम करना पड़ता था। किसी का कोई स्थायी नंबर नहीं होता था। रोज़ लोगों के नंबर बदले जाते थे। इसका कारण यह था कि प्रशासन अनावश्यक रूप से लोगों के व्यक्तिगत संपर्क को पसंद नहीं करता था। इन संपर्कों और मेल-मिलाप के लिए वर्ष में तीन सत्र जो नियत थे। इन सत्रों में लोगों का एक दूसरे से संपर्क और बातचीत करना अनिवार्य था। लोग वृद्ध विश्रामालयों में जाकर अपने माँ-बाप से मिलते थे। इन सत्रों के बाद के चिंतन सत्र में उन्हें पुनः सामान्य स्थिति में लाया जाता था। लोगों को स्पष्ट किया जाता था कि वे अपने व्यक्तिगत विचारों को भूलकर राष्ट्र के हित में विचार करें और व्यवहार करें। और दिनों में दूसरों से संपर्क पर पाबंदी नहीं थी, लेकिन संगणक शायद इसकी निगरानी करता था कि लोग किस-किस से बातें करते हैं और किस तरह की बातें करते हैं। जिस व्यक्ति से संपर्क करना हो, उसका नाम देने पर संगणक से संपर्क का नंबर मिल जाता था और बातें की जा सकती थीं, लेकिन जो लोग राष्ट्र के हित में दंडित किये गये हों, अपने घर से विस्थापित किये गये हों तथा जिन्हें गुप्त नंबर दिया गया हो, उनसे संगणक केंद्र की अनुमति और जानकारी के बिना संपर्क ही नहीं किया जा सकता था। संगणक केंद्र लोगों को उनसे संपर्क करने की छूट नहीं देता था बल्कि उनसे संपर्क करने की कोशिश दर्ज हो जाती थी और उपयुक्त समय पर व्यक्ति को इसके लिए कठोर शब्दों में प्रताड़ित किया जाता था।

उसने पहले एकाध बार ऐसी ही हरकतें की थीं और उसे संगणक ने कड़ी चेतावनी दी थी। संभव है यह चेतावनी स्थानीय प्रशासन के बड़े संगणक तक ही सीमित रही हो और संगणक केंद्र ने इस चेतावनी का जायज़ा न लिया हो। यह भी हो सकता है कि संगणक केंद्र ने उसे संगणक विभाग का सदस्य समझकर उसकी कोशिश को कार्य की कमी माना हो और विपरीत आचरण की संज्ञा न दी हो। एक बार गलती से उसने एक दूसरे नागरिक के बारे में प्रशासन को जानकारी दे दी थी। नागरिक ने उसके साथ बातचीत में कहा था कि वह प्रधानमंत्री का चुनाव लड़ेगा, क्योंकि प्रधानमंत्री बूढ़े हो चले हैं। अनजाने में उसने शिक्षा सत्र में यह बात कह दी कि देश का अगला प्रधानमंत्री

शायद वह नागरिक हो। उस व्यक्ति को राष्ट्र के ख़िलाफ़ बोलने के जुर्म में अपने घर से हटा दिया गया था। यह 35 के बचपन की बात थी, जब वह 45 साल के आसपास था। बाद में उसके मन में जिज्ञासा हुई कि वह जाने कि बहिष्कृत व्यक्ति के साथ क्या हुआ। संगणक विभाग में रहने के कारण वह शुरू में थोड़ी-सी जानकारी ले भी पाया था। बहिष्कृत व्यक्ति को बहुत दिनों तक मस्तिष्क सुधार के लिए एक विशेष भवन में रखा गया था। बहुत कम ही लोग इस स्थिति में पहुँचते थे। और आज तक मस्तिष्क सुधार की स्थिति में पहुँचने वाला कोई भी व्यक्ति सुधार के बाद उसके देखने में भी नहीं आया। क्या वे सुधरे हुए नागरिक बनकर फिर से सामान्य जीवन बिताते थे या मस्तिष्क सुधार न होने की स्थिति में उन्हें 'सुला' दिया जाता था? किसी के पास इन प्रश्नों के उत्तर नहीं होते थे। 35 ने जिस व्यक्ति के आचरण की सूचना दी थी, उसके भविष्य के बारे में जानने की कोशिश में ही वह प्रताड़ित किया गया था।

इसी तरह उसने एक बार यह जानना चाहा कि प्रधानमंत्री अपने पद पर कैसे आये, वे कितने दिनों से प्रधानमंत्री पद पर बने हुए हैं और उनके बाद कौन नया प्रधानमंत्री बनेगा आदि। इस जिज्ञासा का एक आधार था। नवभारत के आम बच्चे कभी अपने भविष्य के बारे में सोचते नहीं थे। उन्हें मालूम था कि प्रशासन खुद निर्णय करेगा कि कौन व्यक्ति किस तरह का कार्य करेगा। वे तो यह भी जानते थे कि उनका सोचना बेमानी था। अपनी इच्छा से तो कोई कुछ नहीं बन सकता। पता नहीं कैसे, 35 के मन में यह इच्छा बचपन से ही जागृत हो गयी थी कि वह बड़ा बनकर मंत्री बनेगा। उसने मंत्रियों के अधिकारों और गौरव को देखा था। शायद इसी संदर्भ में उसने यह देखने की कोशिश की कि मंत्री कैसे बनते हैं, मंत्रियों को नियुक्त करने वाले प्रधानमंत्री कौन हैं आदि। उसने प्रधानमंत्री बनने की बात इसलिए नहीं सोची थी कि उसने बचपन से ही एक ही व्यक्ति को उस पद पर देखा था और उसके बाल मन में व्यक्ति और पद की अभेदकता बैठ गयी थी। जब जिज्ञासा के कारण संगणक की डाँट पड़ गयी, तो उसने अपने को संयत कर लिया और दुबारा शिकायत का मौका आने ही नहीं दिया।

संगणक से नियंत्रित सूचना तंत्र जीवन के हर पहलू को नियमित करता था। उसकी हर व्यक्ति के जीवन के हर पहलू तक पहुँच थी। इस कारण लोग हर काम उसके नियंत्रण में ही कर सकते थे। उसकी चहुँमुखी आँखों से बचा व्यक्ति के जीवन का कोई अंग नहीं था। क्या यही अच्छा विधान था कि संगणक का जीवन में हर जगह प्रवेश करा दो, जिससे कोई उसकी पकड़ से बाहर ही न जा सके।

6

रात का समय था। देश की रोशनी मद्धिम कर दी गयी थी। सब जगह हल्की नीली आभा बिखर रही थी। घरों में दीवारों के शीशों का रंग गहरा हो गया था, जिससे घरों के अंदर रोशनी और हल्की हो चली थी। हवा में ऊष्मा कम कर दी गयी थी, जिससे लोग दिन भर के परिश्रम के बाद आराम से सो सकें। रात आठ बजे से प्रातः सात बजे तक विश्राम का समय था। किसी को जागने की अनुमति नहीं थी। लोग जागकर करते भी क्या? ख़ुराक लेने के बाद लोग संगणक का शमन तंतु अपने सिरहाने रख लेते और सो जोते। सवेरे ठीक सात बजे संगणक लोगों को जगा देता था। उसी समय हवा में सामान्य ऊष्मा आ जाती थी और शहर में पीली रोशनी फैल जाती थी।

35 तथा उसके परिवार वालों ने नियत समय पर ख़ुराक प्राप्त कर ली थी। पति, पत्नी दोनों को आठ-आठ गोलियाँ लेनी थीं, लड़की को पाँच। लड़के को नियमित ख़ुराक की चार गोलियों के अलावा ठुड्डी में लगी चोट के लिए दवाई की एक गोली भी लेनी थी। सबने ख़ुराक ली और सोने की तैयारी करने लगे। आपत्कालीन तंतु के अलावा संगणक के अन्य कार्य बंद कर दिये गये थे। सबने अपने सिरहाने शमन तंतु रखा और थोड़ी देर में ही 35 के अलावा सब सो गये। 35 ने शमन तंतु को सिर से दूर रखा था, इसलिए उस पर संगणक का असर नहीं हुआ। उसे यह भी नहीं मालूम हुआ कि उसने तंतु को दूर क्यों किया। शायद इसलिए कि वह अपनी इच्छा के अनुसार सोने या न सोने के लिए स्वतंत्र था। संगणक उसे शमन तंतु जोड़ने पर सुला तो सकता था, लेकिन तंतु लगाकर सोने के लिए मजबूर नहीं कर सकता था। या शायद इसलिए कि वह दिन में और लोगों के जागते सोचने से भी डरता था। उसे लगता था कि लोग उसके विचार पढ़ रहे हैं और कभी भी प्रशासन को इसकी सूचना दे सकते हैं।

रात के अकेलेपन में उसके मन में वे सारे प्रश्न उभरकर आये, जिनके उत्तर की अपेक्षा वह किसी भी व्यक्ति से नहीं कर सकता था। ख़ुद उसकी पत्नी ऐसे सवालों पर उसे झिड़क देती थी। वह जानता था कि मौका मिलने पर उसकी पत्नी और बच्चे भी प्रशासन से उसकी शिकायत करने से नहीं चूकेंगे। व्यक्ति शायद सिर्फ़ अपनी शिकायत नहीं करता था, और कोई अपना होता नहीं था। 35 की निगाह में ऐसा कोई विश्वसनीय व्यक्ति नहीं था, जिससे वह खुलकर बात कर सके। सोचते-सोचते अचानक उसे अपने मित्र 6-5क-52116 का ख़याल आया, जो विश्व केंद्र में काम करता था। दोनों कार्यालय कार्य से मिला करते थे। किसी मुलाकात में उसने बताया था कि विश्व के चारों देशों ने निर्णय किया है कि वे विश्व के पुराने इतिहास को अभिलेखागारों में दबा देंगे और लोगों को पुरानी बातों की कोई जानकारी नहीं देंगे। जो बीत चुका है, वह अच्छा हो या बुरा, उसे विस्मृत ही रहने देना अच्छा है। नये ज़माने को अपनी नयी

व्यवस्था कायम करनी चाहिए। 116 ने संकेत किया था कि नवभारत के प्रधानमंत्री नहीं चाहते कि लोग उनकी व्यवस्था से भिन्न कोई विचार लेकर उठ खड़े हों। विचार ही न उठने दो, तो विरोध अपने आप ख़त्म हो जाता है।

दूसरे दिन वह समय निकालकर 116 से उसके कमरे में मिला। उसने 116 से कहा, "मित्र, मन में कई बातें घूम रही थीं। किसी से बात करना भी संभव नहीं था। इसीलिए तुम्हारे पास आया हूँ। यह बताओ कि हम सब मशीनों की तरह बिना मनोभावना के यांत्रिक जीवन क्यों जी रहे हैं? वह कौन है जो हमें इस तरह बाँधे रखता है? इसमें उसका क्या प्रयोजन है?" अचानक ऐसे प्रश्नों का सामना करने पर 116 सकते में आ गया। उसने उठकर अपने टर्मीनल में कुछ परिवर्तन किया। फिर सशंकित भाव से इधर-उधर देखा और अपने चेहरे पर उभर आयी आशंका की भावना को छिपाते हुए बोला, "मित्र 35, मैं सोचता हूँ कि हमें इन बातों के बारे में यहाँ चर्चा नहीं करनी चाहिए। यद्यपि मैंने संगणक स्कैनर के संपर्क काट दिये हैं, फिर भी मैं नहीं जानता कि कहीं कोई और सूक्ष्मदर्शी या ध्वनिग्राही तंतु तो नहीं है, जो हमारी बातचीत की निगरानी कर रहा हो। अच्छा यही होगा कि हम ऐसी बेकार की बातों में न पड़ें।" 35 जानता था कि उस कमरे में और कोई निरीक्षण यंत्र नहीं है। संगणक केंद्र के सर्किट विभाग में काम करने के कारण वह ऐसे निरीक्षण की व्यवस्था से परिचित था। कमरे के अंदर प्रवेश करते ही उसने देख लिया था कि संगणक के अलावा वहाँ और कोई गुप्त यंत्र नहीं है। संगणक का दृश्य पटल कमरे में उपस्थित व्यक्तियों की बातचीत और अन्य कार्यकलापों का निरीक्षण कर सकता था लेकिन 116 ने उस व्यवस्था को बंद कर दिया था। फिर भी उसके मन में आतंक बना हुआ था कि कहीं उसकी बात पकड़ ली जाए, तो न जाने उसके साथ क्या व्यवहार होगा। इस दहशत के मारे वह बात ही नहीं करना चाहता था। 35 ने उसे समझाया कि कमरे में कोई और निरीक्षण यंत्र नहीं है, जो उनकी बात को पकड़ सके। उसने आगे यह भी बताया कि प्रशासन अनावश्यक रूप से हर पल लोगों की बातों की निगरानी नहीं करता। उसे पूर्ण अनुशासन की अपनी व्यवस्था पर पूरा भरोसा है, जिसे कुछ लोगों का वैचारिक विद्रोह तोड़ नहीं सकता। वास्तव में वह तो चाहता है कि लोग अपने इन अवांछनीय विचारों को व्यक्त कर अपने मन से निकाल दें। इस जानकारी से 116 कुछ-कुछ आश्वस्त हुआ और उसका डर कुछ हद तक दूर हो गया।

उसने 35 से पूछा, "तुम किस तरह की यांत्रिकता की बात कर रहे हो? संगणक देश को चला रहे हैं, इसलिए सब जगह शांति है। लोगों के सामने कोई समस्या नहीं है, किसी तरह का कोई अभाव नहीं है। फिर किस तरह की शिकायत है तुम्हें?

"मेरी ओर से शिकायत होने या न होने से स्थिति में क्या फ़र्क पड़ता है? यह बात सही है कि लोगों को ख़ुराक मिल जाती है, रहने का स्थान, वस्त्र, किसी चीज़ की कमी नहीं है। कमी है तो यही कि अब मनुष्य मनुष्य नहीं रह गया है। कोई दुख नहीं है, तो उसके साथ सुख भी विलुप्त हो गया है। लगता है मन की समस्त भावनाएँ ख़त्म हो गयी हैं-- प्रेम, ममता, विश्वास, सहयोग, कहीं कुछ नहीं। बची है तो केवल एक भावना---डर की। देश भर में, हर किसी के मन में व्याप्त है एक आतंक, किसी भयावह अनहोनी की आशंका, जिसे तूल देती हैं संदेह और परस्पर अविश्वास की भावनाएँ। क्या यही मनुष्य जीवन की सार्थकता है? क्या इसी के लिए मनुष्य ने जीवन के समस्त सुखों का त्याग किया है? क्या तुम इस आतंकयुक्त जीवन को शांत जीवन कहते हो? यह शांति नहीं, सन्नाटा है, मौत की चिर शांति।"

116 ने कुछ सोचकर कहा, "देखो मित्र, तुम शायद पुराने ज़माने के जीवन के संदर्भ में सुख-दुख की बात कह रहे हो। एक ज़माना था, जब लोगों में प्रेम आदि भावनाएँ थीं। वे लड़ते थे, लेकिन फिर प्यार से मिलते भी थे। लेकिन उस ज़माने में ख़ुशियाँ थीं, तो दुख भी बहुत थे। लोगों को अपने जीने के साधन जुटाने के लिए संघर्ष करना पड़ता था, उसी तरह आपस में लड़ना पड़ता था जैसे जंगल के प्राणी एक दूसरे से लड़ते हैं। फिर उस स्थिति में सुख कैसा?"

35 ने कहा, "यही तो दृष्टि का अंतर है। जिसे तुम आज की सुख-शांति कहते हो, वह अनंत नीरसता है। इसमें ऐसा कुछ नहीं जो तुम्हारा अपना हो। तुम्हारी भावनाएँ, विचार, व्यवहार- कोई भी तो तुम्हारी अपनी सहज स्थिति नहीं। और जिस ज़माने के दुख की तुम बात कर रहे हो, उसके अभाव में सुख की परिगणना होती भी कैसे? सुख-दुख का मेल ही जीवन को आनंदमय बनाता है। क्या आज आनंद कहीं है?"

116 ने कहा, "देखो मित्र, वह ज़माना आज के जीवन से बहुत भिन्न था। विकास की प्रक्रिया में हम उसे बहुत पीछे छोड़ आये हैं। हमने अपनी नयी दुनिया बसा ली है। अब पुरानी बातों को दुहराने से क्या लाभ मिलेगा? क्या हम फिर उस पुराने संसार में लौट सकेंगे, जब लोग बहुत अविकसित जीवन जी रहे थे?"

"वे लोग हमसे अधिक स्वतंत्र थे, अपने विचारों को दुनिया के सामने रख सकते थे, जीवन के हर क्षेत्र में अपनी पसंद से अपने व्यवहार का निर्णय कर सकते थे। क्या ये सब बातें सही नहीं हैं?" 35 ने पूछा।

116 ने कुछ देर तक इस प्रश्न का उत्तर नहीं दिया। फिर बोला, "हर समाज की अपनी पद्धति होती है। हर जीवन पद्धति की अपनी विशेषता होती है। पहले स्वच्छंदता

थी, साथ में जीवन के कष्ट भी थे। अब व्यक्तियों के व्यवहार पर पूर्ण नियंत्रण है, शायद इसीलिए जीवन में समृद्धि है और शांति है। तुम्हें दोनों में से एक को चुनना होगा। यह नहीं हो सकता कि दोनों की अच्छी बातें एक साथ तुम्हें मिल जाएँ। प्रशासन यह मानता है कि अतिविकसित, उन्नत समाज में व्यक्ति का, उसकी भावनाओं का कोई महत्त्व नहीं है। अब इसके विरोध में बात करने का कोई लाभ नहीं हैं।"

"बात इतनी सरल नहीं है। हमने कालक्रम में एक उन्नत, ऐतिहासिक दृष्टि से संगठित व्यवस्था स्थापित कर ली है। प्रधानमंत्री जानते हैं कि सूचना तंत्र पर नियंत्रण हो जाए, तो फिर कहीं कोई विरोधी स्वर नहीं सुनायी पड़ेगा। इस तरह उनके प्रशासन को किसी से कोई चुनौती नहीं दी जाएगी। हमारा सारा संगणक तंत्र उस छिपे विरोधी स्वर की तलाश में लगा रहता है। व्यक्ति इस आतंक में जीता है कि कहीं अनजाने में ही उसके मन का कोई विरोधी विचार प्रकट न हो जाए। वह इस विरोध का परिणाम अच्छी तरह पहचानता है। विरोध के स्वर के दब जाने को ही तो आप लोग शांति कहते हैं। तुम सुख-दुख को पुरानी संस्कृति का अभिलक्षण कह रहे हो, जो आज की संस्कृति में संभव नहीं है। मेरा सोचना यह है कि आदमी हर स्थिति में सहज रूप में जी सकता है। सिर्फ़ एक प्रशासक के अपने पद पर बने रहने की अभिलाषा ने सारे देश को डर और आतंक के आवरण में ढक दिया है, उसके मुख से उसकी हँसी छीन ली है।"

35 के ये शब्द उसे किसी भी क्षण मस्तिष्क सुधार गृह में भेजने के लिए पर्याप्त थे। 116 पशोपेश में पड़ गया कि कहीं 35 पकड़ा न जाए और वह मस्तिष्क सुधार सत्रों में उसका भी नाम न उगल दे। बात को समाप्त करने की गर्ज़ से उसने कहा, "क्या सही है, क्या गलत है, यह मैं नहीं जानता। किस तरह यह सब हो रहा है, यह भी मैं नहीं जानता। इतना ही जानता हूँ कि हमें एक नयी सामाजिक व्यवस्था में जीना है, उसके अपने कायदे-कानून का पालन करना है। जब विकल्प ही नहीं है, तो सोचना क्यों?"

35 ने खिन्न मन से कहा, "बस, तुम्हारी यह वृत्ति ही नये युग की मानसिकता का परिचायक है। आज का मनुष्य सोचना भी नहीं चाहता। मनुष्य विचारशील प्राणी है और इसी के बल पर उसने विकास किया है। लेकिन आज...? उसने विकास के नाम पर विचार करना छोड़ दिया है।"

116 ने कहा, "मित्र, तुम्हारे मन में संचित इन भावनाओं की अभिव्यक्ति की आवश्यकता है। शीघ्र ही घृणा सत्र आयोजित होने वाला है। तुम पहले घृणा सत्र में भाग लो। फिर हम आगे बात करेंगे। हो सकता है तब तक तुम्हारा रोष कम हो जाए।"

7

नवभारत का प्रशासन अत्यंत व्यवस्थित था। प्रशासन ने मानवों की हर आवश्यकता की पूर्ति की व्यवस्था की थी। निद्रा, भूख, मैथुन ये सारी ज़रूरतें थीं, जिनकी पूर्ति का प्रबंध किया गया था। प्रशासन ने दीर्घकालीन अनुभव से यह भी सीखा था कि मानवों की सहज मानवीय भावनाओं की उपेक्षा भी नहीं की जा सकती। भले लोगों को प्रेम, ममता आदि से दूर रखा जाए, लेकिन प्रेम की प्रवृत्ति को तो दबाया नहीं जा सकता। लोग साल भर इन भावनाओं से दूर रहते थे। यह अपेक्षा की जाती थी कि लोग प्रेम इतना न बढ़ाएँ कि मोह, ममत्व पैदा हो जाए। पति-पत्नी, भाई-बहन में भी व्यक्तिगत स्तर पर राग-द्वेष की बात नहीं थी। ये रिश्ते सामाजिक व्यवस्था के लिए आवश्यक सामाजिक बंधन थे। इन बंधनों में भावना भरने की कोशिश को प्रशासन असंतोष की दृष्टि से देखता था। लेकिन सजग प्रशासन यह भी जानता था कि भावनाएँ दबायी जा सकती हैं, समाप्त नहीं की जा सकतीं। शायद ज़्यादा दबाने पर वे उपयुक्त अवसर पाकर फूट पड़ें। इसी कारण वर्ष में तीन बार व्यक्तिगत संपर्क का मौका दिया जाता था।

जीवन की चार निश्चित अवस्थाएँ थीं। 50 वर्ष तक बचपन, जब बच्चे अपने माँ-बाप के साथ रहते थे। 50 वर्ष की आयु में उनके लिए जीवन साथी ढूँढ़ दिया जाता था और उन्हें अपना घर बसाना पड़ता था। 50 से 100 वर्ष तक की उम्र यौन तुष्टि और प्रजनन की अवस्था थी। हर दंपति को इस अवस्था में एक लड़का और एक लड़की कुल दो बच्चे पैदा करने की छूट थी। 100 से 150 वर्ष तक की उम्र में उसके बच्चे विवाह करके अलग हो जाते थे और पति-पत्नी अकेले रह जाते थे। 150 साल की उम्र में उन्हें वृद्धों के लिए स्थापित विश्राम गृह में रहना पड़ता था। 35 के माँ-बाप इस समय उससे अलग अपने घर में रहते थे। थोड़े दिन बाद उन्हें विश्राम गृह में जाना था। उन दोनों के माँ-बाप विश्राम गृह में थे और अपनी ज़िंदगी की आख़िरी घड़ियाँ गिन रहे थे। किसी भी व्यक्ति को 200 वर्ष से ज़्यादा जीने का अधिकार नहीं था। 200 वर्ष के होते लोगों को अनंत निद्रा में 'सुला' दिया जाता था। यह कोई नहीं जानता कि उन व्यक्तियों का अंत कैसे होता है। प्रशासन इतनी ही सूचना देता था कि उन वृद्ध व्यक्तियों को सुला दिया गया है। नवभारत में न जन्म अपने हाथ में होता था, न मरण।

मिलाप के सत्रों में लोगों को अनिवार्य रूप से अपने माँ-बाप और दादा-दादी आदि से मिलने जाना पड़ता था। भाई-बहन और उनके परिवार जनों से भी मिलने की छूट थी। इसके लिए लोग अपने कार्यक्रमों की घोषणा करते और नियत समय में उनके लिए यान की व्यवस्था कर दी जाती। मिलने पर लोग एक दूसरे को नवक्रांति चिंतन

की शुभकामनाएँ देते। सुखद जीवन के लिए प्रधानमंत्री और प्रशासन की दुहाई देते और पिछले दिनों में अपने जीवन का हाल कह सुनाते। वर्ष में मिलाप के तीन सत्र होते थे। उन दिनों लोगों के व्यवहार की अधिक निगरानी भी नहीं की जाती। दूसरे दिन के चिंतन सत्र में लोग भावनाओं से मुक्ति पा जाते और उनके मन में जीवन के नये मूल्यों की फिर से स्थापना की जाती।

जीवन में प्रेम का जितना महत्त्व है, उतना ही घृणा का भी है और दोनों का प्रभाव भी एक जैसा है। प्रेम अक्सर नियमों के पालन में बाधा बनता है। घृणा नियमों के पालन में विरोध पैदा करती है और लोगों को नियमों को मानने से रोकती है। प्रशासन जानता था कि घृणा की दबी भावना को निकल जाने देना चाहिए। इसी उद्देश्य से नवभारत में वर्ष में एक बार घृणा सत्र का आयोजन किया जाता था। लोगों के लिए इस सत्र में भाग लेना अनिवार्य था और उनसे अपेक्षा की जाती थी कि वे अपने मन के सारे क्रोध और सारी घृणा को निर्बंध होकर अभिव्यक्त करें।

घर में तीन दीवारों पर संगणक द्वारा लोगों का त्रि-आयामी चित्र प्रस्तुत हो सकता था। खेल सत्र, मनोरंजन सत्र, घृणा सत्र, सभी में इसी तरह चित्र उपस्थित किये जाते थे। तीनों दीवारों पर तीन अलग-अलग घरों के लोगों की तस्वीर उभरती थी। ये तस्वीरें त्रि-आयामी होती थीं, अतः देखने पर लगता था कि वे लोग वास्तव में उस कमरे में उपस्थित हों। लोग उन तस्वीरों से उसी तरह बात कर सकते थे, जैसे साथ बैठे व्यक्तियों से बात कर सकते हैं। खेल सत्र के लिए चार पक्ष हो जाते थे- एक पक्ष वह परिवार, जिसके घर में तस्वीरें उभरती थीं और शेष तीन परिवार, जिनकी तस्वीरें तीन दीवारों पर उपस्थित होती थीं। इस तरह हर सत्र के लिए चार परिवारों को जोड़ दिया जाता था और चारों ही घरों में शेष तीन परिवारों के साथ मिलने की जैसी स्थिति उपस्थित हो जाती थी। घृणा सत्र में हर परिवार अपने सामने एक पुतला रख लेता था। पुतले का नाम था 'विकास का दुश्मन'। चारों परिवारों के लोग अपने घर के पुतले को घृणा के साथ मारते थे, चारों परिवार अपने घर के संगणक कक्ष में इस सामूहिक घृणा का प्रदर्शन करते थे। कुछ देर बाद दुश्मन को मारने के कार्यक्रम में गति आती थी। लोग तीव्र आक्रोश से चिल्लाते हुए पूरे बल के साथ पुतले को मारना शुरू करते थे। चारों परिवारों की बारी-बारी से मार पड़ती थी और पुतला सिकुड़ने लगता था। वास्तव में वह ऐसे तत्त्व का बना होता था, जो समय बीतने के साथ-साथ गलकर हवा में विलीन हो जाए। उसके छोटा होने के साथ घृणा की मात्रा बढ़ती जाती थी। लोग उसे तब तक मारते थे, जब तक वह सारा ख़त्म न हो जाए।

थोड़ी देर बाद सत्र का दूसरा भाग शुरू होता था। इस समय तीन परिवार होते थे- एक अपने घर में प्रत्यक्षतः उपस्थित, दो अन्य परिवार, जो दो दीवारों पर तस्वीरों में उपस्थित किये जाते थे। तीसरी दीवार पर संगणक पटल पर एक आदमी की शकल उभरकर आती थी। उस व्यक्ति की तस्वीर पूरे देश में हर घर पर दिखायी पड़ती थी। शेष तीनों परिवारों को मिलकर उसे मारने का स्वांग करना पड़ता था। जैसे-जैसे वे मारने का नाटक करते जाते थे, वह व्यक्ति नीचे लुढ़कता जाता था। मारने वाले चिल्लाते थे, 'नवक्रांति के दुश्मन दूर हों', 'देशद्रोही को देश से निकालो'। मार खाकर गिरने वाला मन में दया या करुणा नहीं उपजाता था, क्योंकि वह मार खाकर हर वक्त उठने की कोशिश करता और लोगों को चिढ़ाता हुआ कहता, "तुम मुझे मार नहीं सकते, मैं तुमसे श्रेष्ठ हूँ।" या व्यंग्यात्मक आक्षेप के स्वर में कहता, "नवक्रांति विकास नहीं, विनाश है", या फिर चुनौती भरे शब्दों में कहता, "मार ले, मार ले। छूट गया तो तुझसे निपट लूँगा।" उसके बोलने से लोगों को उससे और घृणा होती और वे उसे और तेज़ मारते। वे उसे तब तक मारते थे, जब तक उसके गले से प्रतिवाद की ध्वनि आती थी। इस स्वांग में घृणा ही वास्तविक होती थी। पुतले और देशद्रोही को समाप्त होने के साथ-साथ घृणा भी पूरी बाहर आ जाती थी। देशद्रोही के मरने के बाद प्रशासन के कर्मचारी उसकी लाश को उठाकर जाते और संगणक के पर्दे पर 'नवक्रांति ज़िंदाबाद', 'प्रधानमंत्री अमर रहे' आदि नारे दिखायी पड़ते थे।

35 बचपन में कुतूहल और बालोचित क्रियाशीलता के कारण घृणा सत्रों में बड़े जोश से भाग लेता था। सत्र में शायद हर व्यक्ति यह भी दिखाना चाहता है कि वह दूसरों से ज्यादा घृणा कर सकता था। लेकिन अब 35 यह सोचने लगा है कि इन सत्रों का वास्तवकि प्रयोजन क्या है! उसे आभास हुआ कि घृणा को किसी अज्ञात लक्ष्य की ओर मोड़ना ही इन सत्रों का प्रमुख प्रयोजन है। इसके बावजूद उसने उस दिन घृणा सत्र में सक्रिय भाग लिया और पूर्ण मनोयोग से अपनी घृणा प्रकट की। सत्र के आरंभ में वह प्रशासन के खिलाफ़ विरोध लेकर गया था। सत्र के अंत में उसने यह भी अनुभव किया कि घृणा सत्र के कारण उसके विचार और व्यवहार में भी परिवर्तन हुआ है। 116 के साथ बातचीत के समय उसके मन में जो कटुता थी, तीव्र आक्रोश था, वह अब नहीं है। घृणा सत्र ने सच में उसके मन की घृणा को कम किया था। प्रशासन ने सही ही सोचा था कि घृणा मन में बनी रहे और रोज़ कार्य करने में बाधा बने, इससे अच्छा है कि उसे एक बार में निकल जाने दो। क्या ही अच्छा होता कि प्रशासन घृणा के कारणों को दूर करने का यत्न करता, 35 ने अपने मन में सोचा।

8

कुछ दिन बाद वह समय निकालकर 116 के पास पहुँचा। जाते ही उसने स्पष्ट कर दिया, "मित्र 116, मैं आज सिर्फ़ कुछ जानकारी लेना चाहता हूँ। तुम तो विश्व केंद्र में कार्य कर रहे हो। चारों देशों में मानव की स्थिति क्या है? क्या सब जगह जीवन का रूप यही है?"

"हाँ, विश्व परिषद ने कुछ निर्णय किये हैं। चारों देश अपना प्रशासन अपने ढंग से चलाएँगे, एक दूसरे के मामले में कोई दखल नहीं देंगे, विकास में यथासंभव पूर्ण सहयोग करेंगे, सामूहिक ढंग से उत्पादन आदि कार्यक्रम चलाएँगे। इनका सबसे बड़ा निर्णय यह है कि ये हथियार नहीं बनाएँगे और एक दूसरे पर कभी हमला नहीं करेंगे। विश्व परिषद के देशों ने हज़ारों वर्षों से इस संधि का पालन किया है।"

35 ने पूछा, "इस स्थिति का मुझे ज्ञान है। चारों देशों में मानव की स्थिति क्या है? क्या सब जगह प्रशासन का भी यही ढाँचा है?"

"इन देशों ने अपने-अपने ढंग से प्रशासन का विकास किया है। एक देश में राजतंत्र है। देश का प्रमुख राजा है, उसका बेटा ही आगे राजा बनता है। देश का कानून वही बनाता है। हाँ, कार्य संचालन के लिए और अपने सहयोग के लिए वह कुछ मंत्रियों की नियुक्ति करता है। दूसरे देश में एकाधिपत्य है। आज के प्रशासक के किसी पूर्वज ने प्रशासन पर कब्ज़ा कर लिया था। तब से उसके वंश के ही लोग प्रशासक बनते रहे हैं। प्रशासन अपने को जनाधिपत्य कहता है। तीसरे देश में समूहतंत्र है। विज्ञान, शिक्षा, आंतरिक प्रशासन, उत्पादन, सूचना इन पाँचों विभागों के प्रमुख देश के प्रशासक हैं। ये अपने में से किसी एक को प्रधानमंत्री चुनते हैं। फिर वह समय-समय पर इन विभागों के अधिकारियों की नियुक्ति करता है।

"नवभारत में प्रधानमंत्री की नियुक्ति कैसे होती है?"

"तुम तो प्रशासन के आदमी हो। तुम्हें जानकारी होनी चाहिए। क्या तुमने मत नहीं दिया?" 116 ने पूछा।

"हाँ, ख़्याल तो आ रहा है। एक बार चुनाव में मैंने मत दिया था। फिर बाद में चुनाव हुए ही नहीं।" 116 ने फिर कहा, "इसमें प्रधानमंत्री क्या करेंगे, अगर कोई उनके खिलाफ़ चुनाव ही न लड़ना चाहे तो? इस देश में जनतंत्र है। हम लोग हर पच्चीस साल में अपना मत देते हैं और अपने प्रशासक को चुनते हैं। लेकिन हमारे प्रधानमंत्री इतने प्रिय हैं कि कोई उनके विरोध में चुनाव लड़ने की हिम्मत ही नहीं करता। एक-दो बार लोग खड़े भी हुए, तो उन्हें इतने कम मत मिले कि संगणक ने उन्हें पुनः चुनाव लड़ने के लिए अयोग्य घोषित कर दिया।"

35 ने हल्के स्वर में प्रश्न किया, "चुनाव और मत गणना आदि कार्य कौन-सा विभाग देखता है?"

"वही, हमारे प्रधानमंत्री का संगणक विश्लेषण विभाग। क्यों?"

"इनके पहले कौन हमारे प्रधानमंत्री थे? और ये कब से प्रधानमंत्री है?" 35 ने प्रश्न का उत्तर दिये बिना पुनः प्रश्न किया।

"देखो मित्र 35, क्या मैं तुम्हें पुनः स्मरण दिलाऊँ कि नवभारत वर्तमान और भविष्य का देश है, यहाँ बीती हुई बातों का मूल्य नहीं है। हम आम लोगों को इतिहास की सूचनाएँ लेने का अधिकार नहीं है। सच में मुझे जानकारी भी नहीं है। मेरे सामने तीन चुनाव बीत चुके हैं। तीनों में ये ही विजयी रहे हैं, उससे पहले के चुनावों का मुझे ज्ञान नहीं है। इतना मैंने सुना था कि इनसे पहले इनके स्वर्गीय पिता प्रधानमंत्री थे।"

"सच पूछो तो मित्र, मुझे इन चारों ही व्यवस्थाओं में कोई फ़र्क नहीं दिखायी पड़ता।"

"यह बात तुम शायद व्यंग्य में कह रहे हो, जब कि नवभाषा में व्यंग्य का कोई स्थान नहीं है। क्या जनतंत्र और एकाधिपत्य में तुम्हें फ़र्क नहीं दिखायी पड़ता है?"

"मैं व्यंग्य नहीं कर रहा हूँ, ख़ुद समझने का यत्न कर रहा हूँ। चारों ही देशों के शासक तब तक शासक बने रहते हैं, जब तक वे चाहते हैं। वे अपनी सहायता के लिए दूसरों की नियुक्ति कर लेते हैं, लेकिन नियुक्ति तभी तक सार्थक है, जब तक सहयोगी उनका साथ देते रहें। शासन का उत्तराधिकार उनके पुत्र को ही जाना है, चाहे तंत्र कोई भी हो- एकाधिकार तंत्र या जनतंत्र। इसलिए सहयोगी को कभी उत्तराधिकारी बनने का सपना नहीं देखना चाहिए। ऐसे सपनों को तोड़ने के लिए ही ऐसे शासन तंत्र की स्थापना की गयी है।"

"प्रधानमंत्री ने थोड़े ही तंत्र की सृष्टि की है। शासन तंत्र की सृष्टि समाज करता है।"

"देखने में यही लगता है। जनता अपने शासन के लिए तंत्र का निर्माण करती है। शासक बाद में तंत्र पर कब्ज़ा कर लेता है, "35 ने फिर बात का रुख बदलने के इरादे से पूछा, "क्या प्राचीन युग में भी शासन तंत्र इसी प्रकार का था, जिसमें शासक जनता को अपनी मर्ज़ी से बाँधकर रखते हों?"

"मित्र, मैं भी प्राचीन युग के बारे में ज़्यादा नहीं जानता। उस युग की बातें इतिहास विभाग में सुरक्षित हैं और हम लोग उन तक पहुँच नहीं सकते। जहाँ तक तुम्हारे सवाल का संबंध है, मैं कह सकता हूँ कि युग कोई भी हो, शासक एक ही प्रकार का होता

है। उसे जनता से कम और अपने से ज्यादा वास्ता होता है। इसका कारण क्या हो सकता है?"

"मैं थोड़ा अनुमान कर सकता हूँ", 35 ने धीरे से बताया। "शासक चाहे कितना भी कमज़ोर क्यों न हो, वह सोचता है कि वही सबसे अच्छा शासक है। क्या कोई व्यक्ति यह सोच सकता है कि वह उस दायित्व के लिए अनुपयुक्त है? शासक ही क्यों, अन्य व्यक्ति भी। हर व्यक्ति पद पर आसीन व्यक्ति से अपने को अधिक योग्य मानता है। पद पर रहने वाले के लिए यह पद का मोह है, तो बाहर के व्यक्तियों के लिए यह विरोध का आधार है।"

"तुम्हारा कहना ठीक है। उस युग में भी यही हुआ था। पद पर रहने वाला पद छोड़ने को तैयार नहीं होता था; जो पद से बाहर होता था, वह शासक को पदच्युत करने की कोशिश में लगा रहता था। इसीलिए हमेशा एक संघर्ष दिखायी पड़ता था। उस समय एक देश के भीतर ही नहीं, पद की लड़ाई दो देशों के भीतर भी दिखायी पड़ती थी। एक दूसरे देश पर आक्रमण, दूसरे देश के शासन को अपने भीतर करने के लिए युद्ध या दूसरे देशों के शासकों को अपने प्रभाव में लेने के लिए छिपे तौर पर संघर्ष। उस युग में संघर्ष ही संघर्ष था। कम से कम आज यह तो अच्छी बात हुई कि शासन तंत्र में स्थायित्व है, आंतरिक झगड़े नहीं हैं और चारों देश अपनी-अपनी जगह स्वतंत्र हैं।"

35 ने फिर सवाल किया, "क्या ऐसा कोई तरीका नहीं है कि सबसे अच्छे व्यक्ति को पहचाना जा सके और शासन तंत्र उसे सौंप दिया जाए? संघर्ष की आवश्यकता ही क्यों है?"

116 ने उत्तर के संदर्भ में सोचकर जवाब दिया, "इसी के लिए उस ज़माने में लोगों ने मत की प्रणाली अपनायी थी। जैसे आजकल हम लोग अपने देश में संगणक द्वारा अपने शासक के चुनाव के लिए मत देते हैं। अधिकतर लोगों के मत पाने वाला शासक बनता था। फिर वह कारगर ढंग से काम न करे, तो लोग उसे पद से उतार देते थे। तुम्हें विश्वास नहीं हो रहा है न? यह उस ज़माने में संभव था। इसी कारण लोग पद पर आसीन व्यक्ति को उतारने के लिए भी हमेशा प्रयत्नशील रहते थे। उन दिनों....."

उसकी बात काटकर 35 ने कहा, "तुम मेरा प्रश्न नहीं समझे! क्या यही सच है कि हमारे प्रधानमंत्री ही आज सबसे योग्य व्यक्ति हैं? बस, अपने पिता के कारण वे पद पर आसीन हो गये और उन्होंने संगणक तंत्र पर अधिकार करके अपने सामने उपस्थित सारे विरोध समाप्त कर दिये। फिर शासक की योग्यता या अयोग्यता की बात बेमानी

हो जाती है। पहले ज़माने के शासक भी यही करते, लेकिन वे अविकसित समाज के थे, तंत्र को अधिकार में न कर सके।"

"हाँ, बीसवीं शताब्दी का व्यक्ति आज के मुकाबले बहुत अविकसित था। यद्यपि उस समय संगणक बन गये थे, उनकी शक्ति इतनी ही थी, जितनी सूर्य की ऊर्जा के सामने भट्ठी की आग। राकेटों का भी निर्माण कर लिया, जो अंतरिक्ष में रेंगते-रेंगते जाते थे। उसने परमाणु का विस्फोट करना और विलयन करना सीख लिया था। लेकिन उसे सफलतापूर्वक काम में नहीं ले पाता था। इसी कारण शासन तंत्र पर भी काबू नहीं कर पाया था।"

"जो भी हो, उस समय का आदमी स्वतंत्र था, अपनी पसंद का काम करता था, अपनी इच्छा से जीवन यापन करता था, लेकिन अब... ।"

116 ने बात काटकर कहा, "कहना मुश्किल है। आदमी तब भी जानवरों की तरह स्वच्छंद नहीं था। शासन तंत्र तो था ही, कहीं कड़ा तो कहीं शिथिल; कहीं कुशल, तो कहीं तटस्थ। यह बात ज़रूर है कि उस समय आदमी आदमी था। वह कविता कर सकता था, कहानी लिख सकता था। कविता, कहानी नहीं जानते हो? व्यक्ति अपने मन के भावों को कविता में लिखता था। क्यों क्या, लिखना चाहता था, इसलिए लिखता था। अपनी इच्छा से कहीं भी जा सकता था, कोई भी काम कर सकता था। आज की तरह लोगों पर ज़्यादा पाबंदियाँ नहीं थीं।.......शायद इसी कारण मनुष्य का पतन हुआ।"

"वह कैसे?"

"अब हम लड़ाई का निर्णय एक व्यक्ति की इच्छा से नहीं करते। न ही हमारे ज़माने में व्यक्ति और सत्ता का संघर्ष होता है। इस तरह के संघर्ष में सत्ता का सारा श्रम व्यक्तियों के संघर्ष को दबाने में लगता है और व्यक्तियों की सारी शक्ति सत्ता को उखाड़ फेंकने में ख़र्च होती है। जीत किसी की भी नहीं होती। व्यक्ति जो संघर्ष करें, आगे भी करते रहते हैं और शासक भी कोई न कोई बनता ही है। संघर्षों में जीत चाहे किसी की भी हो, वह मानव की ही हार है। उस तरह की स्वतंत्रता से प्राप्ति क्या होती है? रोज़-रोज़ की लड़ाइयाँ! और हुआ भी यही। उस समय का मानव इतिहास वास्तव में लड़ाइयों का लंबा सिलसिला है। क्या तुम चाहते हो कि हम भी अब उसी रास्ते पर चलें और एक दिन फिर विश्व को समाप्त कर दें?"

35 कुछ देर तक कुछ नहीं बोल पाया। कुछ देर के मौन के बाद उसने कहा, "अच्छा मित्र! मैं जब तक उस काल का इतिहास ना पढ़ लूँ, अपनी तरफ़ से कुछ नहीं कह सकता। चाहे तुम्हारी बातें सही हों, मैं तो यही मानता हूँ कि मनुष्य को स्वतंत्र मनुष्य

के रूप में जीना चाहिए। चाहे तो रोए, चाहे तो गाए। कोई बात अच्छी न लगे, तो खुलकर कह सके, कोई काम ख़राब लगे, तो न करे। नहीं तो वह जानवरों से भी बदतर है! ख़ैर, यह बताओ, पुराने इतिहास के बारे में कहाँ सही जानकारी मिल सकती है?"

116 अपने मित्र 35 की ज़िद के सामने अपने को परास्त अनुभव करने लगा। बात टालते हुए बोला, "इतिहास प्रखंड में पड़ी हुई सामग्री को प्राप्त करना तुम्हारे लिए मुश्किल होगा। तुम कभी किसी सम्मेलन की तैयारी करो, तो सारे विवरण जान सकोगे। अभी यह ज़िद छोड़ो। इसी में तुम्हारी भलाई है।"

9

दूसरे दिन 35 प्राक इतिहास विभाग में गया। संगणक विभाग का सदस्य होने के कारण उसे उस विभाग में जाने में कोई परेशानी नहीं थी। लेकिन वह बिना संगणक की अनुमति के या वहाँ के किसी अधिकारी की सहायता के, पुराने अभिलेख नहीं देख सकता था। विभाग के चारों ओर, कमरों में वह बेखटके घूम सकता था। कोई उससे पूछने भी न आता कि उसे वहाँ क्या काम है। प्रशासन जानता था संगणक की जानकारी के अभाव में कोई कुछ नहीं कर सकता था। प्रशासन को आम आदमी की आम हरकतों से कोई ख़तरा नहीं था। ख़तरा उन्हीं लोगों से था, जो जानना चाहते थे। संगणक की सहायता के बिना कुछ जाना नहीं जा सकता था। कोई व्यक्ति आवश्यकता से ज़्यादा जानने की कोशिश करे, तभी संगणक उस पर निगरानी तेज़ करता था। इसी तरह ख़तरा उन लोगों से भी था जो अपनी बात दूसरों तक पहुँचाना चाहते थे, अपनी जानकारी लोगों में बाँटते थे। यहाँ भी प्रशासन अधिक चिंतित नहीं था। संगणक के माध्यम से ही लोग एक दूसरे से बात कर सकते थे। लोगों को हिदायत थी कि बिना आवश्यकता एक दूसरे से संपर्क न करें। संपर्क करने वालों पर निगरानी रखी जाती थी और उनका विचार जाना जाता था। संगणक की कुशलता पर भरोसा करने के कारण लोग दूसरों के व्यवहार से चिंतित नहीं होते थे। इसीलिए 35 को प्राक इतिहास विभाग में घूमने में कोई बाधा नहीं आयी।

35 ने प्राक इतिहास कक्ष के संगणक से पुराने ज़माने के इतिहास के विवरण माँगे। संगणक ने उससे व्यक्ति परिचय माँगा, तो उसने अपना नाम बताया। संगणक ने उससे कहा, "विवरण माँगने का उद्देश्य सूचित करो।" उससे कोई उत्तर देते नहीं बना। वह 'जिज्ञासा' या 'सामान्य जानकारी के लिए' कहता, तो संगणक झिड़क देता और उस पर

निगरानी का निर्देश दर्ज कर लेता। अगर वह किसी मंत्री का हवाला देकर विवरण माँगता, तो संगणक तुरंत बात के औचित्य की जाँच कर लेता और प्रताड़ना दे देता। वह बिना आधार के कोई कारण नहीं बता सकता था। उसे कोई परियोजना नहीं सौंपी गयी है, न ही उससे कोई प्रतिवेदन देने को कहा गया है। वह सोच में पड़ गया। संगणक ने पुनः उद्देश्य सूचित करने का आदेश दिया। इस बार उत्तर न दिये जाने पर उसकी इस कोशिश का अंकन हो जाता और संगणक नियंत्रण कक्ष को इसकी सूचना दे दी जाती। लेकिन आशा की एक क्षीण रेखा उसके सामने थी। वह प्रधानमंत्री के किसी गुप्त आदेश का सहारा ले सकता था, जिसकी जानकारी संगणक केंद्र को न होती। फिर भी उसे गुप्त आदेश की कोड संख्या देनी होती थी। उसने गुप्त आदेश की सूचना दर्ज कर दी और कोड संख्या माँगे जाने पर एक काल्पनिक संख्या दे दी। संख्या स्वभावतः गलत थी और संगणक ने गलती बताकर कार्यक्रम समाप्त कर दिया। शायद उसकी कोशिश कहीं दर्ज हो गयी थी। काम नहीं बना और बेकार पकड़े जाने का खतरा सिर पर आ गया था।

उस विभाग में 35 की एक परिचित थी, जो वर्षों पहले उसके साथ काम करती थी। ऐसा पुराना परिचय भी नवभारत में विश्वास योग्य नहीं होता था। ऐसी पहचान से कोई किसी का नहीं बन सकता था। वहाँ लैंगिक आकर्षण या अन्य कोई प्रलोभन भी न था, जिससे लोग विश्वासपात्र बनाये जा सकते थे। लेकिन वही क्षीण आशा रेखा उसका सहारा थी, जिससे वह संपर्क बढ़ा सकता था। अपने उद्‌देश्य को स्पष्ट किये बिना वांछित सामग्री प्राप्त करना आसान काम नहीं था। लेकिन विभागीय कर्मचारियों को यह अधिकार था कि वे अभिलेखों का रख-रखाव, उनमें संशोधन आदि के संदर्भ में बिना उद्‌देश्य बताये ही वांछित जानकारी माँग सकते थे। शायद वह औरत उसे कुछ जानकारी दिला सके, जो वह नहीं पा सका था।

उसने कहा, "मदाम 17, मैं प्रधानमंत्री के गुप्त आदेश के संदर्भ में एक परियोजना रिपोर्ट तैयार कर रहा हूँ। सुरक्षा के कारण अपने विभाग का संगणक इस्तेमाल नहीं कर सका। यहाँ आया, तो गुप्त कोड संख्या नहीं दे सका। संगणक से सूचना नहीं मिल पायी। अब आप ही बताइए क्या करूँ?" बात निराली थी। उसके विभाग में भी गुप्त संगणक टर्मीनल था, उसे कहीं जाने की आवश्यकता नहीं थी। दूसरी जगह से भी वह अपनी कोड संख्या मालूम कर सकता था और कहीं से संपर्क कर सकता था। वह अपना नाम और गुप्त आदेश का उल्लेख मात्र कर देता, तो भी उसे कहीं से सारी जानकारी मिल सकती थी। लेकिन 17 इस समय इन सारी बातों के बारे में विचार नहीं कर रही थी। वहाँ कोई व्यक्तिगत तौर पर विद्रोह नहीं कर सकता था। उसे तंत्र पर

विश्वास था और किसी गलत काम की आशंका नहीं थी। उसने पूछा कि उसे किस तरह की जानकारी चाहिए। 35 यह तो नहीं बता पाया कि वह पुराना समस्त इतिहास एक साथ जानना चाहता है। उसने सोचा कि वह सबसे निरापद जानकारी माँगेगा जिससे किसी को संदेह न हो। उसने कहा आकृति और रहन-सहन। महिला ने बटन दबाया तो विवरण प्राप्त हुआ--प्राक इतिहास के मनुष्य छह प्रजातियों में बँटे हुए। हर प्रजाति के अपने विशिष्ट शारीरिक लक्षण; जैसे रंग, बाल, आँख-नाक की बनावट, कद आदि में अंतर। इस सूचना के बाद संगणक ने पूछा कि क्या किसी विशिष्ट प्रजाति के अभिलक्षण चाहिए। उत्तर देने के लिए उसने सोचा कि मदाम 17 आगे बटन दबाएगी। उसने सर घुमाकर देखा तो वह चली गयी थी। उसने कार्यक्रम शुरू करते ही प्रस्थान कर दिया था। कठिनाई सिर्फ़ शुरू करने की ही थी, अब संगणक यह नहीं जानता था कि कौन उसे आगे चला रहा है। वह यह नहीं देख सकता था कि अब सामग्री का उपयोग कोई और व्यक्ति कर रहा है। यह उसके नियंत्रण की सीमा थी। 35 ने 'नहीं' कहा, तो संगणक आगे और जानकारी देने लगा। "सामान्य रूप से लोगों की औसत लंबाई 1.6 मीटर से 1.9 मीटर। कुछ जातियाँ बहुत छोटी, 1 मीटर लंबी, कुछ जातियाँ 2.25 मीटर लंबी। हाथ, पैर मज़बूत; शरीर के भीतर के अंगों में फेफड़े और पाचन तंत्र अधिक विकसित। मज़बूत, नुकीले दाँत, शरीर में सिर पर और अन्य कुछ जगहों में बाल। औरतों की लंबाई आदमी से कुछ छोटी, उसके स्तन अधिक विकसित, उभरे हुए। दोनों लिंगों के व्यक्तियों में जननेंद्रिय बहुत विकसित। आदमी में सूँघने की शक्ति, स्वाद पहचानने की शक्ति और सुनने की शक्ति जानवरों की तरह बहुत विकसित।"

इसके बाद संगणक ने उससे पूछा कि वह रहन-सहन के बारे में क्या जानकारी चाहता है। उसने 'सामान्य जानकारी' कहा, तो संगणक ने विवरण दिये-- "प्राक इतिहास का व्यक्ति मिट्टी के घर बनाकर रहता था। वह मिट्टी खोदकर बीज डालता था और बीज से पैदा हुई चीज़ों को या अन्य प्राणियों को खाता था। खाने की चीज़ों को पेट में पचाने के बाद शरीर से बचे हुए अंश को मल के रूप में निकालता था। औरत जानवरों की तरह बच्चों को पेट में पालती थीं और पूर्ण विकसित बच्चे को जन्म देती थीं। उस समय के आदमी और जानवरों में कोई अंतर नहीं था--दोनों का एक ही कार्य था -- दिन भर खाने की चीज़ों को जुटाने में लगे रहना। एक महत्वपूर्ण अंतर था कि जानवर बोलते नहीं थे, सोचते नहीं थे। आदमी बोलता था, विचार कर सकता था, इसलिए उसने विज्ञान में भी थोड़ा विकास किया था। लेकिन वह मानसिक रूप से इतना पिछड़ा हुआ था कि उसने शांतिपूर्ण विश्व की कल्पना ही नहीं की। वह जानवरों की तरह उच्छृंखल था। इस कारण लोगों में लड़ने की प्रबल प्रवृत्ति थी।"

संगणक ने फिर पूछा कि रहन-सहन में और किस क्षेत्र में अधिक जानकारी चाहिए। 35 को अब तक जो बातें मिलीं, उन्हीं से वह इतना चमत्कृत हुआ कि वह आगे कुछ सोच ही नहीं पाया। उसने कार्यक्रम बंद किया और वहाँ से निकलकर घर जाने का प्रबंध किया।

10

दूसरे दिन जब पूर्ति मंत्रालय के सचिव ने उसे बुलाया, तो उसके पैरों तले ज़मीन खिसक गयी। उसे लगा कि शायद कल के प्रयत्नों के संदर्भ में कहीं अनुशासनिक कार्रवाई न शुरू कर दी गयी हो। यद्यपि उसका 'अपराध' इतना बड़ा नहीं था, न ही सचिव के पास ऐसी बेकार की बातों के लिए इतना वक्त था, फिर भी इस आकस्मिक आमंत्रण का कारण उसकी समझ में नहीं आ रहा था। कहीं ऐसा तो नहीं कि वे दंड देने से पहले यह जानना चाहते हों कि वह किस उद्देश्य से, किसके कहने पर या किसके लिए ऐसी जानकारी लेने का यत्न कर रहा है। सचिव के सामने पहुँचते ही उसके शरीर में आतंक की एक लहर दौड़ गयी। लेकिन उनके भावविहीन चेहरे से कुछ मालूम न हो पा रहा था। 35 के लिए वास्तविक दंड से भंयकर या यातनापूर्ण स्थिति यही थी। अगर मालूम हो कि आपको अमुक दंड मिलने वाला है, तो यातना इतनी तीव्र न हो। लेकिन अगर यह मालूम न हो कि दूसरा व्यक्ति आपके बारे में क्या सोच रहा है या आपके साथ क्या व्यवहार करने वाला है, तो मन में हमेशा आतंक की स्थिति बनी रहती है। नवभारत का कुल मिलाकर यही परिवेश था। हर व्यक्ति के मन में यह भय बना रहता था कि कहीं दूर कोई आँख उसकी हर हरकत को देख रही है। कहीं कोई यह देखता रहता है कि और सब क्या कर रहे हैं। ऐसी स्थिति में व्यक्ति निश्चिंतता से श्वास भी नहीं ले सकता। वह प्रशासन के विरोध में कुछ सोच भी नहीं सकता। पता नहीं कब कोई मन की गहराई में छिपी बातों को पढ़ ले। व्यक्ति अपने लिए भी नहीं जी सकता, बल्कि हर पल इसी प्रयास में तल्लीन रहता कि देखने वाली आँखों को संतुष्ट करने जैसा उसका व्यवहार हो। वास्तविक दंड से दंड भय व्यक्ति को तोड़ने के लिए पर्याप्त है।

सचिव ने सहज भाव से उससे कहा कि प्रधानमंत्री चाहते हैं कि देश के भवनों के शतवार्षिक परीक्षण के लिए तीसरे दिन राष्ट्रीय स्तर पर वैज्ञानिकों की बैठक हो। 35 को इस बैठक की सूचना सदस्यों को देकर बैठक का आयोजन कराना है। साथ ही

प्रधानमंत्री खुराक तथा वस्त्र विभाग के लिए वार्षिक योजना तैयार करने के बारे में विभागीय चर्चा की व्यवस्था भी चाहते हैं। संगणक केंद्र द्वारा इन बैठकों की व्यवस्था की जानी थी। सूचना को अंतिम रूप दे दिया जाता, तो संगणक अपने आप संबद्ध सैकड़ों व्यक्तियों को सूचना पहुँचा देता और वैज्ञानिक बैठक की तैयारी करने लगते।

लगभग 90 वर्षों से देश के मकानों की सुरक्षा जाँच नहीं हुई थी। यद्यपि वैज्ञानिकों की सलाह थी कि ये मकान अच्छी हालत में हैं और अभी सौ साल तक इन्हें देखने की आवश्यकता नहीं है, फिर भी प्रधानमंत्री चाहते थे कि नेमी तौर पर हर सौ साल में एक बार सारे भवनों का निरीक्षण कर लिया जाए। शत प्रतिशत विशुद्ध धातु, सिलिकान और कार्बन के मिश्रण से बने उन भवनों में कहीं किसी प्रकार के क्षरण की संभावना नहीं थी। उन पर हवा, पानी, सूरज, धुआँ किसी प्रकार के बाह्य तत्व के प्रभाव की बात भी नहीं थी। हज़ारों साल से इसी प्रकार सुदृढ़ रूप में बने भवन! फिर भी प्रधानमंत्री नियमित जाँच के पक्ष में थे। अति विकसित नग़री सभ्यता में भी थोड़ी सजगता अच्छी बात थी।

इसी तरह ख़ुराक और वस्त्र विभाग में कार्य सुचारु रूप से चलता था। पूर्व निश्चित योजना के अनुसार एक करोड़ की आबादी के लिए वर्ष भर के लिए आवश्यक गोलियों का उत्पादन हो जाता था, न मात्राा में कम, न ज़्यादा। वस्त्र उत्पादन भी पर्याप्त था। फिर भी प्रधानमंत्री वर्ष भर के उत्पादन का कार्यक्रम निश्चित करते थे और संबद्ध विभाग के कार्यों का निरीक्षण करते थे। पूर्ति मंत्रालय के प्रमुख सचिव ने उसे बैठकों के बारे में आवश्यक हिदायतें दीं और सूचना प्रसारण का आदेश दिया।

सहज स्थिति में पहुँचा हुआ 35 बैठकों की बातचीत के बाद उठते-उठते बोला, “महोदय, जब हमारा उत्पादन ठीक-ठीक चल रहा है, तो हर वर्ष योजना बनाने की क्या आवश्यकता है? क्या कभी उत्पादन कम होने की आशंका है? क्या अन्य साधनों की आवश्यकता की भी बात आ सकती है?” सचिव उसके इस अचानक प्रश्न करने पर अचंभित हुए। उनके सामने लोग ‘क्यों, कैसे’ आदि प्रश्न नहीं करते थे। उसकी ओर चुभती नज़रों से देखते हुए वे शायद यह सोच रहे थे कि प्रश्न का तात्पर्य क्या है या प्रश्नकर्ता क्या चाहता है। यह भी सोच रहे थे कि प्रश्न का उत्तर दिया जाए या नहीं, फिर 35 की सहज जिज्ञासा को ध्यान करते हुए उन्होंने कहा, “प्रति व्यक्ति प्रति दिन औसत 25 ग्राम खुराक के हिसाब से हमें साल भर एक लाख टन खुराक की आवश्यकता है। तुम जानते हो कि शहर में उत्पादन का कोई स्रोत नहीं है। हाँ, देश से बाहर समुद्र तट पर हमारे कुछ कारखाने हैं जहाँ से ख़ुराक के लिए लवण, धातु आदि प्राप्त हो जाते हैं, अन्य प्रोटीन, विटामिन आदि तत्त्व दूसरे स्रोतों से मिलते हैं।

सबको मिलाकर ख़ुराक की गोलियाँ तैयार की जाती हैं। चूँकि हमारे सामने प्रत्यक्ष साधन नहीं हैं, हमें योजना तो बनानी ही पड़ेगी।"

"महोदय, प्रत्यक्ष साधन से क्या मतलब? वनस्पति, प्राणी आदि?" 35 ने पूछा।

"हाँ, तुम तो समस्या थोड़ी-सी जानते हो। शरीर को ऊर्जा चाहिए और वृद्धि के लिए प्रोटीन आदि चाहिए। ये तत्त्व हमें वनस्पति, प्राणियों का माँस आदि से मिल सकते हैं या हम उन्हें रासायनिक केंद्रों में तैयार कर सकते हैं। हम दोनों तरीकों से अन्न का उत्पादन करते हैं। इसीलिए योजना की आवश्यकता है। अगर आदमी प्रत्यक्ष साधनों से सीधे अन्न पाता, तो शायद इतनी योजनाओं की ज़रूरत न पड़ती।"

"आदमी को प्रत्यक्ष साधनों से कैसे भोजन मिल सकता है?"

"जैसे जानवर भोजन पाते हैं। विकसित संस्कृति का आज का मनुष्य अपनी दिन की आवश्यकताओं के अनुसार सारे तत्त्व ख़ुराक के प्राप्त कर लेता है। शरीर को जितनी मात्रा में ये तत्त्व चाहिए उतनी ही ख़ुराक दी जाती है। शरीर सारे तत्त्वों को जज़्ब कर लेता है। लेकिन प्राणियों की ये तत्त्व कैसे मिल सकते हैं? वनस्पति और दूसरे प्राणियों से ही न?" सचिव बोल रहे थे, तो 35 बड़े मगन से उनकी बातें सुन रहा था। वे आगे बोले- "25 या 50 ग्राम तत्त्व पाने के लिए प्राणी या पुराना मनुष्य उससे कई गुना पदार्थ अपने पेट में ठूँस लेता था। जैसे पेट न हुआ, कूड़ादान हो गया। शरीर तत्त्व ग्रहण कर लेता था और शेष अनावश्यक तत्त्व मल के रूप में शरीर से बाहर निकल जाता था।"

"ओफ़, बड़ा घृणित व्यापार लगता है। बाहर की चीज़ें क्यों पेट में भरें और उन्हें फिर बाहर निकालें?"

"इसलिए कि ये तत्त्व और किसी तरह उपलब्ध नहीं हो सकते थे। उस समय का मानव बड़ी आदिम अवस्था में था। वह आवश्यक तत्त्वों को अलग करना नहीं जानता था। इससे आदिम मनुष्यों का समस्त जीवन भी प्रभावित होता था। वह जीवन में हर जगह अनावश्यक विस्तार पसंद करता था। एक छोटी-सी बात कहनी हो, तो भी बहुत देर तक बोलता था। एक निर्णय के लिए बहुत-से लोग कई दिनों तक लगे रहते थे। जैसे उद्देश्य निर्णय नहीं, वह लंबा विचार हो; बात नहीं, बल्कि देर तक बोलना हो। खाने का उद्देश्य भी वे तत्त्व नहीं बल्कि वे पदार्थ और उनका रूप-रंग और स्वाद हो। लोग तत्त्व प्राप्त करने की अपेक्षा उन पदार्थों के रूप, रंग, गंध, आकार आदि पर शायद ज़्यादा मोहित थे। वह बड़ा ही भिन्न प्रकार का जीवन दर्शन था। तुम कहीं पहुँचने की अपेक्षा चलने की क्रिया में अधिक आनंद लो, तो फिर पहुँचना निरर्थक हो जाता है।

फिर आदमी कहीं पहुँचता ही नहीं, पहुँचना चाहता ही नहीं, बल्कि चलते रहने में ही आनंदित होता है। शायद इसीलिए पहले का मानव शासन तंत्र से ज़्यादा शासन तंत्र के निर्माण, और उसे तोड़कर पुनः निर्माण करने में आनंद लेता था। वह जीवन में स्थायित्व नहीं चाहता था।"

35 को जीवन दर्शन से अधिक पुराने मानव जीवन प्रणाली के बारे में जानने की इच्छा थी। उसने पूछा, "क्या हम उन लोगों की तरह का भोजन नहीं कर सकते?" यह सुनकर सचिव महोदय के चेहरे पर एक क्षण के लिए खीज के भाव उभरे। मानो कह रहे हों कि इतनी देर समझाने पर भी तुम्हारी समझ इतनी दुर्बल क्यों है। फिर उसी पुरानी मुद्रा में कहने लगे, "पुराना मानव इन चीज़ों को पेट में डालता था, तो कुछ एन्ज़ाइम उन्हें तोड़ते थे जिससे तत्त्व अलग हो जाएँ। साथ ही बाहरी वस्तुओं के साथ करोड़ों बैक्टीरिया आदि भी पेट में जाते थे और मल के साथ बाहर निकलते थे। पेट न हो, कोई कारखाना हो। उसका पाचन तंत्र ज़्यादा शक्तिशाली था, जटिल था। आज हम परिशुद्ध अवस्था में तत्त्व प्राप्त करते हैं। जल, लवण, धातु आदि हर व्यक्ति को जितनी मात्रा में चाहिए, उतनी ही मात्रा में दिये जाते हैं, गोलियों के रूप में। इसलिए हमारा पाचनतंत्र सिकुड़ चुका है। हम लोग आकार में भी छोटे हैं और हमें अधिक ख़ुराक नहीं चाहिए। संगणक नियमित रूप से जाँच कर ख़ुराक निश्चित करता है। पुराने मनुष्य या प्राणी अपनी आवश्यकता को नहीं जानते थे। इसलिए पेट भरते रहते थे, चाहे आवश्यकता हो या नहीं। जैसे वे खाने के लिए ही जीते थे।"

"क्या वे सच में खाने के लिए जीते थे? उनके जीवन का कोई उद्देश्य नहीं था?"

"ख़ैर, उस समय का मनुष्य सिर्फ़ प्राणी नहीं था। प्राणी तो सिर्फ़ खाने के लिए ही जीता है। प्राचीन मानव प्राणियों से अधिक विकसित थे। वे विज्ञान में उन्नति कर चुके थे। अपने विचारों को लिख-पढ़ सकते थे। संस्कृति, राजनीति आदि क्षेत्रों में भी वे कई आवश्यक या अनावश्यक व्यापारों में लगे रहते थे। संगीत, कविता करना, मूर्तियाँ बनाना आदि आदिम कार्य व्यापारों में रुचि लेते थे। समाज में धर्म नामक एक बड़ी पेचीदा व्यवस्था थी। खाने-पीने से छुट्टी पाकर मनुष्य ऐसी ही कई बेकार बातों में उलझे रहते थे। लेकिन समाज का लगभग पूरा श्रम भोजन से संबंधित कार्यकलापों में लगता था। भोजन की व्यवस्था निकाल दो, तो उनके पास कुछ विशेष कार्य नहीं बचता था।"

"वह कैसे, महोदय?" 35 ने पूछा।

"मिट्टी खोदकर उसमें बीज डालना, जिसे वे खेती कहते थे, खेती के लिए औज़ार तैयार करना, खाने के लिए या और कार्यों के लिए पशुओं को पालना और उनके लिए भी भोजन जुटाना, भोजन की वस्तुओं को पकाना और पकाने के साधन जुटाना, खाने की चीज़ों को सुरक्षित रखना और एक जगह से दूसरी जगह ले जाना, उन्हें लोगों तक पहुँचाने के लिए दुकानें खोलना, फिर खाने-पीने से संबंधित रोगों का उपचार करना, मल निकासी की व्यवस्था करना। अगर भोजन की उस समय की व्यवस्था निकाल दो, तो उनके पास बचता ही क्या था? लोग इसलिए काम करते थे कि उन्हें भोजन प्राप्त करने का साधन मिल जाए। लेकिन आज! हम देश के लिए काम करते हैं, अपने लिए नहीं। हमारी सारी आवश्यकताओं की पूर्ति प्रशासन कर देता है। इसलिए हम अधिक उन्नत हैं।"

"महोदय, यह विकास कैसे हुआ? क्या इसके पीछे कोई आधार था?"

"यह विकास तो हज़ारों वर्षों के विकास के कारण हुआ। और पहले का मानव जानवरों से भिन्न नहीं था। प्राक इतिहास काल का मानव उनसे अधिक विकसित था। वह भोजन पकाना सीख गया था, भोजन के तत्त्वों के बारे में भी जानता था। विनाश के युग के बाद पृथ्वी पर खेती करने की स्थिति नहीं रही। आबादी भी नष्ट हो गयी थी। थोड़े-से बचे हुए लोगों ने कुछ सुरक्षित स्थानों में शरण ली। अपने ज्ञान के आधार पर उन्होंने नये सिरे से शुरुआत की। हज़ारों साल के इस नये विकास के कारण ही हम मिट्टी और खेती से अलग हो सके। अब फिर वापस जाने की बात सोची भी नहीं जा सकती।"

35 ने हिम्मत करके एक सवाल पूछा, "महोदय, आधुनिक जीवन में ख़ुराक के लिए सुना है मरे हुए लोगों के शव को भी विज्ञान शालाओं में गलित किया जाता है और उनके शरीर से भी आवश्यक तत्त्व निकाल लिये जाते हैं। क्या यह सच है?" प्रश्न सुनते ही सचिव महोदय की अब तक की सारी सहजता खत्म हो गयी। उनके चेहरे पर विद्रूपता की एक रेखा दौड़ गयी। उन्हें लगा कि इस तरह उन्हें एक आम नागरिक से बातें नहीं करनी चाहिए थी। उन्होंने कठोरता से कहा, "देखो, 35 इस देश में बातें सुनना और सुनाना जुर्म है। और बिना आधार के ख़बरें देना और भी बड़ा जुर्म है। याद रख लो कि तुम आगे किसी से ऐसी बातें मत करना। नहीं तो पछताना पड़ेगा।"

11

प्रातःकाल का समय था। चारों ओर उजियाला होने लगा था। लोग अपने-अपने घरों में संगणक के प्रातःनिनाद के साथ उठे। बच्चों को और आधे घंटे तक सोने की छूट थी, जिससे बड़े पहले अपने नैत्यिक कार्य पूरे कर सकें। सवेरे शरीर शुद्धि, व्यायाम, शिक्षा सत्र, ख़ुराक लेना आदि का सिलसिला था और शाम को स्वास्थ्य परीक्षण, चिंतन सत्र, राष्ट्रीय घोषणाएँ मनोरंजन सत्र आदि हुआ करते थे। संगणक परिवार का ही नहीं, पूरे समाज का दिशा निर्देशक और नियंत्रक था। उसी से दिन के सारे सत्र पूरे होते थे। संगणक शरीर की दैनिक जाँच के बाद ख़ुराक निश्चित करता था और तत्वों की आवश्यकता के अनुरूप गोलियाँ देता था। आवश्यकता के अनुसार जलीय अंश भी कैप्सूलों के रूप में मिलते थे। इसके अलावा कुछ और खाने की आवश्यकता नहीं थी, न कोई और वस्तु उपलब्ध थीं। यही नहीं, नवभाषा में 'खाना' जैसा कोई शब्द ही नहीं था।

ख़ुराक देने से पहले संगणक शरीर का परीक्षण करता था, जिससे रोग को प्रारंभिक अवस्था में ही पकड़ा जा सके। आज संगणक ने 35 के शरीर में शायद कोई ख़राबी देखी थी। संगणक ने जाँच के बाद उसे दवाई का एक कैप्सूल लेने का निर्देश दिया। यह न जानते हुए भी कि उसे क्या ख़राबी है, उसने निर्देश के अनुसार कार्य किया। उसने कैप्सूल मुँह में डाला और तब तक संगणक तंतु से जुड़ा रहा, जब तक संगणक ने उसे अलग होने का आदेश नहीं दिया। उसके मन में यह चिंता ज़रूर हुई कि क्या ख़राबी हुई होगी, लेकिन जानने का कोई रास्ता नहीं था। ऐसी चिंता नवभारत के दर्शन के अनुरूप भी नहीं थी। लोग केवल निर्देशों का पालन करते थे, अपने बारे में सोचना उनका कर्तव्य नहीं था। वे जानते थे कि जो उनके साथ होना है, उस पर उनका कोई नियंत्रण नहीं हैं। वे अपने को पूर्णतः व्यवस्था को सौंप देते थे। लेकिन 35 ने सोचा कि वह ज़रूर इसके बारे में पता लगाएगा। उसने पूर्ति विभाग की बैठक के संदर्भ में एक मित्र को खोज निकाला, जो पहले चिकित्सा केंद्र में काम कर चुका था।

उसने सहयोगी से अपनी शारीरिक विकृति की बात की, तो उसने हँसते हुए कहा कि 35 अनावश्यक बातें सोच रहा है। 35 ने कहा, "मैं चिंता नहीं कर रहा हूँ। क्या मैं नहीं जानता कि प्रशासन हम लोगों के स्वास्थ्य की पूरी देखरेख कर रहा है? मैं सिर्फ़ यह जानना चाहता हूँ कि संगणक इलाज कैसे करता है। उसे कैसे मालूम पड़ता है कि रोग क्या है और कहाँ है?"

सहयोगी ने कहा, "शरीर में पुराने सेल खत्म होते हैं और उनकी जगह नये बनते रहते हैं। कभी यह भी होता है कि प्रकृति के प्रभाव से कुछ स्वस्थ सेल भी ख़राब होने लगें या किसी विषाणु के कारण कोई सेल प्रभावित होने लगे। संगणक सेलों को

पहचानकर दवाई का निर्देश देता है। ये सूक्ष्म कैप्सूल या गोलियाँ वास्तव में दवाइयाँ हैं, जो बिल्कुल सेल के पास पहुँचकर फूटती है, जिससे खराब सेल पूर्णतः नष्ट कर दिया जाएँ या उसमें सुधार लाया जाए। कुछ रोगों के लिए कैप्सूल दिये जाते हैं और ख़ून, शिराओं और माँसपेशियों की ख़राबियों के लिए सुई द्वारा कैप्सूल शरीर के अंदर प्रविष्ट करा दिये जाते हैं। चूँकि रोग का लक्षण प्रकट होते ही दवाई दे दी जाती है, व्यक्ति तुरंत ही ठीक हो जाता है।"

"संगणक कैसे पता लगाता है कि कौन-से सेल प्रभावित हुए? उसके पास आँखें तो नहीं हैं?"

सहयोगी ने कहा, "यह बहुत आसान कार्य है। तुम एक ऐसे यंत्र की कल्पना करो, जिसमें हज़ारों पुर्ज़े हों। एक ख़राब होता है, तो भी मशीन का काम गड़बड़ाने लगता है। हम उसका पता कैसे लगाते हैं? सर्किटों का पता लगाओ, तो पता चलेगा कि कौन-सा भाग प्रभावित हुआ, फिर उसका कौन-सा खंड प्रभावित हुआ और फिर उसका कौन-सा हिस्सा ख़राब हुआ है। हम उस हिस्से को निकाल कर ठीक करते हैं या दूसरा हिस्सा डाल देते हैं, तो मशीन पूर्ववत चलने लगती हैं। शरीर तो एक यंत्र है न, जिसका अपना सर्किट है। सामान्य स्थिति में इसका अपना एक निश्चित विद्युत चुंबकीय परिवेश होता है। कुछ स्थितियों में इसमें भी परिवर्तन देखा जा सकता है। खराबी की स्थिति में इस परिवेश का विकृत रूप संगणक ही पहचान सकता है। फिर वह जाँच से यह भी पता लगाता है कि कौन-सा सेल खराब हुआ और निर्णय करता है कि उस सेल को नष्ट किया जाए या उसको सुधारा जाए। इस दृष्टि से मानव बहुत कमज़ोर है। वह अपने शरीर के अंदर के विकार को खुद पहचान नहीं सकता। रोग का पता उसे तभी होता है, जब रोग बहुत बढ़ जाए और शरीर में रोग के लक्षण प्रकट होने लगें। इस स्थिति में शरीर कमज़ोर हो जाता है और आयु घटने लगती है। पहले से ही रोग के मूल को पहचान कर उसे समाप्त कर दें तो शरीर स्वस्थ रहता है। इसी कारण आज का मानव बहुत दिन तक जीवित रहता है, जबकि पहले के मानव जल्दी ही मर जाते थे।"

"जिस ज़माने में संगणक नहीं थे, तब रोगों का कैसे उपचार चलता था?"

"यह बड़ा रोचक प्रश्न है। मान लो एक जगह सौ लोग हैं। उनमें एक व्यक्ति को पहचानकर उसे ख़त्म करना अनिवार्य है, लेकिन उस एक का पता नहीं है, तो उन सभी सौ लोगों को मारने के अलावा कोई रास्ता नहीं है। अन्यथा उस एक की विकृति से बाकी निन्यानवे भी प्रभावित हो जाएँ, तो वे सारे मिलकर समाज को नष्ट कर सकते हैं। पहले यही होता था। एक सेल को न पहचानने के कारण व्यक्ति रोगग्रस्त हो जाता

था और अक्सर मर भी जाता था। उस व्यक्ति के कारण कभी पूरा समाज भी रोगग्रस्त हो जाता था। आधुनिक युग में हम उस कारणभूत एक को पकड़ने में विश्वास करते हैं, जिससे एक से सौ और सौ से हज़ार न बन जाएँ। ख़राबी या विरोध जहाँ उठता है, वहीं उसे ठीक कर दो या अलग कर दो। जिस तरह से समाज में एक-एक आदमी के एक-एक विचार का निरीक्षण होता है, उसी तरह व्यक्तियों के शरीर के एक-एक सेल का निरीक्षण भी किया जाता है। पहले दोनों बातें नहीं थीं, इसलिए समाज भी रुग्ण था और व्यक्ति भी रोगग्रस्त रहता था।"

"फिर क्या सारा समाज ही रोगों से घिरा रहता था? क्या वे रोगों का नियंत्रण नहीं करते थे?"

"हाँ, जब ठीक से निरीक्षण नहीं कर सकते, तो और क्या कर सकते हैं? पहले के मनुष्य दो कमियों के शिकार थे। आदमी को रोग का पता तभी चलता था, जब रोग बढ़ जाता था और मरने की स्थिति आ जाती थी। जो मरते नहीं थे और उस समय की आदिम दवाइयों से बच जाते थे, वे अंदर ही अंदर इतने खोखले हो जाते थे कि उनके शरीर में ताकत ही नहीं रह जाती थी। इसलिए आदमी मुश्किल से साठ-सत्तर साल तक जीता था। लेकिन अब हम लोगों ने शरीर को रोगमुक्त कर दिया है, जिससे हम अब 200 साल तक जीते हैं। तब भी कई लोग मर नहीं जाते, बल्कि प्रशासन आबादी के नियंत्रण के उद्देश्य से ठीक 200 साल की उम्र में लोगों को 'सुला' देता है।"

"और दूसरी कमज़ोरी क्या थी?"

"उस समय की दवा देने की पद्धति भी बड़ी आदिम थी। चूँकि उन्हें मालूम नहीं था कि प्रभावित अंग तक दवाई कैसे पहुँचायी जाए, वे बहुत-सी दवाइयाँ पेट में डाल लेते थे। जैसे आवश्यकता से ज़्यादा खुराक लेते थे, इसी तरह आवश्यकता से ज़्यादा दवाइयाँ भी लेते थे। इससे पूरा शरीर प्रभावित होता था। यह तो ऐसा ही हुआ न कि जंगल में छिपे एक छोटे-से जानवर को मारने के लिए सारे जंगल में आग लगा दी जाए। ख़ैर, स्वास्थ्य से संबंधित आदिम व्यवस्था के कारण मनुष्य जीवन भी बड़ा ही अस्थिर, अनिश्चित था। लोग स्वच्छंदता से बच्चे पैदा करते थे, और बिना कारण मरते थे। लेकिन आज उन्नत स्वास्थ्य परीक्षण के कारण मनुष्य जीवन सुस्थिर हुआ है। जीना, मरना अब हमारे अपने हाथ में है।"

"मित्र, तुमने कहा था कि उस समय का समाज भी रुग्ण था। इसका क्या मतलब है?"

"ख़ैर, इसके बारे में मैं अधिक नहीं बता सकता। मैंने कभी इतिहास विभाग में काम नहीं किया है। बैठकों में सुनी बातों के आधार पर मैंने एक समान स्थिति सामने रखी। हमें तो यही बताया गया था कि जीवन की स्वच्छंदता मनुष्य के समाज को खोखला कर देती है। तुम्हीं तुलना करके देखो न। अब हमारे देशों में कोई व्यक्ति वर्तमान स्वाभाविक जीवन क्रम के ख़िलाफ़ कुछ हरकत नहीं कर सकता। जो प्रशासन का विरोध करता है, वह शरीर का ख़राब सेल है। प्रशासन ऐसे ख़राब व्यक्ति को सुधार देता है या नष्ट कर देता है। लेकिन पहले ऐसे ख़राब विचार वाले व्यक्तियों को ढूँढ़ना मुश्किल था, ढूँढ़ने पर ख़त्म करना मुश्किल था। इसी कारण ऐसे लोग जो प्रशासन के खिलाफ़ काम करते थे, ज़िंदा रहते थे, संख्या में बढ़ते थे और कभी उस समाज को ही ख़त्म करते थे, जिसके वे सदस्य थे। यह समाज में रोग की स्थिति थी।"

"हाँ, मित्र!" 35 ने सहज-सी मुद्रा में, दार्शनिक ढंग से प्रत्युत्तर दिया-"तुम्हारी बातें समझ में आ गयी हैं। आज का प्रशासक ख़राब सेल को अत्याधुनिक और उन्नत तंत्र के कारण ढूँढ़ लेता है। बिचारे वे आदिम प्रशासक यही काम आदिम तरीके से करते थे। वे पूरे समाज पर अपने विचारों की दवाई छिड़कते रहते थे, जिससे विरोधी स्वर सामने आए ही नहीं।"

12

35 को जितनी जानकारी मिलती जाती थी, उसी हिसाब से उसकी जिज्ञासा भी बढ़ती जा रही थी। उसका मन यह नहीं मान रहा था कि प्रशासन जो भी करे, वह ठीक है और व्यक्ति ही हमेशा दोषी होता है। उसे मालूम था कि प्रधानमंत्री देश की आबादी के नियंत्रण के लिए जो नियम चला रहे हैं, उससे वे स्वयं बद्ध नहीं हैं। आम आदमी को तो 200 की आयु में 'सुला' दिया जाता था, लेकिन प्रधानमंत्री स्वयं पद पर बने रहने की लालसा से अपनी उम्र बढ़ाये जा रहे थे। उनकी उम्र 250 के करीब होनी चाहिए। प्रधानमंत्री पद पर ही इन्हें लगभग 100 वर्ष हो गये हैं। ये अपने पिता के बाद तब गद्दी पर आसीन हुए जब इनकी उम्र के और लोग वृद्ध विश्रामालयों में पहुँचते थे और चुपचाप अपने अंत की प्रतीक्षा करते थे। लेकिन प्रधानमंत्री अब भी अपने पद से हटना नहीं चाहते थे। उस एक व्यक्ति के अपने पद पर बने रहने की लालसा के कारण पता नहीं कितने ही 'विरोधी' या 'विद्रोही' समय से पहले भी सुला दिये गये होंगे। नवभारत में लोगों को इन सब बातों की जानकारी भी नहीं होती। या

जानने वाले हों तो भी ऐसे नाजुक प्रश्नों पर कुछ कहते डरते थे। पता नहीं कब, कौन उनके अंतरंग की बात जाने-अनजाने दूसरों तक पहुँचा दे और वे विद्रोही के दर्जे में आ जाएँ। कम से कम पुरानी संस्कृति में लोगों को अपने मन की बात कहने की स्वतंत्रता तो थी, चाहे वे गलत कह रहे हों। सत्य क्या है, यह जानना सुनने वालों का काम है। लेकिन प्रशासन मानता है कि 'सत्य' वह है, जो वह निश्चित करता है। जनता को यही सत्य बोलना चाहिए और सुनना चाहिए। प्रशासन वही 'सत्य' संगणक के पर्दे के माध्यम से जनता तक पहुँचाता था। सत्य होने का उसका सबसे बड़ा अभिलक्षण यही था कि वह प्रशासन, प्रधानमंत्री और उनकी नीतियों के ख़िलाफ़ न हो। सत्य क्या है यह जानने का यत्न भी सबसे बड़ा झूठ था, जिसका दंड था असंदिग्ध मृत्यु। शायद मृत्यु ही सबसे बड़ा सत्य था। लोग उस सत्य से अच्छी तरह परिचित थे और उससे नियंत्रित होकर काम करते थे।

उसने सोचा कि वह शिक्षा सत्र में पूर्व युग के संदर्भ में कुछ सवाल करेगा। किसी से उसे डरना क्या है? उसने संगणक से पूछा कि पहले के शहर कैसे थे? संगणक ने संक्षेप में नगरों का वर्णन कर बात समाप्त कर दी। अधिक जानकारी की उसकी कोशिश सफल नहीं हुई। उसकी पत्नी, उससे पूछने लगी कि वह पुरानी सभ्यता के संदर्भ में जानना क्यों चाहता है? क्या वह यह तो नहीं जानना चाहती कि कहीं वह मानसिक विकार से पीड़ित तो नहीं हो गया है? उसे शक का अवसर दिये बिना उसकी शंका का निवारण करना था, और संभव हुआ तो पत्नी से ही थोड़ी-सी और जानकारी लेनी थी। पत्नी निर्माण विभाग में काम करती थी और विभागीय कार्यों के संदर्भ में उसे पुरानी संस्कृति की निर्माण कला की जानकारी भी होगी।

उसने कहा, "मैं पूर्ति विभाग के सचिव से बात कर रहा था। वे पुरानी संस्कृति के नष्ट होने की बात कर रहे थे। यह मेरी समझ में नहीं आया कि वह संस्कृति नष्ट कैसे हुई? क्या उसका कोई अवशेष नहीं है।"

उसकी पत्नी शायद आज कुछ बात करने के मूड में थी। उसने जिज्ञासु होने के लिए 35 की ताड़ना नहीं की। या शायद पूर्ति विभाग के सचिव के उंल्लेख से उसे आभास हुआ कि उसका पति अपने कार्य के संदर्भ में ही कुछ जानकारी एकत्र कर रहा है। उसने कहा, "यह तो तुम जानते ही होगे कि 21वीं सदी का मनुष्य विज्ञान की उन्नति के रास्ते पर चल रहा था। वह हमारी तरह अधिक विकसित नहीं था, फिर भी उसने परमाणु शक्ति को वश में कर लिया था। और यही उस संस्कृति के विनष्ट होने का कारण बना। किन्हीं मूर्ख प्रशासकों ने परमाणु युद्ध का निर्णय ले लिया और व्यापक परमाणु युद्ध के कारण धरती पर से अधिकतर सृष्टि समाप्त हो गयी। आपस में संगठित

न होने के कारण प्रशासक हमेशा आपस में लड़ते रहते थे और अपना हित भूलकर दूसरों का अहित करनां अपना परम धर्म समझते थे। और आज, हज़ारों वर्षों से विश्व के चारों देशों ने कोई लड़ाई नहीं की और विश्व सुख-शांति से जी रहा है।"

"युद्ध से मनुष्य जाति नष्ट कैसे हो सकती है? हम लोग उसी संस्कृति से आये हैं न?"

"परमाणु युद्ध से लगभग आधी मानवता समाप्त हो गयी हो। जो बचे थे, वे दूषित वातावरण में ज़िंदा नहीं रह सके। उस ज़माने में आज की तरह मानवों के रहने के स्थानों के ऊपर रक्षा कवच नहीं था। नीचे धरती और ऊपर खुला आसमान। जैसे इस शहर की सीमा के बाहर की धरती है। हवा, धूप, बारिश आदि प्राकृतिक विपदाएँ तो हैं ही, उन दिनों परमाणु युद्ध के बाद स्थिति और विकट हो गयी थी। परमाणु धूल से सारा वायुमंडल धूमिल हो गया था। पहले ज़मीन पर भयंकर सर्दी हो गयी। धीरे-धीरे धूल नीचे आयी, तो उसके असर से पेड़-पौधे तक विकृत हो गये। युद्ध के कारण वायुमंडल के ऊपर की ओज़ोन पर्त नष्ट हो गयी थी। यही ओज़ोन पर्त सूर्य की पराबैंगनी तथा गामा जैसी अंतरिक्ष किरणों को रोके रहती थी और लोगों के स्वास्थ्य की रक्षा करती थी। जब परमाणु बादल हटे, तो इन घातक किरणों ने बची-खुची सृष्टि को नष्ट कर दिया। उस ज़माने में धरती पर करोड़ों प्रकार के प्राणी, जीव-जंतु और पेड़-पौधे थे और उनमें से अधिकांश समाप्त हो गये। इन जीव-जंतुओं और पेड़-पौधों के फिर से विकास में हज़ारों साल लग गये। इतने व्यापक विनाश के बावजूद कुछ जनसमूह बच गये, जो विनाश के केंद्र से दूर, अधिक सुरक्षात्मक स्थानों में रहते थे। हम तो उन्हीं के वंशज हैं।"

"उन्हीं लोगों ने आज के इन चार देशों को बसाया, यही न?"

"हाँ, उन लोगों ने अपना विकास जारी रखा और इन विकसित देशों का निर्माण किया। यही नहीं, उस समय के कुछ और जन समूह इस नये विकास में शामिल नहीं हो पाये। वे लोग सुदूर इलाकों में जहाँ थे, वहीं बस गये। उन इलाकों में विकास संभव नहीं था, इसलिए वे और आदिम अवस्था को पहुँच गये। आज विश्व में ऐसे कुछ आदिम जन समुदाय भी विद्यमान हैं, जो इन चारों देशों से अलग रहते हैं।"

"क्या?" 35 ने अति विस्मय से प्रश्न किया, "इसी धरती पर?"

"हाँ, हैं। लेकिन वे विश्व परिषद से बाहर हैं। उनका रहन-सहन हमसे इतना भिन्न है कि अब उनसे संबंध रखना हमारे लिए संभव नहीं है।"

"वे हमसे भिन्न क्यों हैं? वे आदिम अवस्था में क्यों रहते हैं?"

"यह तो बहुत बड़ा प्रश्न कर दिया है तुमने। क्यों आदिम अवस्था में रहते हैं, इसका पहले उत्तर देती हूँ। उस समय जो व्यक्ति बचे थे उनके पास वैज्ञानिक विकास की परंपरा थी और ज्ञान था। उन्हें अपने को प्राकृतिक विपदाओं से बचाकर जीना था। इसलिए उन्होंने उस ज्ञान के आधार पर ऐसे रक्षात्मक उपायों की खोज शुरू की, जिससे वे दूषित वायुमंडल और घातक किरणों से बच सकें। धीरे-धीरे उन्होंने गुंबदों की रचना की, जो वायुमंडल को बाहर ही रोक देता है और अंदर रहने वालों को सुरक्षा प्रदान करता है। उस समय प्राकृतिक पदार्थों से भोजन प्राप्त करना भी बहुत ख़तरनाक था। परमाणु धूल के प्रकृति में मिलने के कारण प्राणी, पेड़-पौधे सब अखाद्य हो गये। इस कारण बची मानव जाति में भी विनाश की गति बढ़ती गयी। इससे बचने का एक मात्र उपाय था पदार्थों से पौष्टिक तत्त्वों को अलग करना और उन्हें विशुद्ध रूप से ग्रहण करना। इस तरह हमारे भोजन की आदत में भी बड़ा परिवर्तन आया।"

"लेकिन वे आदिम संस्कृतियाँ? वे लोग भी उस समय अन्य लोगों की तरह विकसित ही रहे होंगे। वे आदिम अवस्था में कैसे पहुँच गये?"

"यह सवाल रोचक तो है, लेकिन इसका उत्तर देना इतना आसान नहीं है कि मैं स्पष्ट रूप से समाधान दे दूँ। कल्पना ही कर सकती हूँ। पहली बात तो यह है कि विश्व के सारे लोगों को खदेड़कर एक जगह इकट्ठा करने का कोई सामूहिक प्रयास तो नहीं हुआ था। मैंने पहले ही कहा था कि लोग कुछ विकसित होने के बावजूद संगठित नहीं थे। तुम्हें यह जानकर ताज्जुब होगा कि उस समय लोग आसमान में तारों की तरह पृथ्वी की सतह पर हर जगह फ़ैले हुए थे। जंगल, पहाड़, रेगिस्तान, समुद्र किनारा, बर्फ़, कोई भी स्थान ऐसा नहीं था, जहाँ लोग नहीं रहते थे।"

"जंगलों और पहाड़ों पर भी?"

"हाँ, इसका कारण भी है। उन लोगों की खाने की आदतें ऐसी थीं कि सीधे प्रकृति से भोजन पाते थे। मिट्टी से, धरती से, अन्य प्राणियों से। खाने की उनकी आदतें बड़ी आदिम थी। इसलिए जहाँ खाना मिल सकता था, वहीं बस जाते थे। यह तो तुम जानते हो कि बाहर की दुनिया में पेड़-पौधे, वन्य प्राणी सब जगह हैं। इसलिए आदमी कहीं भी भोजन प्राप्त कर सकता था।"

"ताज्जुब है कि मनुष्य प्रकृति की हर चीज़ पेट में डाल लेता था। क्या उसका पेट इन चीज़ों का विरोध नहीं करता था?"

"भई, मनुष्य भी एक जैविक इकाई है। उन्नति के कारण हमने अपनी खाने की आदतें सुधार लीं। अन्यथा मनुष्य जानवरों से अधिक भिन्न नहीं है। आज की आदिम

संस्कृतियों की भी खाने की ऐसी ही रीति है। चूँकि वे विकसित नहीं हैं, जानवरों की तरह पेड़-पौधे, प्राणी आदि को खा जाते हैं। जंगलों में गुफ़ाओं में रहते हैं। कपड़े तैयार करना नहीं जानते। इसलिए या तो निर्वस्त्र रहते हैं या पेड़ की छाल या पत्ते ओढ़ते हैं। किसी भी तरह का निर्माण कार्य नहीं कर सकते। बोलते हैं, इसलिए मानव हैं, अन्यथा सिर्फ़ जानवर हैं। इसीलिए हम उन्हें विश्व परिषद से बाहर रखते हैं।"

"तुम कहती हो कि वे विकसित नहीं हैं। वे भी हमारी तरह एक अर्धविकसित संस्कृति से आये हैं। फिर वे इतनी आदिम अवस्था में क्यों रह गये?"

"विज्ञान का विकास स्थायी अवस्था नहीं हो सकता। विकास और विकास को गति देता है और प्रयत्न छोड़ दो तो उसकी गति समाप्त हो जाती है। हम दोनों संस्कृतियों में यही हुआ। हमने विकास को जारी रखा और उन लोगों ने विकास का क्रम छोड़ दिया। हम उन्नत अवस्था में पहुँच गये और वे आदिम अवस्था में।"

"विनाश के युग में वे लोग भी उस समय के विकास से परिचित थे। घर बनाना, चीज़ों का निर्माण करना, खेती करना, आदि बातें तो जानते थे। फिर उन बातों को तो बनाये रख सकते थे। आदिम अवस्था में पहुँचने का आख़िर कारण क्या है?" 35 ने प्रश्न किया। पत्नी ने उत्तर दिया, "विकास का विचारों से घनिष्ठ संबंध है। फिर विकास क्रम से बढ़ता है। व्यक्ति घर बनाना चाहे, तो वह मेहनत करेगा। घर बनाने के लिए उसे खनिज, सिलिकान आदि चाहिए। यह एक अलग उद्यम हुआ। फिर घर बनाने की कला सीखनी होगी। यह फिर एक अलग प्रशिक्षण होगा। इस तरह किसी भी विकास के लिए कई संबद्ध कार्यक्रमों की आवश्यकता होगी। इसीलिए कहती हूँ कि विकास गतिमान प्रक्रिया है। शुरू करो, तो फिर आगे ही बढ़ती है। छोड़ दो, तो सारी प्रक्रियाएँ ख़त्म हो जाती हैं। फिर आदमी को न कपड़ा चाहिए, न मकान, न विज्ञान चाहिए, न शिक्षा। आदिम मानवों की फिर एक ही आवश्यकता रह जाती है, पेट भरने की। वह प्राकृतिक तत्त्वों से पूरी हो जाती है। फिर उन्हें कोई उद्यम करने की आवश्यकता ही नहीं रह जाती।"

"लेकिन उन्हें थोड़े-से परिश्रम से कुछ विकास करने से कोई रोकता तो नहीं है। फिर क्यों वे हज़ारों वर्षों से आदिम अवस्था में हैं?"

"इसलिए कि ये छोटे-छोटे समूहों में बँट गये हैं। एक छोटे समुदाय के लिए विकास की विविध दिशाओं में काम करना संभव भी नहीं होता। 20वीं सदी के मानव समाज में विकास की प्रक्रिया में सारी दुनिया लगी थी। लेकिन तीन-चार सौ लोगों का समुदाय इस तरह का प्रयत्न कर ही नहीं सकता। फिर यह बात ज़्यादा महत्वपूर्ण है, विकास के

लिए विचार चाहिए। विकास का विचार ही न करो तो कुछ हो भी नहीं सकता। इसी कारण से हम उन्नत हो सके हैं। हमने विचार बनाया, विकास की गति तेज़ की। विकास के बाद हमने विचार को केंद्रित किया और विकास को बनाये रखा।"

35 पत्नी के कथन को काटते हुए से बोला, "हाँ, हमने यह भी मान लिया कि विचार विनाश को जन्म देता है। इसलिए हमने अब विचारों को ही समाप्त कर दिया। विचार न हों, तो विद्रोह नहीं होगा। इसलिए विचार को और विचार करने वालों को समाप्त कर दो। फिर शांति ही शांति है।"

उसकी पत्नी यह समझ भी नहीं पायी कि वह क्या कह रहा है। उसे यह संदेह होने लगा कि 35 में अब मस्तिष्क विकार के लक्षण दीख रहे हैं। वह अचंभे से उसका चेहरा देखती ही रह गयी।

"तुम्हारे ये विचार अच्छे नहीं हैं। मालूम है कि ये विचार प्रकट हों, तो तुम्हारे लिए मुसीबत हो सकती है?" पत्नी ने कहा।

"हाँ, क्योंकि मेरे विचार ये प्रश्न लेकर उपस्थित होते हैं कि मनुष्य इतना परतंत्र क्यों बनाया जाता है। और उत्तर भी इतने ही स्पष्ट हैं। ये विचार सत्ताधारी के लिए ख़तरा बन सकते हैं। इसीलिए न?", 35 दृढ़ता से बोला।

"तुम अक्सर भावनाओं में बहने लगते हो। भावनाएँ भी कमज़ोरी हैं। इनपर रोक लगाओ।"

35 ने कटु-तीक्ष्ण स्वर में कहा, " हाँ, मैं समझ गया हूँ। विचार पर रोक लगनी चाहिए, क्योंकि विचार सत्ता के लिए ख़तरनाक हैं; भावनाओं पर रोक लगानी चाहिए, क्योंकि इससे समाज शिथिल होता है। इसलिए शासन विचारों का गला घोंट देता है और हमसे अपेक्षा करता है कि हम भावनाओं का हनन कर दें। मनुष्य कुछ सोचे या मन से अनुभव न करे तो देश में पूर्ण शांति बनी रहेगी न?"

पत्नी उसके स्वर में छिपे व्यंग्य को समझ नहीं पायी। अतः निश्शंक भाव से उसने बातचीत समाप्त कर दी। 35 बाद में इसी प्रसंग पर सोचता रहा। आधुनिक शासन ने किस तरह मन और मस्तिष्क दोनों को अपने वश में करने के लिए बचपन से ही लोगों को तैयार करता है। व्यक्ति पूर्णतः 'स्व' का परित्याग कर दे, याने स्व हित और स्व चेतना से मुक्त हो जाए, तो राष्ट्र के लिए प्रतिबद्ध और सत्ता के लिए विश्वासपात्र अनुगामी बन सकता है।

13

शाम को बच्चों ने खेल सत्र, आराम सत्र, शिक्षण सत्र आदि कार्यक्रम पूरे कर लिये थे। पति-पत्नी से चिंतन सत्र का कार्यक्रम पूरा कर लिया था। रात को नियमित रूप से सबने संगणक के निर्देशानुसार ख़ुराक ले ली। उसके बाद बच्चों को शमन तंतु जोड़कर सोने जाना था और पति-पत्नी को संभोग सत्र पूरा करना था। अब तक के कार्यक्रमों में कोई व्यवधान नहीं था। व्यवधान होता भी तो कैसे? जब तक परिवार के लोग संगणक के निर्देशानुसार सारे कार्यक्रम पूरे न करें, तो वह उन्हें आगे बढ़ने ही न देता था। और संगणक के निर्देश के अभाव में व्यक्ति एक पल भी नहीं जी सकता था। फिर भी माँ-बाप को हिदायत थी कि बच्चों के दिन के कार्यक्रमों की जाँच करें। इसका शायद यही उद्देश्य था कि माँ-बाप किसी भी रूप में बच्चों में 'अनुशासन' के विपरीत कोई आचरण न देखें। देखने पर उन्हें संगणक में इस संदंध में सूचना भरनी थी। एक तरह से यह माँ-बाप की बच्चों पर जासूसी ही थी। नवभारत में वैसे तो हर व्यक्ति हर दूसरे की जासूसी करता था। कोई यह नहीं जानता था कि वह जासूसी कर रहा है। सब यही सोचते थे कि वे एक दूसरे की चिंता कर रहे हैं, एक दूसरे की भलाई कर रहे हैं।

बचपन में 35 ने भी एक पड़ोसी के बारे में यह चिंता व्यक्त की थी कि उसका वह पड़ोसी अपने संगणक के तारों से कुछ 'खेल' रहा है। कुछ ही घंटों में उस आदमी की दूसरी जगह तैनाती का आदेश मिल गया। आज 35 को लगता है कि वह उसकी चिंता के कारण शायद 'सुला' दिया गया होगा, क्योंकि आज तक उसे उस व्यक्ति के बारे में कोई सूचना नहीं मिली। 50 वर्ष की कम उम्र में कम ही लोग इतना महत्त्वपूर्ण पद पाते थे। और 25-30 साल के अनुभव के बाद वह अब उच्च अधिकारी हो गया है और मंत्रियों और सचिवों के निकट रहता है। यह सब शायद उसकी पहली 'चिंता' के कारण ही संभव हुआ है। उसे यह भी मालूम है कि आज कोई उसकी चिंता करने लगे, तो पता नहीं उसका क्या होगा। वह जानता था कि तैनाती या पदोन्नति पर या नये घर में जाने वाले कई लोगों से फिर कभी मुलाकात ही नहीं होती। पता नहीं कहाँ पहुँचते होंगे ऐसे लोग।

वह अपनी सोच में डूबा खड़ा था। पत्नी से उसने पूछा, "क्या देरी है? संभोग सत्र पूरा नहीं करना है?" 35 जैसे नींद से उचटकर उसकी तरफ फीकी सम्मति की दृष्टि से देखने लगा। 50 वर्ष की आयु से 150 वर्ष की आयु तक सभी वयस्क व्यक्तियों के लिए संभोग सत्र अनिवार्य था। 30 वर्ष से 50 वर्ष की उम्र तक के बालक संगणक से शारीरिक उत्तेजना प्राप्त कर सकते थे। लेकिन लैंगिक संभोग की छूट 50 वर्ष के बाद ही मिलती थी। पति, पत्नी दोनों ने संगणक के पास जाकर अपने वस्त्र उतारे।

संगणक द्वारा संभोग में इसकी बहुत आवश्यकता तो नहीं थी। लेकिन संभोग में शायद दृश्य उत्तेजना को भी एक आवश्यक तत्व माना गया था। दोनों संगणक के पास के दो पलंगों पर लेट गये। फिर उन्होंने संगणक के दो तंतुओं को अपने शरीर से जोड़ा। संगणक ने सूचना दी कि उन दोनों की मानसिक अवस्था संभोग के अनुकूल है। वे तंतु से जुड़े हुए खड़े रहे और तंतु ने उनके स्नायु तंत्र को उत्तेजित करना शुरू किया। जब वे उत्तेजना की अवस्था में पहुँचे, तो संगणक के आदेश से उन्होंने एक तार को अपने-अपने जननेंद्रियों से जोड़ा। अब जननेंद्रियों में होनेवाली हरकत एक-दूसरे के अनुकूल घटायी-बढ़ायी जा सकती थी। इसका उद्देश्य दोनों को समान गति से उत्तेजना की स्थिति में लाना था। संगणक के आदेश से वे कभी शरीर स्पर्श करते या अपने शरीर को कसते या शिथिल छोड़ देते। कुछ समय बाद दोनों उत्तेजना की उच्च सीमा पर पहुँचकर निढाल हो गये और संगणक ने धीमे-धीमे उन्हें सामान्य स्थिति में लाना शुरू किया।

नवभारत में संभोग, संतान प्राप्ति सबका नियंत्रण संगणक ही करता था। कब, किसको बच्चा पैदा करना चाहिए, यह निर्णय प्रशासन का था। हर दंपति दो बच्चे पैदा कर सकते थे। और तीसरा बच्चा पैदा करने की छूट नहीं थी। औरत को नकली गर्भाधान से संतान प्राप्ति करनी होती थी। इसे उसी के पति के शुक्राणु से गर्भाधान की व्यवस्था थी। संगणक निश्चित समय पर गर्भाधान की हिदायत देता था और औरत को संगणक से प्राप्त कैप्सूल का प्रयोग करना होता था। संगणक की देखरेख में भ्रूण माँ की कोख में 12 हफ़्ते तक बढ़ता था। उसके बाद उस भ्रूण को निकालकर शिशु संरक्षण केंद्र में रख दिया जाता था। वही बच्चे का जन्म दिन माना जाता था। बच्चा पूरे पाँच वर्ष तक संरक्षण केंद्र में पलता था। जब पाँच साल में वह ठीक से चलने-फिरने लायक हो जाए, तो उसे माँ-बाप के संरक्षण में भेज दिया जाता था। पाँच वर्ष में ही सभी बच्चे आज्ञाकारी, अनुशासित नागरिक बन जाते थे। उस उम्र तक उनमें संगणक से आदेश लेने की क्षमता भी विकसित हो जाती थी। ये प्रारंभिक पाँच वर्ष बच्चे के शारीरिक और मानसिक विकास के संदर्भ में बहुत महत्वपूर्ण थे। इसीलिए प्रशासन उन्हें अपनी देखरेख में रखता था, जिससे वे हर दृष्टि से पूर्ण नागरिक बनें और राष्ट्र के विकास के लिए सोचें।

नवभारत में संभोग में शारीरिक लैंगिक संपर्क नहीं होता था, क्योंकि इससे नियंत्रित संतान की उत्पत्ति संभव नहीं थी। कुछ हज़ार वर्ष पहले गर्भ धारण में नवीन युक्ति अपनाने के कारण औरत के लिए गर्भ धारण के लिए पुरुष संपर्क की आवश्यकता नहीं रही। यही विधान अनिवार्य कर दिया गया था जिसमें आदमी के शुक्राणु प्रयोगशाला

में छाँटे जाते थे और परिशुद्ध और पुष्ट किये जाने के बाद सीधे गर्भाशय में प्रविष्ट करा दिये जाते थे । इस तरह संभोग और गर्भ धारण में कोई संबंध नहीं रह गया था। प्राकृतिक संभोग में कमज़ोर या अपरिपक्व शुक्राणु के कारण कमज़ोर या विकृत संतान होने की संभावना थी। कृत्रिम गर्भाधान में श्रेष्ठ शुक्राणु का डिंब से संयोग होगा, तो अच्छी संतान होगी। 35 के दोनों बच्चे इसी रीति से पैदा हुए थे।

इस तरह शारीरिक संभोग की आवश्यकता न होने के बावजूद प्रशासन जानता था कि संभोग की ऐंद्रिक इच्छा अत्यंत स्वाभाविक है, प्राकृतिक है और इसका दमन नहीं किया जा सकता। व्यक्तियों को शारीरिक संभोग की छूट नहीं थी, क्योंकि इससे संतान ख़राब हो सकती है। और प्रशासन किसी तरह की छूत को भी स्वास्थ्य की दृष्टि से पसंद नहीं करता था। इसलिए कंप्यूटर द्वारा व्यक्तियों की वासना तृप्ति का विधान बनाया गया था। इसके लिए व्यक्तियों की इच्छा या रुचि आवश्यक बात नहीं थी, किसी पुरुष और स्त्री का साथ होना मात्र आवश्यक था। कई बार जब पति या पत्नी को अलग किया जाता था, तो दूसरे व्यक्ति को जीवन साथी मिल जाता था। संभवतः यही बात बच्चों के जन्म पर भी लागू होती थी। यह ज़रूर कहा जाता था कि पति के शुक्राणु और पत्नी के डिंब को लेकर उससे संतान पैदा की जाती थी। लेकिन उस तंत्र में क्या यह भी निश्चित कहा जा सकता था कि संतान अमुक पति-पत्नी की ही है।

35 को अचानक एक किस्सा याद हो आया। उसके बचपन का समय था। अचानक एक दिन लोगों ने देखा कि कई बच्चे समान शक्ल लिये हुए पैदा हो रहे हैं। जब बच्चे कुछ बड़े हुए, तो लोगों ने यह भी गौर किया कि उन बच्चों की शक्ल प्रधानमंत्री से कुछ-कुछ मिलती है। कुछ हँसी हुई थी और सामान्यतः शांत उस नवभारत में भी कई दिन तक हलचल बनी रही। शायद प्रधानमंत्री की यह इच्छा थी कि सारे देश में उन्हीं की संतानें पैदा हों। उस हलचल के कारण बाद में प्रधानमंत्री से मिलती-जुलती शक्लों वाले बच्चों की बाढ़ रुक गई। लेकिन यह कौन कह सकता है कि 35 के बच्चे उसके अपने ही हैं। उसने सोये हुए बच्चों की तरफ़ देखा। उसे कहीं उसकी अपनी शक्ल और बच्चों की शक्ल में कोई समानता नहीं दिखायी पड़ी। क्या वे उसके अपने हैं? लेकिन अपनी इस जिज्ञासा पर उसे खुद हँसी आयी। पत्नी या बच्चों के अपना होने के दावे का क्या मतलब! व्यक्ति स्वयं अपना रह जाए, यही बहुत है।

14

सवेरे का वक्त था। बच्चे शिक्षा सत्र में अध्ययन कर रहे थे। वे संगणक से प्रश्न करते और वह उनका उत्तर देता। कभी संगणक उनसे प्रश्न करता और वे उसका उत्तर देते। उत्तर की दिशा के अनुरूप संगणक उनसे आगे प्रश्न करता, उन्हें संबद्ध विषयों की आवश्यक जानकारी देता। उत्तर गलत होने पर सही उत्तर बताता और गलती के बारे में जानकारी भी देता। दोनों बच्चों ने पहले नवभाषा का अध्ययन किया, बाद में विश्व इतिहास की जानकारी प्राप्त की और चारों देशों की भौगोलिक स्थिति आदि के बारे में अध्ययन किया। इसी तरह उनके सीखने की दिशा के अनुसार कभी गणित तो कभी विज्ञान, कभी संगणक संरचना तो कभी नागरिक अनुशासन आदि विषयों से संबंधित प्रश्न और सूचनाएँ आते रहे। उन्हें रोज़ एक घंटे तक शिक्षा सत्र में भाग लेना होता था, जिसमें वे नियमित रूप से कई विषयों की जानकारी प्राप्त करते थे।

उसकी लड़की भूगोल, रसायन विज्ञान तथा शरीर विज्ञान का अध्ययन कर रही थी। 35 उस सत्र में बच्चों के सीखने के कार्यक्रम को अपनी जगह से देखता रहा। उसे संगणक से प्राप्त जो सूचनाएँ दीं, वे इस प्रकार थीं। आदमी के लिए ऑक्सीजन अनिवार्य है। गुंबद के बाहर के वायुमंडल में ऑक्सीजन के साथ-साथ कार्बन डाई आक्साईड, नाइट्रोजन आदि गैस भी हैं, जो मनुष्य जीवन के लिए ख़तरनाक हैं। इसीलिए प्रशासन ने गुंबद के भीतर सिर्फ़ ऑक्सीजन गैस की पूर्ति करने की व्यवस्था की है। गुंबद के बाहर जाने पर आदमी शायद ज़िंदा नहीं रह पाता। शहर से दूर समुद्र तट पर एक कारखाने में बाहरी वायुमंडल से हवा को खींचा जाता है और आयनीकरण की पद्धति से उसमें से ऑक्सीजन को अलग कर लिया जाता है और शेष हवा बाहर फेंक दी जाती है।

प्राप्त ऑक्सीजन को शहर के तापमान में बदलकर शहर में छोड़ा जाता है। पृथ्वी में 145 मूल तत्व हैं। इनमें सिलिकान और कार्बन प्रमुख तत्व हैं, क्योंकि लगभग सृष्टि के अधिकांश पदार्थ इन्हीं से निर्मित होते हैं। इन दोनों के साथ धातुओं को भी मिला लिया जाए तो भवन निर्माण के लिए सबसे उपयुक्त सामग्री मिल जाती है। अगर विशुद्ध धातुओं और सिलिकान तथा कार्बन का उचित मिश्रण किया जाए, तो उससे बनने वाले भवन हज़ार-हज़ार साल तक क्षरित नहीं होते। विशुद्ध धातु प्राप्त करना बड़ा ही कठिन काम है। वैज्ञानिकों ने इसके लिए सरल और कारगर विधि ढूँढ निकाली है। समुद्र के पानी में लगभग सभी धातुओं की पर्याप्त मात्रा मिल सकती है, बशर्ते कि उन्हें अलग करने की पद्धति हो। वैज्ञानिकों ने आयनीकरण की पद्धति से इन धातुओं को अलग करने का कार्य प्रारंभ किया है। इस पद्धति से प्लेटिनम, सोना, निकल,

क्रोमियम आदि धातु मिल सकते हैं जो भवनों के निर्माण के लिए अत्यंत उपयुक्त तत्व हैं। चूँकि ये भवन हज़ारों वर्षों तक टिके रहते हैं। नवभारत को इन धातुओं की अधिक आवश्यकता नहीं है। लेकिन आयनीकरण बहुत धीमी प्रक्रिया है और उससे बहुत कम धातु प्राप्त हो पाता है। इस कारण आयनीकरण का संयंत्र नवभारत से दूर समुद्र के किनारे हमेशा कार्य करता रहता है। नवभारत के कुछ कर्मचारी वहीं बसे हुए हैं और कारखाने का संचालन देखते हैं।

शिक्षा सत्र में आगे बच्चों को सूचना दी गयी कि शरीर रचना में भी धातुओं का महत्व है। समुद्र से प्राप्त धातु शरीर की रचना में उपयोगी नहीं हो सकते। इनके साथ ही कैल्शियम, फ़ास्फ़ोरस आदि अन्य मूल तत्व भी चाहिए। प्रकृति से प्राप्त मूल तत्व सीधे शरीर में खप नहीं सकते। इसलिए अन्य जीवित प्राणियों से या पेड़-पौधों से ये तत्व प्राप्त करना अधिक प्रभावी तरीका है। वनस्पति और पशुपालन विभाग में जीव तत्वों को आधारभूत मूल तत्वों में तोड़ा जाता है और उनसे ख़ुराक बनाने के लिए आवश्यक तत्व प्राप्त किये जाते है। ये तत्व पूर्ति विभाग में ख़ुराक निर्मित करनेवाले कारखानों में गोलियों में बदले जाते हैं और वितरित किये जाते हैं। 35 अब तक बच्चों के साथ शिक्षा सत्र में जानकारी लेता रहा। इस प्रसगं पर वह अपनी जिज्ञासा नहीं रोक सका। उसने खुद संगणक से प्रश्न किया, "क्या मृत मनुष्यों के शरीरों को भी विखंडित कर उनसे मूल तत्व प्राप्त किये जाते हैं?" संगणक शायद स्वयं ही आश्वस्त नहीं हो पाया कि यह किसी अबोध बालक या बालिका का प्रश्न है। उसने पूछा कि प्रश्नकर्ता किस कारण यह प्रश्न कर रहा है। 35 को भान हुआ कि इस प्रश्न का आशय क्या है। उसने तुरंत उत्तर दिया "क्योंकि मनुष्य भी एक जीवित प्राणी है, जैविक इकाई है।" संगणक ने इस प्रश्न को शिक्षा सत्र से बाहर का विषय बताते हुय कार्यक्रम समाप्त कर दिया।

शिक्षा सत्र नवभारत के हर व्यक्ति के लिए अनिवार्य था। 35 को याद था कि वह तीन-चार साल का था तभी से उसे रोज़ शिक्षा सत्रों में भाग लेना पड़ता था। छोटी आयु के शिक्षा सत्रों में केवल बाल गीत रटाये जाते थे । या नारे सिखाये जाते थे, जैसे 'नवभारत यह देश महान, अमर रहे हमारा प्रधान,' 'जब तक सूरज चाँद रहेंगे, प्रधान हमारे बने रहेंगे।' आदि। उसे बचपन की ये पंक्तियाँ आज तक याद हैं।

शिक्षा सत्र नागरिकों को शिक्षित करने और उन्हें ज्ञान देने के लिए आयोजित किये जाते थे। हर व्यक्ति अपनी रुचि, गति और सामर्थ्य के अनुसार शिक्षा ग्रहण करता था। शिक्षा सत्र का कोई निश्चित कार्यक्रम नहीं होता था। बच्चे जो सीखने जाते थे, उसी के अनुरूप उन्हें आगे की शिक्षा दी जाती थी। संगणक विभाग इन सत्रों के आधार

पर हर व्यक्ति की उपलब्धि का आकलन कर शिक्षा विभाग को आँकड़े प्रस्तुत करता था। प्राप्त आँकड़ों के आधार पर देश के योग्य नागरिकों की सूचियाँ तैयार होती थीं। लेकिन किसी को यह मालूम नहीं होता था कि शिक्षा विभाग उनकी उपलब्धि का कौन-सा स्तर निश्चित करता था। विभाग प्रशासन का यह विचार था कि इस जानकारी का व्यक्ति को कोई लाभ नहीं है। राष्ट्र ही इन आँकड़ों का उपयोग करता था और योग्य व्यक्तियों को उचित पदों पर तैनात करता था। कोई विज्ञान विभाग के लिए चुना जाता, तो कोई इतिहास विभाग के लिए। कोई व्यक्ति पहले से यह सोचकर शिक्षा प्राप्त नहीं करता था कि वह बड़ा बनकर अमुक काम करेगा। शायद 35 ने बचपन में यह कल्पना की थी (और ऐसी कल्पनाएँ कालक्रम में धुल-पुँछ जाती हैं और बाद में उनका स्मृति चिह्न भी नहीं रह जाता) कि वह बड़ा होकर मंत्री बनेगा। इस हल्के स्मरण का आधार शायद यही है कि बाद में भी वह कभी-कभी सोचता था कि कौन लोग मंत्री होते हैं और कैसे होते हैं। और इस इच्छा का शायद यह कारण है कि वह मंत्री बनकर देश में सुधार लाना चाहता था और लोगों को भय से मुक्त कर सहज जीवन देना चाहता था। न शिक्षा सत्रों में मंत्री या अधिकारी बनने की कोई विशेष शिक्षा नहीं दी जाती थी, न ही मंत्री के विशेष गुणों का उसे ज्ञान था। लेकिन आज उसे अपने बचपन की कल्पना की उड़ान पर स्वयं ही हँसी आती है। वह प्रशासन तंत्र में रहते हुए इतना तो समझ ही गया है कि मंत्री वही बनता है जिसे प्रधानमंत्री चाहते हैं। लेकिन क्यों चाहते हैं, उस चाहने का क्या आधार है, यह उसे अब भी नहीं मालूम है।

किसी शिक्षा सत्र में उसे यह जानकारी मिली थी कि पुराने युग में पुस्तक नाम का एक उपकरण था। लोग पुस्तकें पढ़कर ज्ञान प्राप्त करते थें। लोग पुस्तकें लिखते थे, पढ़नेवाले अपनी इच्छा से पुस्तकें चुनकर पढ़ते थे। इस तरह लोग एक दूसरे के साथ ज्ञान ही नहीं, विचार भी बाँट सकते थे। उस स्थिति और आज की स्थिति में कितना अंतर आ गया है। आज सारी सूचनाएँ और सारा ज्ञान संगणक में सुरक्षित है और लोग संगणक से ज्ञान प्राप्त करते हैं। पुस्तकें बोल नहीं सकती थीं, सवाल का जबाब नहीं दे सकती थीं। आज का संगणक तंतु के माध्यम से मस्तिष्क में उठनेवाले प्रश्नों को पढ़ सकता है, मौखिक प्रश्नों को समझ सकता है, प्रश्नों का मौखिक या लिखित उत्तर दे सकता है। अपने उत्तर के संदर्भ में रंग, आकार, गंध किसी का भी आभास दे सकता है। लेकिन..... कठिनाई यह है कि वह सभी प्रश्नों का उत्तर नहीं देता। 35 को मालूम है कि पहले ज़माने में लोग पुस्तकें लिखते थे और बिना छिपाये सब कुछ लिखते थे। प्रशासन के खिलाफ भी लिखते थे। लेकिन अब प्रशासन सूचना तंत्र को नियंत्रित करता है। पहले जैसी स्थिति होती तो शायद 35 भी अपने मन के विचारों

को दूसरों तक पहुँचाता, उनके विचार सुनता। उसके मन में कई विचार उठते और कुलबुलाते। क्या पहले का मनुष्य अधिक स्वतंत्र और अधिक सुखी था? क्या आज का मनुष्य राष्ट्र के हित में, या यों कहें राष्ट्रनेता के हित में अपनी अस्मिता की बलि दे चुका है। ऐसे कितने ही सवाल उसके पास हैं, जिनका उसके पास उत्तर नहीं है। उत्तर शायद किसी के पास भी नहीं है। और जिसके पास उत्तर है, वह तो इन प्रश्नों से ही डरता है।

15

एक दिन वह अपने विभाग के सचिव से आगे के कार्यों के बारे में विचार-विमर्श कर रहा था। वे उसे सलाह दे रहे थे कि संगणक की अंतर्राष्ट्रीय शृंखला में और देश के भीतर विभिन्न बैठकों के हिसाब से कैसी व्यवस्था अपनानी है। अंतर्राष्ट्रीय ग्रिड चारों देशों को मिलाता है। जब तक चारों देश स्वयं को ग्रिड में न जोड़ें, तो कोई देश अन्य देशों के आंतरिक प्रसारण को भेद नहीं सकता। इस तरह उन्होंने अपने-अपने देश की प्रभुसत्ता को कायम रखते हुए एक अंतर्राष्ट्रीय व्यवस्था की भी स्थापना की थी। चारों देशों की संधि थी कि वे दूसरे के मामले में कतई कोई दख़ल नहीं देंगे और सिवाय उन मामलों के जिनमें सबका हित है और मामलों में यह जानने का यत्न नहीं करेंगे कि और देश क्या कर रहे हैं। इसी कारण शिक्षा सत्र में अन्य देशों के बारे में इतनी ही जानकारी मिल पाती थी कि वहाँ के प्रधानमंत्री कौन हैं, अन्य मंत्री या सचिव कौन हैं औन इनके अतिरिक्त कोई जानकारी नहीं मिल पाती थी। अन्य देश बहुत दूर भी थे। एक देश के लोग दूसरे देशों में न जाते थे, न जा सकते थे। उनमें विचारों के आदान-प्रदान और अंतर्राष्ट्रीय संधि के अतिरिक्त कोई व्यापक लेन-देन नहीं था। सामूहिक उत्पादन के कुछ कारख़ाने समुद्र तटीय प्रदेशों में थे, लेकिन उन कारख़ानों में भी गिनती के कुछ लोग कार्य करते थे और वे वहीं बसे हुए थे। वे भी अपने देश में नहीं आते थे। कभी-कभार कोई यान वहाँ के देशों में माल पहुँचाता। फिर अपने अड्डे पर चला जाता। देश के भीतर का सारा प्रसारण संगणक केंद्र देखता था। इस केंद्र का भवन बड़ा विशाल था, जिसमें कई अलग-अलग संगणक एक केंद्रीय संगणक से जुड़े हुए थे। कुछ विशेष प्रकार के संगणक अलग-अलग विभागों में भी थे, जो केंद्रीय संगणक के अधीन थे। प्रधानमंत्री चाहते तो किसी भी संगणक से कोई जानकारी प्राप्त कर सकते थे। अन्य लोगों की सामग्री की पहुँच उनके अपने स्तर, कार्य आदि के

अनुरूप होती थी। संगणक की जानकारी के बिना कोई विशिष्ट सामग्री प्राप्त नहीं कर सकता था। इस कारण किसी भी सामग्री का कोई बिना अधिकार के प्रयोग नहीं कर सकता था।

देश में कोई भी व्यक्ति किसी भी व्यक्ति से संगणक के माध्यम से ही संपर्क कर सकता था, लेकिन प्रशासन की हिदायत थी कि बिना आवश्यकता लोग संगणक पथों का प्रयोग न करें। संगणक पथ और आवश्यक राष्ट्रीय कार्यों के लिए हैं। इसलिए या इस कारण कि लोगों का एक दूसरे से कोई विशेष कार्य नहीं हुआ करता है, लोग दूसरों से संपर्क नहीं करते थे।

संगणक मात्र सूचनाओं का प्रसारण, अभिलेखन आदि नहीं करता था, बल्कि सारे भौतिक कार्य-व्यापारों का भी नियंत्रण करता था। कारख़ानों से हर भवन के भंडार गृह में स्वचालित यानों द्वारा वस्त्र, गोलियाँ, दवाएँ आदि आते थे। संगणक के निर्देशानुसार संगणक से जुड़ी हुई पूर्ति नलिका लोगों के घर पर ये सामग्रियाँ प्रदान करती थी। सभी कारख़ानों का कार्य संगणक की देखरेख में स्वचालित यंत्रों से होता था। मनुष्य तो इन कारख़ानों में मात्र पर्यवेक्षक के रूप में तैनात होते थे। संगणक ही मशीन निर्मित करने वाल मशीनों का भी नियंत्रण करता था और समस्त मशीनों में पैदा होने वाली ख़राबियों का समय पर निदान करता था।

यातायात की समस्त व्यवस्था स्वचालित और संगणक-नियंत्रित होती थी। लघु यान समस्त दिशाओं में जा सकता था। क्षैतिजीय दिशा में वह चारों दिशाओं में जाता था और ऊर्ध्वीय दिशा में हर भवन में ऊपरी मंज़िल तक पहुँच सकता था। इसी तरह भवनों की किसी मंज़िल से अन्य दिशाओं में जा सकता था। लोग संगणक को अपने गंतव्य की सूचना देते थे और संगणक लोगों को अपने घर से लेकर जाता था। यह सुविधा सिर्फ़ उन्हीं लोगों को मिलती थी, जो प्रशासन के कार्य से जाते थे। केवल वर्ष में तीन-चार बार आम आदमी को अपने निजी कार्य से यान से जाने की छूट थी। ऐसे दिनों में लोग अपने रिश्तेदारों से मिलते थे, जिनसे वे अलग रहते थे। यही कारण था कि लोग ज़्यादा लोगों से मिल नहीं सकते थे। और लोगों से संपर्क का कोई रास्ता ही न था, जो संगणक की नज़र से बच कर इस्तेमाल हो सके। इसमें ज़रूर फ़ायदे थे। बच्चे घरों से बाहर नहीं जा सकते थे, लोग कार्यालय छोड़ कर कहीं जा नहीं सकते थे। लेकिन यह एक प्रकार से आजन्म क़ैद थी। इस अवस्था में प्रशासन जो चाहता था, वही लोगों को करना होता था। प्रशासन का यह लोगों पर पूर्ण नियंत्रण था। अन्यथा 35 अपने साथियों से खुलकर मिलता, विस्तार से चर्चा करता, यह जानने का यत्न करता कि यह स्थिति क्यों है। लेकिन इस प्रशासनिक पंजे की उसके जीवन पर

यह मज़बूत जकड़न थी। शायद और लोग इस पोशीदा जकड़न की स्थिति से ही अज्ञात थे। औरों के लिए यह एक सामान्य जीवन-गति थी। लेकिन 35 इस दम घुटने वाली स्थिति के बोझ से दबा हुआ था, उसका हृदय इस क़ैद के विद्रोह में कुछ करना चाहता था।

विचार-विमर्श के दौरान उसने सचिव से संगणन कार्य के बारे में आवश्यक निर्देश प्राप्त किये और उन्हें अनुपालन का आश्वासन दिया। सचिव ने उसे जाने का संकेत कर दिया था, फिर भी उसने हिम्मत करके किसी तरह आदिम जीवन की बात छेड़ दी। उसने पूछा कि जिस ज़माने में संगणक नहीं थे या इतने विकसित नहीं थे, तो लोग अपना गुज़ारा कैसे करते थे। सहज जिज्ञासा थी। इस कारण सचिव ने पहले की असंतोषजनक स्थिति का थोड़ा-सा ज़िक्र किया। पुराने युग में लोगों पर नियंत्रण नहीं था। उच्छृंखल मनुष्य ऐसे ही कार्य करते थे, जिनसे मनुष्य जीवन बहुत दुखपूर्ण था। लोगों के सामने एक बड़ी समस्या थी। अत्यधिक आबादी और अन्न की कमी। विश्व का समस्त श्रम लोगों के लिए भोजन जुटाने में ही जाता था। भोजन के लिए ही लड़ाइयाँ होती थीं। और लोग इन लड़ाइयों में मरते जाते थे। लोगों की उच्छृंखलता की चर्चा करते हुए उन्होंने बताया कि कभी-कभी बिना आवश्यकता के भी लोग एक दूसरे से लड़ते थे। कुछ देश दूसरे देशों पर अपना आधिपत्य जमाने की दृष्टि से उनसे लड़ते थे। मानव की कोई कीमत नहीं थी, कोई मनुष्य की सुख-सुविधाओं का ख्याल नहीं करता था और केवल अपने स्वार्थ या अपनी इच्छा के वशीभूत होकर मनुष्य दूसरों का दमन करता था। 35 को लगा कि कहीं उसके चेहरे पर इस कथन के प्रति अविश्वास या उक्ति के प्रति व्यंग्य के भाव उभर न आ रहे हों। अपनी आंतरिक भावनाओं को दबाते हुए, सहज स्थिति में उसने हामी भरी।

"महोदय, वे लोग तो संगणक का उपयोग नहीं जानते थें। अन्न की आवश्यकता से दबे हुए थे। लेकिन आज भी कुछ लोग हैं जो चारों देशों से बाहर हैं। वे लोग क्यों नहीं सुसंस्कृत हुए हैं?"

"क्योंकि वे जिस स्थिति में हैं, उनके पास आधुनिक विकास की कोई सुविधा या साधन नहीं हैं। वे जब शहरी संस्कृति को छोड़ कर जंगलों और पहाड़ों में चले गये, तो समस्त विज्ञान से भी कट गये। उनके पास वे भी साधन नहीं हैं, जो पुराने संसार में विकसित हुए थे। और समस्याएँ सारी ज्यों की त्यों बनी हुई हैं। अन्न की समस्या, रोग की समस्या, सुरक्षित स्थान की सुविधा। वे वैज्ञानिक साधनों का उपयोग नहीं जानते या कर नहीं सकते, इसलिए खेती नहीं कर सकते। रोगों के कारण उनकी आबादी घटती-बढ़ती रहती है। प्रकृति से जो प्राप्त होता है, वह खाते हैं। दूसरे जानवरों का

शिकार करके खाते हैं। भवन बना नहीं सकते, इसलिए गुफ़ाओं में या पेड़ों के तले रहते हैं।"

"मैंने पुराने अभिलेखों में देखा था कि पुरानी संस्कृति भी आदिम अवस्था से ही विकसित हुई थी। ये लोग फिर से विकास नहीं कर सकते?"

"इन जातियों का पुनर्विकास संभव नहीं है। पुरानी संस्कृति में सारा विश्व और उसकी सारी आबादी प्रयत्नशील हो गयी थी। उन्हीं के प्रयत्नों से आज हम विकास की चोटी पर पहुँचे हैं। आज जीवन की परिस्थितियाँ भिन्न हैं। ये लोग इतनी कम संख्या में अलग-अलग जगहों में बिखरे हुए हैं। इनके पास कोई बड़ा ऊर्जा स्रोत नहीं है। इसलिए वे उस प्रकार विकास नहीं कर सकते। यह भी तो ज़रूरी नहीं है कि संस्कृति हमेशा एक ही रास्ते पर चले।"

"महोदय, वे भी तो हमारी तरह आदमी हैं। क्या उन्हें फिर से सुसंस्कृत बना कर अपने देश में बुला नहीं सकते? क्या उन्हें शहरों में बसा नहीं सकते?"

"कितना टेढ़ा सवाल कर दिया तुमने। मैंने तो उन्हें देखा भी नहीं है। लगभग 100 साल पहले चारों देशों ने मिलकर मनुष्य जाति की संस्कृति के संरक्षण के लिए एक योजना बनायी थी और इस उद्देश्य से उन जातियों का अध्ययन किया था। मैं उस समय अध्ययन दल में नहीं था, मैं किसी दूसरे विभाग में था। उन लोगों ने अपने दूर गमन यान में सुसज्जित होकर बड़ी कठिनाइयों का सामना करते हुए 8-10 आदिम जातियों के जीवन का अध्ययन किया था। बहुत रोमांचक अध्ययन था उनका। वे लोग हम से आकार में दुगने हैं। हर आदमी करीब 6 फ़ीट लंबा होगा और वज़न में हमसे लगभग चार गुना। यों समझो करीब 90 किलो। उनका पैदा हुआ बच्चा भी हमारे 4 साल के बच्चे के बराबर होता है। एक फुट लंबा और 16 इकाई वजन का। आज भी उनके रहन-सहन में कोई परिवर्तन नहीं होगा। वे लोग जंगल की चीज़ें खाते हैं और अन्य जीवित प्राणियों को भी खाते हैं। पहाड़ की गुफ़ाओं में रहते हैं या पेड़ों के बीच पत्ते जोड़कर उसके नीचे रहते हैं। उन में शारीरिक विकास तो है, लेकिन मस्तिष्क विकास नहीं। प्राणियों की तरह कभी खुश होते हैं, कभी नाराज़ होते हैं। सब आपस में लड़ते हैं, ख़ासकर तब कोई जानवर खाने को मिल जाए। फिर सब मिल कर मिनटों में उसे चट कर जाते हैं। कितना वीभत्स कार्य है--आदमी, और जानवरों को खाए! तुम कहते हो कि उन्हें हम अपनी संस्कृति में शामिल करें। यह कभी संभव नहीं हो सकता है।"

"जी, आपने कोई आदि मानव नहीं देखा है?"

"वैसे उन्हें उनके निवास स्थान में नहीं देखा है, लेकिन उनके छवि चित्र देखे हैं, हमारे देश के इतिहास विभाग के संग्रहालय में ये चित्र हैं और केवल मंत्रियों की उन तक पहुँच है। एक बार इतिहास के मंत्रियों की बैठक में मैंने चित्र देखे थे। बड़ा रोचक अनुभव था। मैं कभी कल्पना भी नहीं कर सकता था कि आदमी भी इस तरह जीता होगा। हाँ, मैंने उन लोगों के नमूने भी एक बार देखे थे। बहुत दिन पहले की बात थी, ठीक से याद भी-नहीं आ रहा है। अध्ययन दल जब वापस आया, तो किसी तरह उनके दो लोगों को भी पकड़ लाया था। एक नर था, एक मादा। दोनों को सरकार के वन्य पशु संरक्षण केंद्र में रखा गया था। तभी मैंने उनकी आदतों के बारे में जाना। वे दोनों नंगा रहना पसंद करते थे, लेकिन यहाँ सुरक्षात्मक वस्त्र पहनना ज़रूरी था। इसलिए उन्हें ज़बरदस्ती कपड़े पहनाये गये और कपड़े पहनना सिखाया गया। वे आपस में ऐसी भाषा बोलते थे जो हमारी समझ में नहीं आती थी। हमने उन्हें संगणक के माध्यम से शिक्षित करना चाहा, लेकिन वे असहयोगी रहे और कुछ सीखने से इंकार कर दिया। वैसे उन्हें भी हमारी भाषा नहीं आती थी, न पढ़ना आता था। लेकिन जैसे हम बच्चों के साथ चित्र संकेतों का इस्तेमाल करते हैं, वैसे उनके साथ भी कर सकते थे, लेकिन वे सीखना ही नहीं चाहते थे। दिन भर खाना, लड़ना, सोना और शारीरिक रूप से जानवरों की तरह उत्तेजित होकर संभोग करना यही उनका कार्य था। वे हमारी परवाह ही नहीं करते थे और आपस में ही लीन रहते थे। पूर्ण जानवर थे।"

"क्या वे जानवरों की तरह व्यवहार करते थे?"

"जानवरों से बदतर समझो। क्योंकि जानवर नियत समय में ही शरीर व्यापार करते थे, आदमियों के लिए नियत समय भी नहीं था। और सब कार्यों में भी जानवरों के समान थे। दिन में दो-एक बार मल त्याग करते थे और पाँच-छह बार उनके शरीर से अशुद्ध जल निकलता था। उसी में सोते थे और वहीं खाते थे---हाँ, उनमें और जानवरों में कोई भेद ही नहीं है। जैसे नर जानवर अपने जननांग को मादा में डाल देता है, वैसे ही वे लोग करते थे

"छी, छी! बड़ा वीभत्स दृश्य होगा। वे अब कहाँ हैं?"

"अब ? पता नहीं कब उनकी मृत्यु हुई। मृत्यु से पहले उनका एक बच्चा भी हुआ था। दो साल के बच्चे में भी कोई समझ नहीं थी। कुछ सालों में दोनों बुढ़ा गये और एक-एक कर मर गये। मालूम होता है ये लोग बहुत जल्दी बूढ़े हो कर मर जाते हैं अपने आप। शायद दोनों करीब 60 साल तक ज़िंदा होंगे। उनके मरने से पहले ही वह बच्चा--वह करीब 10-12 साल का रहा होगा-- किसी बीमारी से मर गया, हाँ बीमारी से। अगर संगणन नियंत्रण में उन्हें रख पाते, तो शायद बच्चा और कुछ दिन जीता।

मरने के बाद उन्हें प्रयोगशाला में ले गये। उनके शरीर के अंग वन्य प्राणी शोध केंद्र में सुरक्षित रखे गये हैं। देखने में ये मनुष्य के अंग जैसे ही लगते हैं। - आकार में बड़े। लेकिन मनुष्य के लिए अनावश्यक कई अंग-अंतड़ियाँ, जिगर आदि उनमें बड़े आकार में हैं। ताज्जुब की बात है कि उनके अंगों में करोड़ों की संख्या में सूक्ष्म जीवाणु पाये गये हैं। उनके रहते ये लोग ज़िंदा थे। अब बताओ, क्या वे आकार, ढाँचे के अलावा हम मनुष्यों के समान हैं। उन्हें अपनी संस्कृति में कैसे ले सकते है? क्या वे हममें खप भी सकेंगे?"

"जी, मुझे उन लोगों को देखने की बड़ी जिज्ञासा हो रही है। क्या कोई नया अध्ययन दल आगामी सालों में जाने वाला है? क्या मैं उसमें आप के साथ चल सकता हूँ?"

"देखो, नंबर 35 ! तुम मेरे अपने हो। इसलिए मैंने तुम्हें उनके बारे में इतनी बातें बता दीं। वैसे हमारा नियम है कि सर्वोच्च शासक वर्ग के अलावा और किसी को ये बातें न बतायी जाएँ। जहाँ तक अध्ययन दल का संबंध है, चारों देशों की विश्व परिषद ने यह निर्णय लिया है कि हममें और उन संस्कृतियों में कोई तालमेल नहीं है। अतः उन्हें अपनी जगह रहने दिया जाए और उनके साथ कोई संबंध न रखा जाए। इसलिए तुम मेरी बातों को भूल जाओ और अपनी जिज्ञासा को ख़त्म कर दो। उन लोगों को देखने का कोई तरीका नहीं हो सकता।"

16

उसी दिन शाम को कार्य समाप्त होने से पहले 35 सचिव से फिर मिला। यद्यपि सचिव के पास अधिक समय नहीं था, फिर भी शायद उन्होंने सोच लिया था कि 35 के व्यवहार में सुधार लाना है, क्योंकि अनावश्यक जिज्ञासाएँ उसे कभी संदिग्ध व्यक्तियों की कोटि में पहुँचा सकती हैं। वे चाहते तो स्वयं ही उसे संदिग्ध व्यक्तियों के रूप में दर्ज कर सकते थे। लेकिन उन्होंने 35 के सवालों को एक चुनौती के रूप में ले लिया था और पूरी ईमानदारी के साथ उसे समझाने के लिए समय दिया था। शायद 35 भी उनके इस नरम रुख़ को पहचान गया था। इसीलिए उसने पुनः प्रश्नों की शुरुआत कर दी। अब की बार उसने कुछ अधिक खुलापन दिखाया और अपनी भावनाओं को बिना छिपाये प्रश्न करने लगा।

"महोदय, मैं चिंतन सत्र का आयोजन भी करता हूँ और स्वयं चिंतन सत्र में भाग लेता हूँ। लेकिन चिंतन सत्र में मुझे सारी सामग्री नहीं दी जाती। मैं पुराने जीवन के बारे में प्रश्न करता हूँ तो संगणक टाल जाता है। ये सूचनाएँ हमें क्यों नहीं दी जातीं?"

"पुराने को जानकर तुम क्या करोगे? लोग शायद उससे उच्छृंखलता ही सीखेंगे। वे चाहेंगे कि पुराने लोगों की तरह प्रशासन लोगों की भ्रांतियों का शिकार हो। वे शासक को चुनें या अपना जीवन अपने आप गुज़ारें और कठिनाई के समय पर प्रशासन को परेशान करें। हम ये सब बातें नहीं चाहते। अब मानव के लिए कोई समस्या नहीं है, जीवन निरापद है। किसी बात की कोई कमी नहीं है। शासन उन्हीं के लिए सब कुछ करता है फिर पुरानी, ख़राब व्यवस्था के बारे में जानने का क्या लाभ है?"

"हम यह जान तो सकते हैं कि नयी व्यवस्था अच्छी है और पुरानी बेकार थी।"

"अगर लोग पुरानी चाहेंगे तो?"

"फिर लोगों की इच्छा का कोई आधार तो होगा। सब चाहते हैं, तो वह क्यों न हो? मैं यह नहीं कह रहा हूँ कि अब प्रशासन गलत है। प्रशासन में लोगों का भी हाथ हो तो क्या बुरा है?"

सचिव महोदय के चेहरे का भाव देख उसे अनुभव हुआ कि शायद वह गलत बात कह गया। सचिव ने अपने को सम्हाल कर कहा, "यही बात है। हम कोई विवाद या विचार नहीं चाहते, जिससे आज सुव्यवस्थित जीवन नष्ट हो या विकृत हो। हमने निर्णय किया है कि यही जीवन पद्धति उचित है, यही उत्तम है।"

35 ने हठपूर्वक बात आगे बढ़ाते हुए पूछा कि प्रशासन जनता के लिए है, तो उसकी इच्छा क्यों दबायी जाए। सचिव ने उत्तर दिया--"यह प्रशासन वही काम करता है जो जनता के सुख के लिए है। यह तो मैंने बता ही दिया कि स्वच्छंद व्यक्ति भले अपने विचार स्वातंत्र्य और व्यक्तिगत उद्यम से अपने व्यक्तिगत कार्यकलापों का प्रदर्शन करे, यह प्रवृत्ति सामूहिक हित में एक बाधा है। समूह के हित में व्यक्ति को अपने अहं का त्याग करना पड़ेगा।"

"आपने यह कैसे मान लिया कि व्यक्ति के लिए सबसे हितकारी मार्ग कौन-सा है? क्या आपने देखने का यत्न किया है कि व्यक्ति क्या चाहता है?"

"यह देखना जनता का काम नहीं है। जनता जो प्रतिनिधि चुने हैं, वे इसका निर्णय करते हैं कि जनता को क्या चाहिए। यह प्रशासन का दायित्व है वह सभी व्यक्तियों के के लिए उपयुक्त व्यवस्था का चयन करे और उसे जनता पर लागू करे।"

"लेकिन प्रतिनिधि चुने जाने पर अपने हित लाभ के संदर्भ में ही व्यवहार करे तो?"

"जनता को यह हक़ है कि वे दस वर्ष के बाद के चुनाव में अपने नये प्रतिनिधि चुने।"

"यहीं तो कठिनाई है। प्रधानमंत्री पद पर प्रतिष्ठित होने वाला व्यक्ति उस पद पर बने रहने की कला भी जानता है। हम लोग देख रहे हैं कि हमारे प्रधानमंत्री पिछले आठ चुनावों से इस कुर्सी पर विराजमान हैं। इनसे पहले इनके पिता और पितामह इस पर आसीन थे। इनके बाद इस पद के लिए इनका सुपुत्र तैयार हो रहा है। जनता का हक़ कहाँ है कि वह इस स्थिति में परिवर्तन ला सके?"

"यह क्यों नहीं सोचते हो कि प्रधानमंत्री इस पद के लिए सबसे योग्य व्यक्ति हैं? वे ही इस देश का सही मार्गदर्शन कर सकते हैं।"

"जी, नहीं! हम तो जानते भी नहीं सच में जनता उन्हें चुनती है या नहीं। कंप्यूटरों के नियंत्रण में असलियत कौन जान सकता है? इमें तो यह आँकड़े मिल जाते हैं कि वे भारी बहुमत से चुनाव जीत गये हैं। उनके पद पर बने रहने के लिए आवश्यक है कि जनता सोचे नहीं। उसे तो यह मान लेना है कि उसे सबसे बढ़िया प्रशासन मिल गया है। जो इसके खिलाफ़ सोचता है, उसके अंत का भी पता नहीं चलता। कहने को तो और भी मंत्री हैं। लेकिन क्या कोई मंत्री अपने ढंग से ऐसा कोई काम कर सकता है, जो प्रधानमंत्री के हित के खिलाफ़ हो। फिर उस मंत्री का भी अता-पता नहीं मिलेगा। तात्पर्य यही है न कि शासन के संबंध में नीति का प्रश्न एक तरफ़, वास्तविकता यही है कि देश की बागडोर एक व्यक्ति के हाथ में है। वह जो चाहता है वहीं जनता की नियति है। वह अपना साथ देने वाले सब लोगों को अपने पास रखता है, विरोध करने वाले सभी लोगों को समाप्त कर देता है। वह जनता के लिए है या जनता उसके लिए?"

सचिव ने कहा," तुम ऐसी बातों की चर्चा चिंतन सत्र में करो।"

"चिंतन सत्र में कोई जानकारी नहीं मिलती।"

"इसलिए कि सब लोगों को सारी सूचनाएँ नहीं दी जा सकतीं।"

"लेकिन चिंतन सत्र में लोगों को ज्ञान देने में क्या आपत्ति हो सकती है, लोगों को तो सिर्फ़ ज्ञान ही मिलता है।"

"जानते हो कि यह चिंतन सत्र क्या है, इसकी क्या ज़रूरत है? मनुष्य सोचे बिना रह नहीं सकता। हमने मनुष्य के सारे दैहिक व्यापारों पर नियंत्रण कर लिया है, लेकिन शायद कभी मनुष्य के सोचने की शक्ति या मस्तिष्क पर काबू नहीं कर पाएँगे। चिंतन

सत्र मनुष्य की सोचने की शक्ति को सही दिशा में मोड़ने का कारगर उपाय है। इस सत्र में मनुष्य संगणक से हर तरह के सवाल पूछ सकता है। संगणक उसके हर सवाल का समाधान करता है। सोचने की शक्ति का व्यय हो जाता है और मनुष्य फिर अपने नियमित कार्यों में लग जाता है। अगर चिंतन सत्र न रखा गया होता, तो न जाने आज भी आदमी कितनी मानसिक उद्वेलनाओं का शिकार बन जाता और समाज का अहित कर देता।"

"सर, यह तो मैं नहीं जानता कि संगणक सारे जवाबों का उत्तर कैसे देता है? क्या उसके पास पहले से सभी संभाव्य प्रश्नों तथा उनके उत्तरों का कार्यक्रम है।"

"नहीं, संगणक के पास सवाल-जवाब का कोई पूर्व निर्धारित कार्यक्रम नहीं है हमारा संगणक अतिविकसित, आधुनिक इलेक्ट्रानिक मस्तिष्क है। यह इस समय स्वयं अपने कार्यक्रम को दिशा देने वाली मशीन है। और व्यापक स्तर के निर्देशों के अनुसार अपना कार्यक्रम खुद बना सकता है। हमारा तो उद्देश्य चिंतन शक्ति का व्यय है, न कि क्रमिक शिक्षा। इसी कारण पहले से कार्यक्रम निर्धारित नहीं किया गया है इस सत्र के लिए संगणक को ऐसे केवल तीन निर्देश दिये गये हैं। पहले, वह उत्तर के लिए पहले से अंकित सारी सूचनाएँ देख ले और सही सूचना चुनकर उत्तर दे। फिर यह कि सामान्य जिज्ञासाओं, चर्चाओं के संदर्भ में राष्ट्रीय चिंतन नीति के अनुसार अपना उत्तर स्वयं तैयार करे। उत्तर ऐसे होने चाहिए कि व्यक्ति के मस्तिष्क विकास पर प्रभाव न पड़े और उत्तरों में कहीं विरोध न हो और अंत में यह भी निर्देश है कि मानसिक विकृति सूचित करने वाले प्रश्नकर्ताओं को प्रताड़ना दे और ज़रूरत हो तो केंद्रीय कक्ष को विवरण दे।"

"क्या कुछ ऐसे प्रश्न भी होते हैं, जिसमें मानसिक विकृति भी दिखायी पड़ती है?"

"तुम जानते हो कि राष्ट्र का नुक्सान करने वाले भयंकर प्रश्न क्या होते हैं? मनुष्य जीवन की वास्तविकता क्या है, जीवन का स्वरूप या प्रयोजन क्या है, हम क्यों इस रूप में जी रहे है आदि। इनसे मानसिक विकृति का पता चलता है। इतने लंबे समय के विकास के बाद आज हम संस्कृति के चरमोत्कर्ष पर पहुँचे हैं। अगर सब के मन में ऐसे प्रश्न उठने लगें तो मालूम है, क्या होगा? सब लोग रहने का अपना तरीका चाहेंगे, समाज विशृंखल होगा और यह उन्नत संस्कृति नष्ट हो जाएगी। इसलिए ऐसे विनाशकारी प्रश्नकर्ताओं की सूची बना ली जाती है और उन्हें बाद में जिज्ञासा क्षरण का सत्र दिया जाता है। ऐसे सत्रों से बहुत लाभ हुआ है। विद्रोही प्रश्नकर्ता बाद में बदल् जाते हैं और राष्ट्रीय चिंतन नीति के अनुसार व्यवहार करने लगते हैं।"

"महोदय, जिन प्रश्नों को आप राष्ट्रनीति या राष्ट्रहित के लिए ख़तरनाक सोचते हैं, वे वास्तव में बड़े ही सहज प्रश्न हैं। मैं मानता हूँ कि प्रशासन ने मुझे सब कुछ दिया, लेकिन प्रशासन ने मेरा अस्तित्व मुझसे छीन लिया। मैं आज मात्र एक यंत्र हूँ- एक संगणक का एक सहयोगी पुर्ज़ा, जो ठीक से काम करता है, लेकिन यह नहीं जानता कि वह क्यों काम करता है? मेरी भावनाएँ, कोशिशें सारी दबा दी गयी हैं। क्या मनुष्य के जीवन की कीमत इतनी ही है?"

"तुम वही बात पुनः दुहरा रहे हो। हाँ, तुम्हें नियंत्रित सुखद जीवन, और अशांत जीवन के बीच में से चुनना होगा। मैं यह नहीं सोचता कि कोई व्यक्ति निजी स्वातंत्र्य के नाम पर जीवन की शांति और सुखमय स्थिरता को छोड़ सकेगा। राष्ट्र के हित में व्यक्ति को अपने निजी प्रयत्न, लाभ, स्वार्थ, आकांक्षा सबको छोड़ना पड़ेगा।"

"मैं आपकी बात के संदर्भ में दोनों विकल्पों के गुण-अवगुण को पहचान रहा हूँ। लेकिन मेरा सोचना यह है कि व्यक्ति पर इतने बंधन क्यों हैं? वह प्रकृति के अनुसार जी नहीं सकता, प्रकृति हमसे छीन ली गयी है। मैं अपनी पसंद की लड़की के साथ रह नहीं सकता, अपने बच्चों से प्रेम का व्यवहार नहीं कर सकता, अपनी पसंद का काम चुन नहीं सकता। बच्चे पैदा करना, जीवन की जानकारी प्राप्त करना सबके लिए हमें प्रशासन के आदेश की प्रतीक्षा करनी पड़ती है। मैं यह नहीं कह रहा हूँ कि हम भाव विहीन मशीन हो गये हैं। मैं तो यह कह रहा हूँ कि हम मनुष्य नहीं रहे हैं, वह यंत्र हैं जो दूसरों के सोचने, कहने के अनुसार कार्य करता है। आख़िर वह कौन है जो निर्णय करता है कि हमें क्या खाना पीना चाहिए, हमें किस तरह विचार करने चाहिए, किस तरह रहना चाहिए। वह एक सत्ता ही है, जो ये सारे निर्णय लेती है। वह सत्ता जो निर्णय लेती है, उन निर्णयों के पालन को जल्दी मानती है। आख़िर उस सत्ता पर हम मनुष्यों का क्या अधिकार है, जो मनुष्यों के जीवन को रक्षित करने के लिए बनी है? कुछ नहीं। अक्सर सत्ता अपनी ही रक्षा करती है। यहीं व्यक्ति स्वातंत्र्य में कमी आती है।"

सचिव ने गंभीरता से उसके शब्दों को सुना। वे शायद कल्पना भी नहीं कर सके थे कि 35 इस तरह विद्रोह के स्वर में बोलेगा। वह पहले ज़माने का प्रशासन भक्त था, अच्छा कार्यकर्त्ता था। संगणन विभाग में काम करने के कारण उसका विचार और तर्क करने का थोड़ा हक था, जब तक वह खुले विद्रोह पर न उतर आये। सचिव ने सोचा कि इसका मुकाबला मंत्री से हो जाए, तो अच्छा है। वे ही इसे ठीक कर सकेंगे। उन्होंने कहा, "कल तुम मंत्री महोदय से मिल कर चर्चा करो। वे ही इन सवालों के बारे में बोलने के अधिकारी हैं। मैं उनके साथ तुम्हारी मुलाकात की व्यवस्था कर देता हूँ।"

17

दूसरे दिन नियत समय पर वह मंत्री महोदय से मिला। उन्हें उसकी मनस्थिति का ज्ञान था। उन्होंने मिलते ही बिना भूमिका के पूछा, "मित्र 35, तुम्हें कौन-सी समस्या खाये जा रही है?" 35 इस आकस्मिक आक्रमण के लिए तैयार नहीं था। फिर भी अपने को संयत करते हुए कहा, "प्रभु, कल सचिव महोदय से बात चली तो मैंने व्यक्ति स्वातंत्र्य की बात की। वे मेरी बातों से सहमत नहीं थे।"

"तुम यही जानना चाहते हो न कि समाज में व्यक्ति का क्या स्थान है? जब समाज विकसित होता है, तब व्यक्ति अपने आप विकसित होता है। समाज से भिन्न व्यक्ति का कोई स्थान या महत्व नहीं है। समाज का विकास ही व्यक्ति का विकास है। इस दृष्टि से आज का मनुष्य सबसे विकसित है।"

"लेकिन, प्रभु इस विकास का क्या महत्व है जिसमें व्यक्ति की स्वतंत्रता ख़त्म हो जाती है। उन्नति का मतलब क्या है जब व्यक्ति वह सब कुछ नहीं कर सकता जो वह करना चाहता है? फिर व्यक्ति की उन्नति कहाँ से हुई?"

"व्यक्ति स्वातंत्र्य? यह कोरी कल्पना है, भ्रम है। व्यक्ति को स्वातंत्र्य देने से उसे क्या मिलेगा? उसे चाहिए खाना, बढ़ना, शांतिमय जीवन। यह सब तो अब उसे मिल ही रहा है। शेष है बच्चे पैदा करना, नौकरी आदि। इन बातों की महत्ता राज्य के संदर्भ में अधिक है, व्यक्ति के लिए कम। फिर व्यक्ति कैसे इन बातों के लिए स्वतंत्र बन सकता है?

"विचार करने का व्यक्ति स्वातंत्र्य इन सबसे भिन्न है न? राज्य विचार को कैसे ख़त्म कर सकता है"

"एक समय था, जब तुम्हारे कहने के अनुसार 'व्यक्ति स्वातंत्र्य' था। लेकिन व्यक्ति वास्तव में स्वतंत्र नहीं था। लेकिन व्यक्ति की स्वतंत्रता कहीं न कहीं राज्य से टकराती है। व्यक्ति सोचता है कि वह दूसरों से अच्छा कार्य कर सकता है। इसलिए चाहे जितना स्वतंत्र समाज हो, शिक्षित व्यक्ति हमेशा शासन से अपने को ऊँचा अनुभव करता है और शासन की आलोचना करता हैं। यही कारण है कि पढ़ा-लिखा तबका हमेशा शासन के खिलाफ़ होता है। शासक को हमेशा इस तबके से डर लगा रहता है। लेकिन कमज़ोर शासन इस तबके का दमन करना चाहता है, जिससे उसके शासन का विरोध न हो। मन के इस विद्रोह को जितना ही दबाओगे, उतना ही यह बढ़ता है, और शासक को अपने लपेटे में ले लेता है। हमने अपने अनुभव से सीखा है कि अगर विद्रोह होने का अवसर दो और विद्रोह को दबाते चलो, तो उसमें कोई लाभ नहीं होता; विद्रोह की स्थिति न आने दो, तो राज्य शांतिमय ढंग से चल सकता है। इसीलिए अब लोगों के

ज्ञान को सीमित कर देते हैं। क्या था, क्या होना चाहिए, इसकी आम आदमी को क्या ज़रूरत है। उसे शांति का जीवन चाहिए। वह आज उसे ज्यादा मिल रहा है। उसका ज्ञान अपने जीवन तक ही सीमित होना चाहिए। तुम जिस व्यक्ति स्वातंत्र्य के युग की बात करते हो, वह युग वास्तव में कभी रहा ही नहीं। चाहे राजा हो, चाहे राष्ट्रपति, चाहे प्रजातंत्र हो चाहे अधिनायकवाद, सबल वर्ग कमज़ोर वर्ग का शोषण करता रहा और इसी में और इसी से उसकी ताकत थी। शासन तंत्र को बनाये रखने के लिए शोषण कहीं न कहीं अनिवार्य था। फिर कैसे कहते हो कि उस युग में व्यक्ति स्वतंत्र था। तब केवल विद्रोह की स्वतंत्रता थी।और विद्रोह के ख़िलाफ़ दमनचक्र चलता ही रहा। मैं तो कहूँगा कि अब व्यक्ति न दमित है, न उसे विद्रोह की आवश्यकता है। हमने व्यक्ति को नहीं दबाया, बल्कि व्यक्ति के विद्रोह को दबाया है। पहले विद्रोह बना रहा और विद्रोही समाप्त कर दिये जाते थे। मैं तो सोचता हूँ कि अब हम व्यक्ति को अधिक स्वतंत्रता दे रहे हैं।"

"प्रभु, आप कहते हैं कि व्यक्ति स्वातंत्र्य की आवश्यकता नहीं है और जीवन शांतिमय है, क्योंकि शासन ने विद्रोह के बीज को ही समाप्त कर दिया है। मान लें कि आज मैं कहूँ कि मुझे विचार करने का स्वातंत्र्य चाहिए तो क्या होगा?"

"कुछ नहीं। पहले तो चिंतन सत्र के अलावा और कहीं यह विचार बाहर आने का कोई अवसर ही नहीं। और चिंतन सत्र में मस्तिष्क का हर कूड़ा बाहर निकालने की तुम्हें स्वतंत्रता है। लेकिन व्यक्ति के विचार इतने नियंत्रित कर लिये गये हैं कि वह खुद ही चिंतन सत्र के अपने विचारों को घृणा की दृष्टि से देखता है। इसलिए राज्य चिंतन सत्र के विचारों से कतई नहीं घबराता। तुम चाहे जितना कूड़ा निकाल लो।"

"और मैं अपने विचार पर दृढ़ रहूँ और उसके अनुसार कार्य करूँ तो?"

"भाई, मैंने तो कभी अनुभव नहीं किया है कि हज़ारों वर्षों में ऐसा कुछ हुआ हो। तुम सोचकर कर क्या सकते हो? न तुम्हारे विचार दूसरों तक पहुँच सकते हैं, न ही तुम राज्य की अनुमति के बिना या जानकारी के बिना कोई कदम उठा सकते हो। हर व्यवस्था पर राज्य का पूर्ण नियंत्रण है और राज्य का कार्य तुम्हें हर तरफ़ से घेरता है, तुम्हारा कोई विद्रोह ही संभव नहीं है।"

"मैं राज्य का कार्य करने से इन्कार कर दूँ तो?"

"तब दूसरे ही दिन से तुम्हारा अस्तित्व नहीं रह जाएगा। तुम मूल तत्व विश्लेषक यंत्र में पहुँच जाओगे। न ही किसी को इसका पता चलेगा कि तुम थे, तुम हो या नहीं।"

"प्रभु, इसी को मैं व्यक्ति स्वातंत्र्य कहता हूँ। राज्य चाहे जितना सशक्त क्यों न हो, उसे क्या अधिकार है कि वह मेरे विचारों को नकारे, मेरे अस्तित्व को मिटा दे। यह मुझे निश्चित करना चाहिए कि मुझे किस प्रकार का जीवन व्यतीत करना चाहिए। प्राणी वर्ग में हम अपने को सबसे उन्नत मानते हैं, लेकिन इस उन्नति का मुझे क्या लाभ, अगर मैं विचार भी न कर सकूँ? आपके तंत्र में मैं मनुष्य तो हूँ नहीं, उस चींटी के बराबर हूँ, जिसका समाज के गठन के अलावा कोई अर्थ नहीं। मैं तो और बदतर हूँ,मेरा अस्तित्व भी अपना नहीं। इसीलिए मैं स्वतंत्रता की बात करता हूँ। मान लीजिए। आप के साथ ऐसा हो कि महामहिम आपसे किसी बात पर नाराज़ हो जाएँ तो क्या आप का अस्तित्व बना रहेगा? क्या आप ऐसी स्थिति पसंद करेंगे?"

मंत्री महोदय के सपाट, भावविहीन चेहरे पर एक क्षण के लिए भाव विह्वलता के तूफ़ान के लक्षण उभर आये। 35 ने कहीं छिपे गहरे अंतस्स्थल को छू लिया था। बात मर्म पर चोट कर गयी थी। उसके विद्रोहपूर्ण वक्तव्य का महत्व समाप्त हो गया था। तुरंत ही उन्होंने अपने को संयत किया और बोले "भाई, तुम बातचीत को कहीं और ले जा रहे हो। यह भी तो हो सकता है कि मैं कल महामहिम बन जाऊँ। जीवन एक ओर आशावादिता पर टिका है, दूसरी ओर अस्तित्व के रक्षण में एक-दूसरे के साथ जुड़े संबंधों की समतुल्यता पर।इसका आधार नहीं बनता कि महामहिम मुझसे कुपित हों, क्योंकि राज्य के कार्य में उन्हें मेरी आवश्यकता है। न मैं उनका विरोध कर सकता, क्योंकि अपने पद और अस्तित्व के लिए मुझे उनका साथ चाहिए। संबंध का यह सूत्र दृढ़ है, क्योंकि इसके दोनों तरफ़ समान बल है। एक तरफ़ बल का अतिरेक हो तभी न यह सूत्र टूटेगा? राज्य और व्यक्ति के बीच का संबंध भी इसी तरह सुदृढ़ है। तुम जिसे व्यक्ति स्वातंत्र्य कहते हो, वही वास्तव में इस संतुलन को तोड़नेवाला बल का अतिरेक है। इसी कारण मैं उस स्वातंत्र्य को पसंद नहीं करता।"

इस बातचीत को उन्होंने अपनी तरफ़ से तुरंत ख़त्म किया और उसे जाने का संकेत किया। उनके रुख़ से यह पता नहीं चल पा रहा था कि वे उससे रुष्ट हैं या उसके प्रति उदासीन हैं या उसकी बातों को महत्व देते हैं। अगर वे रुष्ट हो गये हों, तो कोई 35 को बचा नहीं सकता। लेकिन वह भी बात शुरू हो जाने पर चुप नहीं रह सकता था। परिणाम चाहे कुछ भी हो।

जब वह मुड़ने लगा, तो मंत्री महोदय ने उससे कहा, "मित्र 35, ज्ञान के क्षेत्र में तुम्हारी गति है, तर्क करने में तुम निपुण हो,देश के कार्यों के लिए तुम अच्छे सहयोगी साबित हो सकते हो। लेकिन मुझे लगता है कि तुम वैचारिक रूप से उद्वेलित हो रहे हो। विचार करो, ज्ञान प्राप्त करो, लेकिन इसके आधार पर तुम ऐसा कुछ न कहो, जो

देश के हित में न हो और जिससे तुम्हें बाद में परेशानी हो। मैं तुम्हें विभागीय गणनांक देता हूँ। इससे तुम्हें अपना ज्ञान बढ़ाने के लिए हर तरह की सूचना मिल जाएगी। मैं आज से तुम्हें संगणक केंद्र के नियंत्रण कक्ष में तैनात करता हूँ। इससे तुम्हें कार्य करने की अधिक छूट मिल जाएगी। मैं चाहता हूँ कि तुम अपना ज्ञान बढ़ाओ, जिससे बाद में स्थिरचित्त होकर तुम देश का काम करो। हाँ, याद रखना। कभी कोई गलत या संदिग्ध व्यवहार करोगे, तो तुम्हें बचाने वाला कोई नहीं होगा।"

35 को शक हुआ कि कहीं मंत्री उसकी गतिविधियों पर निगरानी रखने के लिए उसे विभागीय गणनांक न दे रहे हों। वह जानता था कि देश में प्रधानमंत्री के सिवा और कोई नहीं था, जिसके कार्यकलापों पर नज़र न रखी जा सके। इसके लिए विभागीय अंक देना या किसी विभाग विशेष में भेजना आवश्यक नहीं था। इससे उसे संतोष हुआ कि मंत्री वास्तव में उसकी सहायता करना चाहते हैं। फिर भी उसने मन में निश्चय किया कि वह नये विभाग में बड़ी सर्तकता से काम करेगा और किसी को संदेह का अवसर नहीं देगा। यह भी संभव है कि मंत्री महोदय के कथन के अनुसार सूचनाएँ और जानकारी मिलने पर उसका मन शांत हो जाए और वह सामान्य रूप से काम करने लगे।

18

संगणक केंद्र की क्षमता अद्‌भुत थी। वही वास्तव में पूरे देश का मस्तिष्क था, नियंता था। वह अन्य सारे संगणकों के कार्य का निरीक्षण करता था। छोटे घरेलू संगणक, स्थानीय छोटे संगणक केंद्र और राष्ट्र का संगणक केंद्र सब बड़ी खूबी से एक दूसरे के साथ जुड़ते थे। संगणक परिपथ पर लाखों सूचनाएँ जाती थीं। उनमें अधिकतर सूचनाएँ नेमी होती थीं। छोटे स्थानीय संगणक उन्हीं सूचनाओं पर कार्य करते थे, जो राष्ट्रीय महत्व के विषय होते थे। इसी तरह स्थानीय केंद्रों से संगणक केंद्र में वे ही सूचनाएँ आती थीं, जिनपर सचिवों और मंत्रियों को विचार करना होता था। विभाग अपने कार्यक्षेत्र से संबंधित रिपोर्ट केंद्र को या अन्य संबद्ध विभागों को देते थे। ऐसे महत्वपूर्ण मामले संगणक केंद्र के विशाल स्मृति कोष में दर्ज हो जाते थे। केंद्र उनका संकलन -समायोजन करता और उसे अभिलेख विभाग में भेज देता। ऐसे मामलों के विश्लेषण का सार प्रधान मंत्री और संबद्ध मंत्रियों और सचिवों को दिया जाता, जिससे प्रशासन इन मामलों पर आगे आवश्यक कार्रवाई करें।

अभिलेख विभाग वास्तव मे संगणक व्यवस्था की धुरी थी। वहाँ से राष्ट्र से संबंधित हर सूचना तुरंत प्राप्त की जा सकती थी। 35 को लगा कि शायद उसका नाम भी संदिग्ध व्यक्तियों की सूची में कहीं अभिलेखा विभाग में हो। अभिलेखों में उसकी इन दिनों की गतिविधियों की सूचना दर्ज हो सकती है, लेकिन जब तक कोई व्यक्ति या विभाग सूचना प्राप्त कर आगे कार्रवाई न करे, तब तक उसे पता नहीं चल सकता कि प्रशासन का उसके प्रति क्या रुख़ है। उसे कभी इच्छा होती कि वह जाने कि 4-3 म 35 के डाकेट में क्या कुछ होगा। लेकिन संगणक केंद्र में रहने के बावजूद वह अपने डाकेट की सूचनाएँ प्राप्त नहीं कर सकता। कोई मंत्री ही लोगों के डाकेट की सूचनाएँ मगा सकता था और मंत्रियों के डाकेट सिर्फ़ प्रधान मंत्री देख सकते थे।

संगणकों की ऐसी अद्‌भुत व्यवस्था के पीछे एक चमत्कारक आविष्कार था, जो कुछ हज़ार साल पहले एक वैज्ञानिक ने किया था। इस उन्नत व्यवस्था की तुलना में बीसवीं शताब्दी के सुपर संगणक भी सूरज की रोशनी के सामने जुगनू की चमक जैसे लगते थे पुराने युग के संगणक हर अक्षर के लिए आठ बिट का उपयोग करते थे। उनकी भाषा के अक्षर भी बहुत थे। वे लगभग 50 वर्ण लिखते थे। नव युग के वैज्ञानिक ने सोलह अवस्था वाले मूलांश का संगणक में प्रयोग किया। इस व्यवस्था में एक बिट से एक अक्षर सूचित किया जा सकता था। इससे संगणक की गति आठ गुना बढ़ गयी। पुरानी व्यवस्था में इकाई, दहाई, सैकड़ा वाले दशमांक थे, जिन्हें 0,1 के द्वयंकों में बदला जाता था, उसपर संक्रिया करने के बाद उन्हें फिर दशमांकों में बदला जाता था। बड़ी संख्याओं के दशमलव अंकों के गुणा-भाग आदि संक्रियाओं के लिए भी कई तरह के उलट-फेर करने पड़ते थे, जिससे संगणक की गति बहुत मंद थी। नवभाषा में षोडषांक की व्यवस्था थी। गिनती पंद्रह तक जाती थी और फिर दहाई शुरू होती थी। जैसे 0, 1, 2, 3, 4, 5, 6, 7, 8, 9, ⊔ , ⊏ , ⊓ , ш , ⋿ , m , 10, 11, 12, 13, 14, 15, 16, 17, 18, 19, 1⊔, 1⊏, 1⊓, 1ш, 1⋿, 1m, 20, 21 आदि। षोडषांकों के प्रयोग के कारण संक्रियाओं की गति सौ गुना बढ़ गयी। और बससे बड़ी बात यह थी कि स्मृति संरचना के लिए पदार्थ के स्थान पर मूलांश का प्रयोग शुरू हुआ और जोड़ने के लिए तार आदि का प्रयोग समाप्त किया गया।

इससे, पहले की अपेक्षा उतने ही आकार में लाखों सूचनाएँ दर्ज की जाती थीं और तार न होने के कारण सूचना प्रसारण की गति बहुत बढ़ गयी। इस नयी संरचना के कारण देश के हर कार्य को संगणक के माध्यम से नियंत्रित करना संभव हुआ। नये संगणक अपने कार्य को नियंत्रित कर सकते थे, रंग, रूप, आकार, गंध, ध्वनि, स्पर्श आदि सभी उद्‌वेगों को पहचानकर उनकी सूचनाएँ दे सकते थे। उनमें कमी थी तो यही

कि वे भावनाएँ नहीं पहचान सकते थे। लेकिन जहाँ मनुष्य ही भावनाशून्य हो गया हो, तो वहाँ संगणक से भावना की कहाँ से अपेक्षा की जा सकती है?

प्रशासन ने इस नयी संगणक व्यवस्था का पूरा लाभ उठाया।

शिक्षा और सूचना विभाग ने समस्त ज्ञान को स्मृति कोष में सुरक्षित रखा, जिससे लोग आवश्यकतानुसार ज्ञान प्राप्त कर सकें। आधुनिक इतिहास विभाग ने पिछले हज़ारों वर्षों के सभी मनुष्यों की समस्त जानकारी सुरक्षित और व्यवस्थित कर रखी थी। प्राक इतिहास और मानव संस्कृति विभाग ने 20 वीं शताब्दी तक उपलब्ध समस्त ज्ञान को नवभाषा में अनूदित कर उसे अभिलेखागार में रखा था। इन सामग्रियों का आज भले उपयोग न हो, मानव संस्कृति के इतिहास को कहीं सुरक्षित रखना आवश्यक था। कुछ और सूचनाएँ थीं, जो सिर्फ़ प्रधान मंत्री के विश्लेषण विभाग में सुरक्षित थीं। ये सूचनाएँ गुप्त भाषा में होती थीं। विश्लेषण विभाग में गुप्त भाषा को नवभाषा में अनूदित करने का एक संगणक कार्यक्रम था। उस विभाग के सिवा और कोई विभाग इस तरह का अनुवाद नहीं कर सकता था।

19

नया विभाग उसे बहुत आकर्षक लगा, जैसे कोई अँधेरे में से खुली हवा और रोशनी में आ गया हो। वह जो भी जानकारी चाहता, गुप्त संख्या दर्ज करने पर तुरंत मिल जाती। पहले सुनी हुई सूचनाएँ कल्पना से प्रेरित और पूर्वाग्रह से युक्त कथन थीं। अब उसे पूर्ण और प्रामाणिक जानकारी मिलने लगी। सिवा प्रधनमंत्री के विश्लेषण विभाग के अब और कोई उसपर रोक नहीं लगा सकता था, न ही उसकी निगरानी कर सकता था। अब वह जो भी सूचनाएँ लेता, उसके ख़िलाफ़ कोई प्रताड़ना भी दर्ज नहीं हो सकती थी।

सबसे पहले उसने संगणक केंद्र की कार्य प्रणाली को जाना। केंद्र का संबंध सीधे प्रधानमंत्री के कार्यालय और उनके विश्लेषण विभाग से था। प्रधनमंत्री का विश्लेषण विभाग वास्तव् में उनका गुप्तचर विभाग था, जो देश की गतिविधियों पर ध्यान रखता था। विभागों से गुप्त संकेतों में केंद्र में विवरण आते थें और प्रतिक्रिया में बाद में गुप्त संकेतों में विभागों को आदेश भेजे जाते थे। यद्यपि वह गुप्त संकेतों की भाषा नहीं जानता था, फिर भी उसने अनुमान से कई संदेशों और आदेश का अर्थ निकालना सीख लिया था। कोई संदेश सूचित करता था कि अमुक व्यक्ति को अवयव विश्लेषण के

लिए भेज दिया जाए। इसका तात्पर्य था कि वह व्यक्ति चिकित्सा विभागा द्वारा मारा जाता, उसके शरीर के कुछ महत्वपूर्ण अवयव सुरक्षित रख लिये जाते और शेष शरीर को मूल तत्वों में तोड़ा जाता। 35 यह भी अनुमान कर सकता है कि उस व्यक्ति को किस अपराध के दंड में मारा जा रहा है। कभी किसी अधिकारी या मंत्री या सचिव को समय से पहले ही वृद्ध विश्रामालय में भेज दिया जाता या किसी को मस्तिष्क उपचार के लिए भेजने का आदेश होता। आदेश देने वाले और संबंधित व्यक्ति के सिवा और किसी को इन गतिविधियों का ज्ञान न होता।

पुरानी संस्कृति के बारे में उसे बहुत स्पष्ट जानकारी मिली। उसे यह जान कर आश्चर्य हुआ कि 20 वीं शताब्दी के मानव ने बहुत उन्नति कर ली थी। उसने संगणक का आविष्कार कर लिया था, जिसके आधार पर परमाणु शक्ति पर अधिकार कर लिया था और अंतरिक्ष की खोज शुरू कर दी थी। उसने अंतरिक्ष में जाने के लिए राकेटों का निर्माण कर लिया था, भले वे राकेट अत्यंत धीमी गति से जाते हों। एक मूढ़ शासक ने परमाणु युद्ध का निर्णय न किया होता, तो वह संस्कृति सुरक्षित रहती तथा आगे और विकास करती। हो सकता है उस संस्कृति का वर्तमान रूप अधिक अच्छा होता, क्योंकि उस संस्कृति में अधिकतर मनुष्य स्वतंत्र थे, विचारशील थे। वे अपने विचारों को पुस्तकों के माध्यम से दूसरों तक पहुँचाते। वे कभी-कभी लड़ते थे। संघर्ष करते थे, फिर भी उनमें प्रेम, सहयोग आदि भावनाएँ थीं। वे गाते थे, तो मुक्त कंठ से, स्वतंत्र ढंग से। उनका गाना आज के संगणक के अत्यंत उबाऊ मशीनी तान जैसा तो नहीं होगा। उस संस्कृति के लोग साहित्य नामक रचना करते थे, जिसमें उसकी कल्पना की उड़ान दिखायी पड़ती थी। उसके मुकाबले आज के मनोरंजन सत्र कितने नीरस, घिसे-पिटे खेल हैं। उस समय के मानवों में विरोध, संघर्ष, घृणा, धूर्तता, चालबाजी, अकर्मण्यता आदि कई अवगुण थे, फिर भी उनमें आनंद था, उमंगें थीं, अपनत्व और ममत्व की भावना थी। भय था तो आदर भी था, विद्रोह था तो साहस की भावना थी। 35 को लगा कि मनुष्य कुल भावना की सृष्टि है, उसे भावना जगत में ही जीना चाहिए। जिस तरह से अनंत सुख-शांति की कल्पना नहीं की जा सकती है और दुख के अभाव में सुख का अर्थ ही नहीं है, भावना जगत में भी सिर्फ़ अच्छी भावनाओं का स्थान नहीं है। गुण होंगे, तो दुर्गुण भी होंगे। महत्व है तो मानव के रूप में सहज जीवन जीने का।

उसे लगा कि शायद उसने सच्चा मानव देखा ही नहीं। उसने अपने समाज में प्राणहीन, विचारहीन प्राणी ही देखे हैं, जो मशीनों की तरह अनुशासित ही नहीं, दमन के कारण मात्र भय और आतंक की भावना के वशीभूत कैदी हैं। क्या वह कभी सच्ची मानवता का दर्शन कर सकेगा, जो पहले के ज़माने में थी? उसे ध्यान आया कि ऐसे

कुछ मानव आज भी इस धरती पर हैं, जो स्वच्छंद हैं, प्रकृति के अंग हैं। वे सच्चे मानव तो हैं, भले आदिम अवस्था में हैं। क्या वह कभी उन लोगों को उनके जीवन को निकट से देखने का अवसर पा सकेगा?

20

संगणक केंद्र में काम करते उसे उस यान के आने-जाने की प्रक्रिया का ज्ञान हुआ, जो यदा-कदा समुद्र तटीय कारख़ानों से आवश्यक सामग्री ले कर आता था। कभी ज़रूरत के समय वहाँ या अन्य देशों में जाने के लिए देशों में कुछ और यान भी थे। ये यान रहने की सारी सुविधाओं से संपन्न थे। इन यानों में परमाणु विलयन की ऊर्जा का इस्तेमाल होता था, जिससे ये आवश्यकता पड़ने पर घंटे में एक लाख किलोमीटर की गति प्राप्त कर सकते थे। इतनी गति में अंतरिक्ष के विरल वायुमंडल में भी हवा से घर्षण के कारण अत्यंत ऊष्मा पैदा हो जाती थी। यान स्वयं ही तपते अंगारे जैसा दिखाई पड़ता था। इतनी गति में चल सकने वाले धातु सम्मिश्रों का निर्माण न हुआ होता, तो यह गति प्राप्त करना मुश्किल था। विश्व के भीतर यान घंटे में दस-पंद्रह हज़ार किलोमीटर की गति से चलता था। कारख़ाने से नवभारत तक आने में उसे मात्र 15-20 मिनट का समय लगता था। पूरे समय उसकी गति का निरीक्षण किया जाता था और देश पहुँचने पर गुंबद के एक बिंदु पर स्थित स्वागत कक्ष में उसे उतार लिया जाता था। माल उतर जाने पर यान संकेत देता और थोड़ी देर में उड़ चलता। 35 ने यान के आने के संकेतों और अन्य औपचारिकताओं के बारे में पूर्ण जानकारी प्राप्त कर ली थी।

एक दिन उसने जिज्ञासा के कारण संबंधित संकेत दे दिया तो थोड़ी देर में उसके लिये देश से बाहर जाने के लिए अड्डे पर यान की व्यवस्था हो गयी। यह देख कर उसे घबराहट-सी हो गयी। उसने 'कार्य समाप्ति' का संकेत देकर यान अपनी जगह पहुँचाया। पहले सामान्य बातों के लिए भी उसे कई अवरोधों को पार करना पड़ता था। और अब, केवल कुछ गुप्त संकेतों का प्रभाव था कि वह चाहे तो देश छोड़कर कारख़ाने देखने जा सकता है। जो काम आम आदमी के लिए अत्यंत कठिन है, वह सत्ताधारी के लिए कितने आसान हो जाते हैं! उसे कुछ घमंड भी हुआ कि वह सत्ता का अंग है, जो चाहे कर सकेगा। लेकिन उसे मालूम था कि वास्तविक सत्ता कहीं और है और गलत प्रयासों या कार्यों का बड़ा प्रतिकूल परिणाम हो सकता है। यान से छेड़छाड़ की

इस घटना की विश्लेषण विभाग से कोई प्रतिक्रिया नहीं हुई। शायद इसे नेमी यात्रा के कार्यक्रम के रूप में देखा गया हो। उसे यह भी ज्ञात हुआ कि सबको देखने वाली आँख कभी-कभी स्वयं को नहीं देख पाती। हर व्यवस्था की कहीं उस व्यवस्था के अपने दोषों को देखने का कोई उपाय न होता।

आधुनिक आदिम जातियों के बारे में भी उसे पूर्ण जानकारी मिल गयी थी। उसने अपने निजी संगणक में इन जातियों के स्थान, आबादी, आदते, स्वभाव आदि की जानकारी दर्ज कर ली थी। यद्यपि कई भिन्न महाद्वीपों में कई स्थानों पर ये जातियाँ थीं, नवभारत में सिर्फ़ आठ-दस संस्कृतियों के बारे में ही पर्याप्त विवरण थे, शेष जातियों का सिर्फ़ उल्लेख था। शायद नवभारत या अन्य देशों ने सभी संस्कृतियों का अध्ययन करना आवश्यक न समझा हो। इन आठ-दस संस्कृतियों में विकास के विभिन्न स्तर थे। कोई संस्कृति ख़ूँख़ार थी और अन्य मनुष्यों को देखते ही मार डालती थी। कुछ जातियाँ बहुत अधिक आदिम थीं जहाँ विकास का कोई लक्षण नहीं था। ऐसी ही एक संस्कृति के बारे में उसका ध्यान गया, जहाँ लोग बहुत पिछड़े हुए थे। आग का प्रयोग जानते थे, फिर भी चीज़ें या मांस कच्चा खाते। वहाँ के लोग स्वभाव से शांत थे। जंगल के पहाड़ी इलाकों में गुफ़ाओं में रहते थे। उनकी कुल आबादी सैकड़ों में ही थी। आबादी कुछ बढ़ जाती, फिर रोग की शिकार हो फिर घट जाती। उसे इच्छा हुई कि वह एक बार उस संस्कृति को देख आए, यह देखे कि उनमें आदमियत कितनी है। यह देखें कि, इतने आदिम हैं, तो क्या वे भी मनुष्य हैं? क्या उनमें और आधुनिक, विकसित मनुष्य में कोई साम्य है।

लेकिन यह सब संभव नहीं था। सचिव के कहने के अनुसार चारों देशों ने पुराने को विस्मृत और आदिम को अविकसित रहने देना ही उचित समझा था। अब शायद सैकड़ों वर्षों तक कोई अध्ययन दल वहाँ न जा सके। और प्रशासन की जानकारी से बच कर उसकी अनुमति के बिना कोई व्यक्ति गुंबद से भी बाहर नहीं निकल सकता। अगर निकल भी आए तो वह वापस नहीं आ सकता, क्योंकि प्रशासन उसे कठोरतम दंड देता। 35 ने अपनी कल्पनाओं की उड़ान पर रोक लगायी।

अपने अध्ययन के दौरान उसने एक दिन नवयुग की एक आदिम संस्कृति के बारे में कई आश्चर्यजनक बातों का ज्ञान प्राप्त किया। विभागीय गणनांक के आधार पर उसे एक जनजाति से संबंधित सारी जानकारी मिल गयी--उन लोगों के जीवंत, त्रि-आयामी चित्र, उनकी भाषा और गायन आदि के ध्वनि चित्र आदि। वह जाति नवभारत से करीब पंद्रह हज़ार किलोमीटर दूर एक जंगल के पास पहाड़ी गुफ़ाओं में रहती थी। मुश्किल से दो-तीन सौ लोग होंगे। कुछ लोग निर्वस्त्र थे, कुछ लोग अजीब

तरह की चीजें ओढ़े हुए थे। उन लोगों को चित्र में चलते-फिरते देख उसे विश्वास भी नहीं हो रहा था कि पृथ्वी पर इस प्रकार के मानव भी रहते होंगे। पुरुषों के हाथों में कुछ हथियार थे, फिर भी वे जानवरों की तरह ख़तरनाक नहीं लगते थे। कुछ दृश्यों में उन लोगों का नाचना-गाना, प्यार से एक दूसरे से मिलना आदि व्यवहार देखकर उसने अनुमान किया कि वे शांतिप्रिय लोग हैं। उन लोगों के व्यवहार की कई बातें उसकी समझ में नहीं आयीं। क्या उनका भी कोई प्रधानमंत्री होगा, क्या वह सब लोगों के आचरण को इसी तरह नियंत्रित करता होगा,जैसे नवभारत का प्रधानमंत्री करता है? क्या उनके समाज में मंत्री, सचिव आदि होंगे? नहीं तो उनका प्रशासन कैसे चलता होगा? यह तो नहीं हो सकता कि सिर्फ़ जानवरों की तरह अपने में सिमटे हों। जब वे एक समाज में रहते हैं, तो कुछ सामाजिक गठन तो होगा ही। उसके मन में उस संस्कृति को जीवंत रूप में देखने की इच्छा प्रबल हो आयी। लेकिन वह उन लोगों के बीच जा कैसे सकता है?

21

उसे अपने जीवन से ऊब हो रही थी। कैसा यांत्रिक जीवन! व्यक्ति न अपनी इच्छा से कुछ कह सके न कर सके। सत्ता का ध्येय था कि वह अपने को हर कीमत पर बनाये रखे। लोगों का लक्ष्य था कि वे सत्ता की इच्छा के अनुरूप जीवन यापन करें। उसके अंतर में यह छटपटाहट पैदा हो गयी थी कि वह इस तमाम कृतिम वातावरण से कुछ समय के लिए छुटकारा पा जाए। उसकी ललक यह नहीं थी कि वह सत्ता पा जाए! आख़िर जिस सत्ता के कारण उसके मन में यह आग उठी है, उसी को अपनाना भी वह क्योंकर चाहेगा? लेकिन अपने मन की बातों को वह प्रकट करता, तो यही अर्थ निकाला जाता कि वह प्रशासन की नीतियों के ख़िलाफ़ बोल रहा है। सत्ता विद्रोह को भी नहीं पहचानती, वह विवेक को ही अपना लक्ष्य बनाती है, जो विद्रोह को जन्म दे सकता है। हर सत्ता को विवेक या विचारों से भय लगता है।

लेकिन इस जीवन से उसे बहुत अरुचि हो गयी थी। इस जीवन से शायद अनस्तित्व ही बेहतर है। उसके मन में यह विचार ज़ोर पकड़ता गया कि वह किसी तरह इस जंजाल से निकल कर उन आदिम जातियों के जीवन को निकटता से देखेगा, चाहे परिणाम कुछ भी हो। उसने निकलने की योजना बना ली थी। उसे यह डर था कि शायद वह वापस न आ सके। अगर वह इन लोगों के साथ रह न सके तो उसका क्या

होगा? अपने देश में लौट आने का मतलब उसे मालूम था। और दूसरे देशों में पहुँचना भी संभव न था। फिर भी उसने सोचा कि वह किसी तरह इस जीवन से तो मुक्त हो। वह ऐसे अवसर की तलाश में था जब वह छुटकारा प्राप्त कर सके। विचार मन में आने के बाद वह जब-जब अपने बच्चों को देखता, उसके मन में टीस ही उठती। अपने बच्चों से बिछुड़ने के बाद वह फिर उन्हें कब देख पाएगा? लेकिन नवभारत में ऐसी भावनाओं का कोई स्थान न था। बच्चे आख़िर कुछ वर्ष बाद अपने जीवन साथी के साथ कहीं और चले जाते, उन्हें नया 'नाम' मिल जाता और वे स्वतंत्र होकर रहते। फिर सालों शायद उनसे मुलाकात न होती।

एक दिन मंत्रिमंडल की बैठक थी. जिसमें सारे सचिव भी सम्मिलित थे। विभागों के प्रमुख कार्यकर्ता तथा विश्लेषण विभाग के लोग भी इसमें सम्मिलित होते। उस स्थिति में अत्यंत महत्वपूर्ण विषय छोड़कर अन्य गतिविधियों को न देखते। पहले ऐसी बैठकों के संगणक सर्किट पर कार्य करने के कारण उसे मालूम था कि बैठक शायद एक घंटा चलती। हर मंत्री अपने विभाग की गतिविधियों की सूचना देता। प्रधानमंत्री चाहते तो कुछ सवाल करते या सुझाव देते, फिर आगे के कार्यक्रमों की योजना पर विचार होते। 35 ने सोचा कि यही उपयुक्त अवसर है जब वह बेरोकटोक अपनी योजना पर अमल कर सकता है। अगर विश्लेषण विभाग की ओर से संगणक में दर्ज पूर्व नियोजित नियंत्रण के अनुसार उसके किसी कार्य को संगणक न रोक दे तो वह अपनी योजना पर आगे बढ़ सकता है। नहीं तो अगली ऐसी बैठक के लिए उसे शायद 1 वर्ष तक इंतज़ार करना पड़ता।

उसने दो जोड़े वस्त्र और एक पिस्तौल, लगभग एक वर्ष के लिए आवश्यक ख़ुराक और दवाइयों की माँग की। सेकेंडों में वह सामग्री मिल गयी, यद्यपि संगणक ने यह सूचित कर दिया कि पूर्ति विभाग को इसकी सूचना भेजी जा रही है। फिर उसने गुप्त संकेत द्वारा यान की माँग की, जो आम तौर पर देश से बाहर जाने के लिए उड़ान कक्ष में तैयार रहते थे। तुरंत उसे सूचना मिल गयी कि एक यान तैयार है। यान का उड़ान विभाग से संपर्क कर अनुमति लेना आवश्यक था। विभागीय अनुमति की सूचना संगणक केंद्र में भी आती थी और अनुमति की गुप्त सूचना भी आती थी। 35 को विभागीय अनुमति के संकेत का ज्ञान था। लेकिन विभागीय संगणक वह अनुमति कैसे देता? उसने आपातकालीन नियंत्रण की व्यवस्था का लाभ उठाते हुए संगणक केंद्र में ही अनुमति की सूचना दर्ज की। अब संगणक केंद्र ही अनुमति देता, लेकिन यान में यह पता न चलता कि अनुमति का स्रोत क्या है। बाद में ही पता चलता कि अनुमति को केंद्र से प्रसारित किया गया था। फिर उसने आपातकालीन वाहन की माँग की, जो उसे

संगणक केंद्र से उड़ान कक्ष तक ले जाता। कुछ ही मिनटों में वह उड़ान कक्ष में पहुँच गया। यद्यपि वहाँ दो-एक व्यक्ति थे, किसी को और किसी से कोई सारोकार न था। सब यह जानते थे कि सारा कार्य संगणक की देखरेख में पूर्व योजना के अनुसार होता था। कौन व्यक्ति किस कार्य में लगा हुआ है इसके बारे में जानने की किसी को इच्छा ही नहीं होती थी। वह अपने माल के साथ यान में बैठा। उसे यह नहीं मालूम था कि यान कैसे उड़ता है? उसे कैसे उड़ाना चाहिए? लेकिन उसके यान में बैठते ही यान के चालक पटल पर पुनः गुप्त संकेत की माँग हुई। उसने जब सूचना दर्ज कर दी तो यान चालित हो गया। एक -दो सेकेंड बाद उड़ान कक्ष का प्रवेश द्वार खुला। गुंबद के बाहर ज़मीन में से होकर ऊपर जाता था। यान द्रुत गति से ऊपर उड़ने लगा। यान से उसने नीचे देखा तो उसे स्वयं अपनी ही आँखों पर विश्वास नहीं हुआ। वह गुंबद जिसके भीतर का वह निवासी था पृथ्वी पर एक छोटी-सी वस्तु के रूप में दिखायी पड़ रहा था। उसके चारों ओर विशाल धरती थी - हरी-भरी, ऊबड़ -खाबड़। पृथ्वी पर कहीं-कहीं नदियों की लंबी रेखा सी-खिंची थी। जैसे किसी ने रंगीन कागज़ पर टेढ़े-मेढ़े तरीके से काँच के रेशे का जाल बिछा दिया हो। कितना अंतर था उसके देश में और बाहर की दुनिया में! उसके देश में न पेड़-पौधे थे, न हरियाली थी, न पानी की नदियाँ थीं। चारों तरफ़ एक समान भूरे रंग के भवन। कोई प्राणी नहीं। यहाँ धरती पर कुछ जानवर चलते दिखायी पड़े। वह और ऊपर उठता गया तो गुंबद छोटा होता गया। उसके पारदर्शी पटल पर सूरज की रोशनी पड़ती थी, तो वह दूर से चमकता था। पूरी धरती पर वह गुंबद ऐसे ही लगता था जैसे हरे रंग के बिस्तर में एक छोटा-सा आधा टूटा हुआ कंचा रख दिया गया हो। बस इतनी ही है मनुष्य की सत्ता की सीमा! क्या इसी के लिए मनुष्य इतना कुछ करता है? बाहर की इतनी विशाल धरती पर कौन ऐसा नियंत्रण कर सकेगा? और उस छोटे-से कण को निर्मित करने वाला प्रशासक सोचता है कि उसने सृष्टि पर विजय कर ली है, वह सृष्टि का श्रेष्ठतम अंग है।

अचानक दिशा सूचक यंत्र पर उसका ध्यान गया तो वह एकंदम चौंक उठा। वह इस ओर ध्यान न देता तो यान उसे थोड़ी देर में कारख़ाने में पहुँचा देता। उस गुप्त संकेत का यही अर्थ था। लेकिन वह तो उस जंगल में जाना चाहता था, जहाँ आदिम संस्कृति जीवित थी। वह यह नहीं जानता था कि वह यान को कैसे मोड़े। उसने संगणक से दिशा मोड़ने को कहा तो संगणक ने इनकार कर दिया। वह किसी और गंतव्य तक जाने के लिए अभिक्रमित या प्राधिकृत नहीं था। फिर 35 ने संगणक से यान के नियंत्रण के बारे में विवरण माँगा तो उसे विवरण मिल गये। इस मुसीबत के समय में भी उसे हँसी आ गयी। कैसा मूर्ख होता है यह संगणक भी! वह दिशा बदलने के आदेश से इनकार

करते हुए भी उसे दिशा बदलने की सूचनाएँ दे रहा है। वह सोचनेवाला प्राणी होता, तो यह जान जाता कि सूचना दिशा बदलने के लिए माँगी जा रही है। लेकिन संगणक के लिए इन दोनों प्रश्नों में कोई तारतम्य न था। उसे निर्देश था कि वह कारख़ाने के अतिरिक्त और कहीं न जाए। उसे यह भी निर्देश था कि गुप्त संकेत मिलने पर वह सूचनाएँ दे। उसने दोनों ही निर्देशों का सही परिपालन किया था। विवेकरहित यंत्र को, चाहे वह कितना ही विकसित क्यों न हो, नियंत्रण का दायित्व सौंपने में यह भी नुक्सान होता है। मनुष्य ही मनुष्यों का नियंत्रण कर सकता है।

35 को लगा कि यान का संगणक अभी भी देश के संगणक केंद्र से जुड़ा हुआ है। शायद कोई नियंत्रण केंद्र से उसके यान को वापस न बुला ले। या मुख्य केंद्र के नियंत्रण में रहते हुए यान का संगणक दिशा ही बदले। थोड़ी देर के प्रयत्न के बाद उसने यान के संगणक टर्मीनल को नियंत्रक केंद्र से विच्छिन्न कर लिया। अब उसे देश के संगणक से और कोई सूचना नहीं मिल सकती थी। लेकिन वह अब स्वतंत्र था। उसे किसी गुप्त सूचना की आवश्यकता या छिपे ख़तरे की आशंका न थी। उसने सूक्ष्म टर्मीनल में दर्ज नक्शे का विवरण ज्ञात किया, यान के संगणक में गंतव्य की सूचना भरी। और वह यान की दिशा मोड़कर भविष्य के बारे में सोचने लगा।

22

एम-35 ने यान के नियंत्रण बोर्ड के दिशासूचक यंत्र की ओर देखा। यान पूर्व निर्धारित गंतव्य की ओर पूरी गति से उड़ा चला जा रहा था। यान के संगणक का नियंत्रण कक्ष से संपर्क टूट चुका था। संपर्क के अभाव में उसे मालूम था कि नियंत्रण कक्ष में कोई शायद नहीं जान सकता था कि उसका यान कहाँ है और वह किस अवस्था में है। शायद यह भी जान ले कि यान की स्थिति और दिशा क्या है, लेकिन नियंत्रण कक्ष संपर्क के अभाव में इस यान पर नियंत्रण नहीं कर सकता था। 35 यह भी जानता था कि वह अपने यान को किसी गुप्त स्थान में रखकर उसके चारों ओर अवांछित चुंबकीय वातावरण पैदा कर दे, तो संगणक क्षेत्र के लिए यान की स्थिति का पता लगाना भी संभव नहीं होगा और कक्ष गलत संकेतों से गुमराह होगा। उसे इच्छा भी हो रही थी कि वह संपर्क जोड़कर पता लगाए कि उसकी अनुपस्थिति के कारण किस तरह की प्रतिक्रिया हो रही है। लेकिन वह यह ख़तरा मोल लेना नहीं चाहता था कि किसी को उसकी स्थिति का पता चल जाए। नियंत्रण कक्ष से संपर्क के अभाव में भी उसके यान

का संगणक बख़ूबी अपना काम कर रहा था। वह यान के संचालन और 35 की आवश्यकताओं की पूर्ति के लिए पर्याप्त था। वह अपने कार्यक्रमों का स्वतः अभिक्रम कर लेता था और उसमें प्राप्त निर्देशों के अनुसार कार्य करने की क्षमता थी। 35 इसी सोच में आगे बढ़ रहा था कि वह अपने यान को कहाँ रोके। वह आशंकित भी था कि जिन लोगों से मिलने जा रहा है, उनका उसके प्रति क्या व्यवहार होगा। क्या वे उसे अपना मानेंगे, क्या उनसे वह बात कर सकेगा, क्या वह उन लोगों के रहन-सहन में खप सकेगा? संभावित घटनाओं की प्रत्याशा में वह उमंग, आशंका, रोमांच आदि भावनाओं से भर उठा।

प्राक-इतिहास तथा मानव संस्कृति के विभाग के सचिव ने उसे अज्ञात आदिवासियों के प्रति सचेत किया था। वे स्वभाव में पशुओं के समान हैं और पशुओं की तरह ख़ूँख़ार भी हो सकते हैं। वे न सिर्फ़ पेड़-पौधे और जीवित प्राणियों को खाते है, बल्कि मनुष्यों को भी मारकर खा सकते हैं। लेकिन प्राप्त अभिलेखों से उसने तसल्ली कर ली थी कि वह जिन आदिवासियों की बस्ती में जा रहा है, वे शांत स्वभाव के हैं। फिर भी उसने अपनी न्यूट्रान पिस्तौल की जाँच की, जिसे वह यात्रा से पहले अर्जित कर लाया था। उससे एक साथ पचास-सौ लोगों को मार गिराया जा सकता था। उसे लगा कि शायद पिस्तौल चलाने की नौबत ही नहीं आएगी। वह दूर से ही उन लोगों के व्यवहार का अनुमान करेगा और आवश्यकता हुई,तो उन लोगों को छोड़कर कहीं और चला जाएगा।

चलते हुए उसे अपने बिछुड़े हुए परिवार की याद आने लगी थी। यद्यपि नवभारत में लोग पति-पत्नी, पिता-पुत्र आदि संबंधों के संदर्भ में कभी भावना के प्रवाह में नहीं आते थे और बिछुड़ा हुआ व्यक्ति जल्दी विस्मृत हो जाता था, फिर भी 35 इन भावनाओं के वशीभूत होता जा रहा था। वह जानता था कि उसकी पत्नी कों प्रशासन दूसरा जीवन साथी दे देगा या शायद अब तक दे भी चुका हो। नया परिवार शीघ्र ही अपने नये परिवेश में ढल जाएगा। अब उन लोगों के जीवन में 35 का कभी कोई स्थान नहीं होगा। पति-पत्नी के बीच उस संबंध में कभी कोई चर्चा नहीं होगी। यह सोचकर उसे कुछ उदासी-सी हुई। क्या उसके बच्चे भी कभी उसे याद नहीं करेंगे? अब वह नये जीवन में कैसे अपने को ढाल पाएगा, यह उसकी समझ में नहीं आ रहा था। और फिर वह लौटकर अपने देश में वापस जा भी नहीं सकता था। जिस समय उसने नियंत्रण कक्ष से अपना संपर्क तोड़ा, तभी उसका देश से भी संपर्क टूट चुका था। वह अब विद्रोही था, जिसका एकमात्र दंड था लंबी अवधि तक का एकांत-----निष्क्रिय, ऊब भरा, मस्तिष्क सुधार के यातना भरे प्रयासों वाला नीरस एकांत। अगर मौत भी मिले, तो वह इन यातना से बेहतर होगी! लेकिन अपने अंत पर भी उसका अपना

नियंत्रण नहीं था। उसे यही उचित लगा कि वह शांतचित्त हो जाए, और भविष्य के गर्भ में जो कुछ उसके लिए था, उसकी धैर्य से प्रतीक्षा करे। यह व्याकुलता और आतुरता भी उसके लिए नयी अनुभूति थी।

यान के नियंत्रण पटल ने सूचित किया कि वह अब थोड़ी ही देर में निविड़ जंगल की एक सुरम्य घाटी में पहुँचने वाला है। कुछ पलों में उसके सामने एक दूसरी ही दुनिया आएगी, यह सोचकर उसके शरीर में सुरसुरी दौड़ गयी। वह अपने दिल की धड़कनों पर नियंत्रण नहीं कर सका। उसके संगणक पर्दे पर एक तरफ़ रास्ते का छायाचित्र उभर रहा था। उसने छायाचित्र का आकार बढ़ाया तो पेड़-पौधे और वन्य प्राणी नज़र आये। उसने आज तक प्रकृति का यह रूप नहीं देखा था----नवभारत के वस्तु संग्रहालय में भी नहीं। मनुष्य जाति से भिन्न सृष्टि से साक्षात्कार उसके लिए रोमांचक था। हवा में हिलते हुए पेड़-पौधे मानो उससे बात करने के लिए उसे आमंत्रित कर रहे हों। भागते हुए प्राणियों को देखकर लगता था मानो वे किसी आवश्यक काम से जा रहे हों। लेकिन उसे कहीं मनुष्य जाति का कोई अस्तित्व नहीं दिखाई पड़ा, जिसकी तलाश में वह अपनी संस्कृति को छोड़कर निकला था। वह यह भी जानता था कि जहाँ उसका यान रुकेगा, वहाँ से वह बस्ती एक किलोमीटर दूर है और उसे वहाँ तक छिपते-छिपाते पैदल जाना है।

पूर्व गणना के अनुसार उसका यान उस बस्ती से कुछ दूर एक पहाड़ी के नीचे उतरने वाला था। थोड़ी देर में उसे वह पहाड़ी भी दिखायी पड़ी, जिसे संगणक उसका गंतव्य बता रहा था। चारों ओर पेड़ों से घिरा छोटा-सा मैदानी इलाका जो एक पहाड़ी की तलहटी पर था। एक ओर पहाड़ी सोता और उससे बना ताल था। यान नीचे उतर गया, तो 35 ने सशंक दृष्टि से इधर-उधर देखा। चारों ओर नीरवता थी। सिर्फ़ सोते से निकलकर गिरते पानी की मंद कल-कल ध्वनि आ रही थी। कभी-कभी किसी चिड़िया की आवाज़ उस नीरवता को चीरकर चारों तरफ़ व्याप्त हो जाती थी। 35 ने यान का ऊपरी कवच खोला और फिर दरवाज़ा खोलकर धीरे-से बाहर आया।

यान के बाहर की धरती पर कदम रखते ही उसे आभास हुआ कि उसका नाता अपने जन्म और पालन के देश से समाप्त हो गया है और उसे इस नई दुनिया में नया जीवन शुरू करना है। मानो उसने नई उम्मीदों के साथ नया जन्म लिया हो। पहला उसके लिए परिचित था, लेकिन उसका अपना नहीं बन सका था। निजत्व की खोज में वह उस दुनिया को ठुकरा कर यहाँ पहुँचा था। इस नए संसार में ऐसा कुछ नहीं था, जो उसके लिए परिचित हो। कुछ संभावनाएँ थीं जो उसे यहाँ आकृष्ट कर लाई थीं।

संभावनाओं के सच होने की बात न होती, तो क्या कभी आदमी नया कुछ करने का यत्न भी करता? उसे अपनी दुनिया में इसी तलाश का अभाव खल रहा था। इस दुनिया में भले तलाश से कुछ न मिले, वह कम से कम अपनी ओर से तलाश करने के लिए स्वतंत्र तो था। उसे लगा कि मुक्ति ही उसके जीवन की सार्थकता का पहला कदम है।

धरती पर पड़ा उसका कदम उसे इतना आनंद दायक नहीं लगा। नवभारत में उसे कहीं पत्थरीले रास्ते पर चलना पड़ता था। उसका पैर जहाँ पड़ा था, नीचे कंकड़-पत्थर थे, पत्ते और टहनियाँ थीं, मिट्टी गिली थी। क्या धरती ही उसके आने वाले जीवन की वास्तविकता का परिचायक है? क्या उसका आगे का रास्ता भी इसी तरह कष्टमय होगा? नियंत्रित, सुरक्षित कवच में, बाहर की दुनिया की प्राकृतिक स्थितियों से बचकर, प्रशासन के पूर्ण संरक्षण में पले व्यक्ति के लिए अब प्रकृति की वास्तविक स्थिति में, प्रकृति की कठिनाइयों से जूझकर अपने ही बल और श्रम से अपना जीवन बिताना आसान होगा? उसने आशंका के भाव से इधर-उधर नज़र दौड़ाई और चारों तरफ़ के वातावरण का जायज़ा लिया।

23

पेड़-पौधों के बावजूद उस खुले मैदान में सूरज की गर्मी बदन को तपा रही थी। हवा में सीलन थी और गरमी थी। यह 35 के लिए नया अनुभव था। हवा चल रही थी,जो उसके शरीर का स्पर्श करते हुए उसके कपड़े में हरकत पैदा कर रही थी। उसे गरमी असह्य लगी तो वह एक पेड़ के साये में जा खड़ा हुआ। पेड़ का साया उसे बड़ा सुखद लगा। प्रकृति से यह उसका पहला साक्षात्कार था। वह सोचने लगा कि आगे सर्दी, बारिश आदि प्राकृतिक अवस्थाओं का सामना करना पड़ेगा। क्या उसके लिए इन सबसे मुकाबला करना आसान होगा?

उसने चारों दिशाओं में नज़र दौड़ायी। कहीं कोई विशेष बात नहीं थी। दिशासूचक यंत्र के अनुसार उसे उत्तर दिशा में थोड़ी दूर जाना था। जाने से पहले वह अपने यान को कहीं लोगों की नज़र बचाकर रखना चाहता था। पास में एक गुफ़ा थी, जिसके भीतर यान को ले जाया जा सकता था। वह यान को गुफ़ा में ले गया और यान से नीचे उतरा। गुफ़ा में कोई प्राणी भी नहीं था। नीचे हड्डियाँ पड़ी थीं, एक बृहदाकार नर कंकाल पड़ा था। एकाध हथियार पड़े थे। वहाँ ज़मीन पर सड़ते पत्तों की गंध उसे असहनीय लगी। विभिन्न प्रकार के इंद्रियानुभव से उसे कहीं आकर्षक लगे, कहीं विकर्षक, कुछ नया भी, कुछ परिचित-सा भी।

कुछ दूर आगे उसे कुछ मानवाकृतियाँ दिखायी पड़ीं तो वह चौंक उठा। आदिम मनुष्य जाति से मुलाकात का वह अविस्मरणीय क्षण! वह अपने भावों पर नियंत्रण नहीं कर पा रहा था। लोग साफ़ दिखायी नहीं दे रहे थे। इसलिए वह अपने को पेड़ों के पीछे बचाता हुआ उन लोगों के निकट पहुँचना चाहता था। पैरों तले सूखे पत्ते खड़खड़ा रहे थे। इसलिए भी वह बहुत धीरे से आगे बढ़ा और एक पेड़ की ओट में खड़े होकर उन लोगों को देखने लगा। होंगे करीब 20-25 लोग। वे एक भारी जंगली जानवर को घेरकर खड़े थे और उसका शिकार कर रहे थे। सबके हाथ में पत्थर थे, कुछ के हाथ में लाठी थी, जिसके सिरों पर नुकीली पत्थर जंगली बेलों से बँधा था। वे अपने हाथ के हथियारों से उन जानवर पर वार करते थे। वह बेचारा चीख़ता हुआ एक ओर जाता तो वहाँ के लोग उसे लाठियों से मारते। वह बेचारा मार खाकर खूँ-खूँ करता चारों ओर दौड़ता जा रहा था।

35 ने गौर किया कि वे लोग काफी लंबे-चौड़े थे। उनकी लंबाई होगी करीब छह फ़ुट। शरीर का रंग आबनूस की तरह काला था, शरीर बालों से ढका हुआ था। सर पर जटाओं की तरह बढ़े बाल,छाती, पीठ,हाथ, पैर सब जगह घने रोयें। सब लोग लगभग नंग-धड़ंग थे। कुछ लोगों ने जननांगों पर खाल ओढ़ रखी थी। यह प्राकृतिक कवच पोशाक के रूप में नहीं शृंगार के रूप में नहीं, बल्कि संवेदनशील लैंगिक अंगों

की रक्षा के लिए था। उनके सुगठित बदन, फुर्तीले हाथ-पैर तथा डीलडौल के मुकाबले 35 को अपना शरीर भिन्न लगा। लगभग 3 फ़ुट का छोटा कद, शरीर पर ही क्यों, सर पर भी कोई बाल या रोम नहीं, चिकना शरीर, घिसे चंदन जैसा गोरा रंग, जिसमें कहीं कालिमा की रेखा तक नहीं, छोटे आकार की आँखें, कान और नाक जिससे पूरा सिर एक गोल गेंद की तरह लगता था। अंगों की रचना में उसने एक प्रमुख बात देखी। उन लोगों के जननेंद्रिय अधिक विकसित थे। मोटा, बड़ा शिश्न और लटकते भारी अंडकोष। उनके मुकाबले 35 के जननांग लगभग नहीं के बराबर थे। उन लोगों के मुकाबले उसके शरीर का कोई भी अंग अधिक पुष्ट या विकसित नहीं था। बड़ा था तो सिर्फ़ उसका मस्तिस्क। भारी कद के बावजूद उन लोगों का सिर उससे बड़ा नहीं था।

वे लोग फुर्तीले ढंग से और बड़ी तन्मयता से उस जानवर का शिकार कर रहे थे। वह जानवर अपनी प्राण रक्षा के लिए उन लोगों पर झपट्टा मारने का यत्न भी करता, लेकिन वे बड़ी होशियारी से उसका वार बचाते और हथियारों से उसपर आघात करते। थोड़ी देर के संघर्ष के बाद वह एक चीख़ के साथ धाराशायीहो गया, तो सब लोगों ने ख़ुशी से भारी आवाज़ की। 35 जानता था कि उन लोगों ने भोजन के लिए उस जानवर को मारा है। वह यह दृश्य देखना चाहता था कि वे लोग कैसे इतने बड़े जानवर को खाते हैं। वह प्राणी काफ़ी भारी था, इसलिए सब लोग खींचते हुऐ उसे अपने निवास स्थल की ओर चले। रास्ते भर वे अजीब आवाज़ में कुछ चिल्लाते हुए जा रहे थे। 35 भी छुपते-छुपाते उनके पीछे गया। पहाड़ी रास्तों पर चलने में उसे लकलीफ़ हो रही थी। यद्यपि उसने अपने देश की पोशाक के रूप में पैरों में पतला पादत्राण पहन रखा था, कंकड़ भरे रास्तें में चलना उसके लिए कठिन हो रहा है। उन लोगों ने पैरों में कुछ नहीं पहना था, फिर भी वे बड़े आराम से जा रहे थे। कभी कोई रुकता, अपने पैरों से काँटा निकालता और पहले की गति से चलने लगता। वे अपनी जीत पर इतने प्रसन्न थे कि किसी ने आगे-पीछे देखने की कोशिश भी नहीं की। आख़िर वे सब जंगल के उस ओर गये जहाँ बीच में खुला मैदान-सा था और चारों तरफ़ गुफ़ाएँ थीं। वे जयनाद करते हुए मैदान में पहुँचे, तो 35 एक बड़ी गुफ़ा के पीछे छिप गगा जहाँ से वह उन्हें ठीक से देख सकता था। जयनाद सुनकर गुफ़ाओं से स्त्रियाँ, बच्चे आदि उत्साह से बाहर आये और युवाओं के बीच शामिल हो गये। ज़्यादातर बच्चे और स्त्रियाँ भी निर्वस्त्र थीं, स्त्रियाँ पुरुषों से लंबाई में कुछ कम थीं। बच्चे कद में 35 के बराबर थे।

सब लोग उस मृत जानवर को घेरकर खड़े हुए और गाना शुरू किया। फिर सबने एक दूसरे का हाथ पकड़कर उसके चारों तरफ़ माला-सी बनायी और थिरकते हुए उसकी

परिक्रमा करने लगे। यह क्रम 10-15 मिनट तक चलता रहा। इस बीच एक बड़ी गुफ़ा से एक वृद्ध व्यक्ति तथा उसके साथ कुछ स्त्रियाँ और बच्चे बाहर आये और एक चट्टान पर बैठ गये। नाच में थोड़ी गति आयी और साथ में गायन का स्वर भी ऊँचा हुआ। तभी अचानक उन लोगों ने नाच-गान बंद किया और घेरा तोड़कर बीच में जगह बनायी। वह वृद्ध चट्टान पर से उठा, उस जानवर के पास गया और हाथ उठाकर ऊपर आसमान की तरफ़ देखकर कुछ बुदबुदाया। सब लोग अपनी-अपनी जगह शांत रहे। फिर उस वृद्ध ने एक नुकीला पत्थर उठाकर वार किया तो सारे लोग चिल्लाते हुए दौड़ कर उस जानवर के पास पहुँचे और नुकीले पत्थरों से उसकी खाल उतारने लगे। उसकी खाले उतरने लगी तो एक आदमी मांस का एक बड़ा अंश काटकर उस वृद्ध के पास ले गया। वृद्ध ने मुस्करारते हुए उस मांस के टुकड़े को अपने पास रखवा लिया और अपने साथ की स्त्रियों और बच्चों से खाने का आग्रह करने लगा। दूसरी ओर जानवर के पास खड़े लोग उसपर टूट पड़े। मांस के लिए उनमें मारपीट भी हो जाती थी। मज़बूत लोग ही मांस पाने में ज़्यादा सफल होते थे। जो बच्चे पास पहुँचने की कोशिश करते वे धक्का-मुक्की में गिर भी जाते। स्त्रियाँ पीछे की पंक्ति में अपनी बारी के इंतज़ार में खड़ी रहतीं। एकाध स्त्री ही इस आपाधापी में घुसकर मांस छीनने में सफल हो पाती। कभी-कभी कोई आदमी मांस का टुकड़ा लेकर उसका एक अंश किसी स्त्री को पकड़ाता। जब आदमी खाकर हटे, तो स्त्रियाँ हाथ में मांस लेकर अपने बच्चों को पकड़ाती थीं। इसके बाद बच्चे बचे-खुचे मांस पर टूट पड़े, थोड़ी देर में मृत जानवर की खाल और हड्डियों के अलावा कुछ बचा ही नहीं। खाने वाले अपनी-अपनी गुफ़ा की तरफ जाने भी लगे। कुछ पुरुष अपनी मनपसंद किसी स्त्री को खींचकर अपने सीने से लगाने की कोशिश करते। कोई पुरुष किसी स्त्री को पास के किसी झुरमुट की तरफ़ खींचकर ले जाने की कोशिश करता। 35 मूक भाव से सारा दृश्य देखता रहा। वह समझ ही नहीं पा रहा था कि क्या हो रहा है। उसने यह तो अनुभव किया कि माहौल में विचित्र परिवर्तन आ गया। कहाँ थोड़ी देर पहले का उल्लास और उत्तेजना से पूर्ण वातावरण, जिसमें सारे लोग अत्यंत क्रियाशील थे और कहाँ यह शांत वातावरण जिसमें सभी तृप्त भाव से अपने-अपने बसेरों में दुबकने के लिए बिखरने लगे थे। दूर हटते लोगों को देखने के लिए उसने सिर ऊँचा किया। तभी अचानक किसी आदमी की उस पर नज़र पड़ी। वह एक क्षण भौंचक्का रह गया, मानो वह स्वयं निश्चय नहीं कर पा रहा हो कि सामने का दृश्य वास्तविक है या नहीं। दूसरे ही पल उसने ज़ोर की चीख़ मारी।

24

चीख़ से आकृष्ट होकर सभी अपनी-अपनी जगह थम गये। सबने उसी तरफ़ नज़रें घुमायीं, जहाँ वह आदमी देख रहा था। चट्टान के पीछे आधे छुपे उस मानवीय आकार को देखकर वे लोग अचंभित हो गये। सब डर और कुतूहल से धीरे-धीरे 35 की तरफ़ बढ़ने लगे। देख लिये जाने पर 35 को बाहर निकलना ही पड़ा। उसने अपनी पिस्तौल पर हाथ रखा और ओट से बाहर आया। 35 का क्षीण, लघुकाय व्यक्तित्व उन्हें विस्मयकारी लगा। आकार में वह उस समाज के बच्चे जैसा ही था, इसलिए उन्हें उससे शायद डर नहीं लगा। एक व्यक्ति ने चिल्लाकर 'कोमागोया' कहा, तो 35 समझ नहीं पाया कि वह क्या कहे। उसने भी धीरे से 'कोमागोया' कहा, तो वे सब हँस पड़े। इस प्रति व्यवहार से उसका रहा-सहा डर भी दूर हो गया। आशंका से तना माथा सहज स्थिति में आ गया। वह वृद्ध भी इस बीच उसके पास आ गया। उसने 35 के पास आकर 'म्येद्दू' कहा, तो 35 ने वह शब्द दुहराया। वृद्ध ने आगे बढ़कर अपने सर, छाती और पेट पर हाथ रखा। 35 ने उसका अनुकरण किया। सारे लोगों ने आनंद की आवाज़ की। 35 को भान हुआ कि उस समाज में उसका स्वागत और प्रवेश हो चुका है।

वृद्ध और उसके साथी उसके पास आकर उससे बाते करने लगे। वह संकेतों द्वारा उन्हें समझाने की कोशिश करता। उसने आसमान की तरफ़ हाथ उठाकर समझाना चाहा कि वह हवाई मार्ग से वहाँ तक पहुँचा है। आसमान की तरफ़ उँगली उठाते ही उन लोगों में विचित्र प्रतिक्रिया हुई। वे एक दूसरे की तरफ़ अर्थपूर्ण मुद्रा में देखते और फुसफुसाकर कुछ कहते। सबको उसे देखने की इच्छा हो गयी। लेकिन भीड़ से घिरा नाटा-सा व्यक्ति सबको दिखायी नहीं पड़ रहा था। एक लंबे-तगड़े व्यक्ति ने उसे उठाकर अपने कंधों पर बिठा लिया और 'कोमागोया ब्यूमो', 'कोमागोया ब्यूमो' कहता हुआ चारों तरफ़ घूमा। और सब लोग भी इसी नारे के साथ तालियाँ बजाते हुए चारों तरफ़ घूमे। थोड़ी देर बाद वृद्ध ने उन्हें चुप किया और 35 को नीचे उतारने को कहा। फिर उसके कुछ कहने पर वे तितर-बितर होने लगे। वृद्ध उसे अपने पीछे आने का संकेत देकर एक गुफ़ा की तरफ़ बढ़ा। 35 भी उसके पीछे-पीछे गुफ़ा में दाख़िल हुआ।

गुफ़ा बड़ी विशाल थी। यद्यपि उसमें कई लोग थे, बीच में काफ़ी जगह थी। गुफ़ा में रोशनी कम थी, इसलिए 35 को बहुत मेहनत करके देखना पड़ा था। ऊपर छत पर दो-एक जगहों में गुफ़ा की दीवारों में सुराख़ें थीं, जिनमें से क्षीण आलोक किरणें छनकर अंदर आ रही थीं; उन्हीं किरणों की हल्की-सी रोशनी में चारों तरफ़ का दृश्य देखा जा सकता था। 35 सोचने लगा कि ये लोग इतनी कम रोशनी में एक दूसरे को देख कैसे पाते होंगे। जब उसकी आँखें उस रोशनी के लिए और अभ्यस्त हो गयीं तो उसे चारों

तरफ़ का दृश्य कुछ अधिक स्पष्ट हुआ। गुफ़ा में उसे चारों तरफ़ धुँधली-सी मानवाकृतियाँ नज़र आयीं। एक कोने में एक वृद्धा पड़ी थी। वह अन्य लोगों या नये आये हुए विचित्र मानव की उपस्थिति से अनभिज्ञ, अपने में खोयी हुई पड़ी थी। दो-तीन औरतें अपने छोटे बच्चों के साथ अन्य स्थानों में खड़ी या लेटी उसकी ओर विस्मित दृष्टि से देखे जा रही थीं। वृद्ध के बिल्कुल पास एक बालक खड़ा था, जो 35 से थोड़ा ही छोटा था। एक नवयौवना वृद्ध के पीछे-पीछे चली आ रही थी। वह बड़े कुतूहल से 35 की ओर बिना दृष्टि हटाये देखे जा रही थी, मानो वह शांत स्वभाव के एक अपरिचित, सुंदर पशु को देखे जा रही हो और मौका लगे तो उस पशु की पीठ पर हाथ फेरकर देखने की इच्छा से पीछे-पीछे आ रही हो।

उन स्त्रियों की आकृति और शरीर रचना भी उसे उतनी ही विस्मयकारी लगी, जितनी आदमियों की शारीरिक बनावट। उसने गौर किया कि स्त्रियों के स्तन बड़े और भरी-भरकम थे। इनमें भी स्त्रियों में अंतर था। जो बूढ़ी लेटी थी, उसके स्तन किसी बड़े जानवर के लटके कान की तरह छाती में लटक रहे थे, औरतों के स्तन भार से नीचे झुके हुए थे, पीछे जो लड़की आ रही थी, उसमें स्तन का उभार तो दीख रहा था, लेकिन आकार में वे छोटे और नुकीले थे, जैसे धरती पर गुंबद बना कर रखे हों। उस अंधेरे में भी उसे आभास हुआ कि उन लोगों का रंग काला या आबनूसी था। औरतों के सिर पर लंबे बाल थे और शरीर पर भी छोटे-छोटे बाल थे। यह विशेषता उसे तुरंत ध्यान में आयी कि आदमियों के चेहरे पर भी बाल उगे थे, औरतों के चेहरे पर बाल नहीं थे। बच्चों के बाल बिल्कुल काले थे और बूढ़ों के बिल्कुल सफ़ेद। वृद्ध के सिर पर बाल भी कम थे। उसे लगा कि उसके बाल गिर गये होंगे। स्त्रियों की नाभि गड्ढे की तरह स्पष्ट दिखायी दे रही थी। वर्तुलाकार पेट के नीचे जंघाओं के बीच गहरे बाल थे। स्त्रियों का भग उभरा हुआ दीख रहा था और बालों की गहराई के बावजूद उसने गौर किया कि भग द्वार स्पष्ट दीख रहा था, मानो पहाड़ियों के बीच गहराई में उतरता गह्वर हो। उसने अपनी पत्नी की शरीर रचना से इन स्त्रियों की रचना की तुलना की। नवभारत में न पुरुष के जननांग इतने बड़े थे कि शरीर के बाहर एक अवयव के रूप में दिखायी दें, न स्त्रियों के जननांग खुले हुए द्वार की तरह दिखायी देते थे। नवभारत के लोगों की नाभि लगभग दिखायी नहीं देती थी। स्त्रियों के स्तन पुरुषों की छाती से भिन्न नहीं लगता था। सपाट सीना और सपाट पेडू दोनों समतल भूमि की तरह दिखायी देते थे। उनकी तुलना में यहाँ की स्त्रियाँ पुरुषों से कितनी भिन्न लगती थीं! उन लोगों की त्वचा में भी बहुत अंतर था, जबकि नवभारत में त्वचा में उम्र के कारण बहुत अंतर नहीं होता था। वृद्धा और वृद्ध के चेहरे पर झुर्रियाँ थीं और शरीर की त्वचा सूखी धरती

की तरह लगती थी। लड़की की त्वचा में ताज़गी थी, अजीब चिकनाहट थी, मानो गीली मिट्टी से बनायी गयी मूर्ति हो। उसने अनुमान किया कि वह लड़की होगी करीब 50-60 साल की। बूढ़ा करीब 160 साल का होगा और उस वृद्धा की उम्र 200 के आसपास पहुँच रही होगी। क्या ये लोग वृद्धों को भी 'सुला' देते होंगे। लेकिन करते होंगे, तो किस तरह?

उसने आसपास की चीज़ों और व्यवस्था को भी देखा। उन लोगों ने भूमि के कुछ ऊँचे स्थानों पर घास -फूस डाल रखा था। उसी पर कुछ छोटे बच्चे सोये हुए थे। चारों तरफ़ कई अजीब-अजीब चीज़ें थीं, और वह समझ नहीं पाया कि उन चीज़ों का क्या काम है? कई तरह के जानवरों की खालें, कई तरह के सींग, भिन्न-भिन्न आकार के रंग-रंगीन पत्थर, मनकाएँ, सीप, शंख आदि वस्तुएँ। कुछ वस्तुएँ उसे पहचानी-सी लगीं। लाठियाँ, भाले, जिनके सिरे पर नुकीले पत्थर बँधे हुए थे, तलवार के आकार वाले पत्थर आदि। ये हथियार होंगे, जो शिकार के काम आते होंगे। उसने थोड़ी ही देर पहले लोगों को इन हथियारों से जानवर पर वार करते हुए देखा था।

इसी बीच एक लड़का अंदर आया। वह शायद उन लोगों में एक था, जो शिकार कर रहे थे। वह और वृद्ध दोनों बारी-बारी बोलते गये। बीच-बीच में और लोग भी कोई बात कहते और फिर हर व्यक्ति एक दूसरे का प्रतिवाद करता। बोलते समय वे लोग शरीर के अंगों का बराबर इस्तेमाल करते। कभी सिर हिलाते, कभी दोनों हाथों को बोलते हुए हिलाते। कभी कोई औरत बोलते हुए उछल-उछलकर आगे-पीछे जाती, कभी बूढ़ा दूसरों की बात सुनते हुए सिर हिलाता और हाँ-हूँ करता जाता। 35 के लिए सबसे अधिक रोचक बात यह थी कि हर व्यक्ति के हर कथन में बोलने का स्पष्ट उतार-चढ़ाव था। उस का अपना ही माधुर्य था, मानो लोग गायन जैसी स्वर लहरियाँ पैदा कर रहे हों। नवभारत की भाषा बिल्कुल सपाट थी, संगणक और आदमियों की भाषा में कोई अंतर न था। जब 15-20 मिनट में बात ख़त्म हुई, तो एक औरत ने उसे माला जैसी वस्तु उठाकर दी और लड़का उसे लेकर बाहर चला गया। 35 सोचने लगा कि इसी निर्णय के लिए ये सब इतनी देर बातें करते रहे? नवभाषा में दो-चार शब्दों में यह बात हो जाती और कार्य संपन्न हो जाता। जब वह लड़का चला गया, तो वृद्ध ने 'कोमागोया' कहा। 35 समझ नहीं पाया कि बात क्या है। वृद्ध ने उसे अपनी तरफ़ आने का संकेत किया, तो 35 समझ गया कि उस समाज में उसका नाम 'कोमागोया' है। उसे लगा कि जल्दी ही उसे उन लोगों की भाषा सीखनी पड़ेगी, अन्यथा वह उन लोगों के साथ रह नहीं पाएगा। दोनों नीचे घास पर बैठ गये। वृद्ध ने उस बालक को अपनी ओर खींचा। बालक के शरीर के अंगों की तरलता से 35 ने समझा

कि वह छोटा बच्चा है, करीब 25-30 साल का हो। वृद्ध ने हाथ अपनी छाती की ओर ले जाकर फिर लड़के की ओर इशारा करते हुए 'बाबायू' कहा, तो 35 समझ गया कि वह वृद्ध का बेटा है और उसका नाम बाबायू है। उसने भी 'बाबायू' कहा, तो वह लड़का मुस्कराकर उसकी ओर देखने लगा। फिर उसने उस लड़की का हाथ अपने हाथ में लेकर तामतामी कहा, तो 35 उसकी ओर देखने लगा। लड़की ने मुस्कराकर उसकी ओर देखा, 35 के मुकाबले उसके दाँत बड़े थे, शायद कुछ काले भी थे। उसने मनकाओं की माला पहन रखी थी और हाथों और पैरों पर भी शंख आदि के बने कुछ आभूषण थे। सभी लोगों के शरीर पर इसी तरह के शृंगार के कई उपादारन थे। उन आभूषणों का काम तन ढकना नहीं था, सिर्फ सजावट ही उनका उद्देश्य हो सकता था। वृद्ध के कहने पर लड़का अंदर से कुछ चीज़ें ले आया और बूढ़े ने उसके हाथ से वे चीज़ें लेकर उसे पकड़ायीं। 35 ने बूढ़े के हाथ से वे चीज़ें ले लीं और किंकर्त्तव्यमूढ़-सा उसकी ओर देखने लगा। एक चीज़ शायद मांस का टुकड़ा थी, क्योंकि वह हाथों में चिपचिपा लग रही थी। दूसरी चीज़ें फल लगीं, क्योंकि वे स्पर्श में नरम और आकार में सुघड़ थीं। वृद्ध ने हाथ से मुँह की तरफ़ इशारा करते हुए कुछ शब्द कहे। शायद वह उसे खाने के लिए कह रहा है। ऐसी चीज़ें खायी भी जा सकती हैं, इस विचार से ही उसे रोमांच होने लगा। उसने मांस वाले हाथ की उँगली मुँह में रखी तो कुछ विचित्र-सा स्वाद लगा। फिर उसने एक गोल, गूदेदार फल को मुँह में रखकर दाँतों से दबाया, तो कुछ रस निकला। कुछ अजीब, सुखद स्वाद था। फिर उसने वे सारी चीज़ें परे हटा दीं, तो उन लोगों को विस्मय होने लगा। क्या कोई व्यक्ति इतनी अच्छी चीज़ें खाने से इनकार कर सकता है? बच्चे ने झपटकर वे चीज़ें ले लीं और पलभर में उन्हें खा गया। खाते समय उसके चेहरे पर प्रकट आनंद की भावना और खाने के बाद उसकी आँखों में व्यक्त तृप्ति की भावना 35 को अविस्मरणीय लगी।

25

35 को वहाँ रहते कई दिन बीत गये। इस बीच उसने गोराम की (जो उन लोगों के लिए उन्हीं लोगों की भाषा का शब्द है और जिसका अर्थ है श्रेष्ठ तथा सभ्य लोग) सभ्यता और जीवन व्यवस्था के बारे में बहुत कुछ सीखा। यद्यपि वह उन लोगों की बहुत-सी बातों के बारे में अधिक जानता नहीं था, फिर भी उनके रहन-सहन, आचार-विचार और रीति-रिवाज से परिचित होने लगा। उसने अनुभव किया कि वह उनकी संस्कृति को तभी अच्छी तरह जान सकेगा, जब वह उनकी भाषा सीखे। और

बिना भाषा सीखे, वह उनके साथ व्यवहार भी नहीं रख सकता था। वह वृद्ध के लड़के बाबायू के साथ बात करते-करते भाषा सीखने लगा था। उसे भाषा सीखने में विशेष सहायता तामतामी से मिली क्योंकि वह हर वक्त उसी के साथ रहती थी और उसके साथ बात करने में विशेष आनंद लेती थी। गोराम भाषा सीखते हुए उसने जाना कि उनकी भाषा में 'कोमागोया' का अर्थ है 'आदमी सिकुड़ा', अर्थात् 'छोटा आदमी'। उसके छोटे कद को लक्षित करते हुए उन लोगों ने उसे यह नाम दिया था। तामतामी का अर्थ है 'लड़की सुंदर'। उसे ताज्जुब हुआ कि सब लोगों के नाम का भी कोई न कोई अर्थ था।

उसने लक्षित किया कि उनकी भाषा और नवभाषा में कई बातों में अंतर था। वृद्ध उस समाज का मुखिया था और उसके नाम का भी अर्थ था 'आदमी महान'। महान आदमी,सुंदर लड़की, प्यारा बच्चा आदि नाम मुखिया के घरवालों के थे जबकि समाज के अन्य वर्गों में 'काला आदमी', 'कूड़ा लड़का' आदि नाम प्रचलित थे। उन लोगों में ऐसे नाम नहीं हो सकते थे, जो महान, बड़ा आदि अर्थ देते हों। मुखिया या उसके घर के लोग अपने लिए (मैं के लिए) अलग शब्द का इस्तेमाल करते थे और औरतें अलग शब्द का। शुरू-शुरू में वह इन प्रयोगों के अंतर को समझ नहीं पाया था। शब्दों के प्रयोग में अंतर उसे बहुत अटपटे लगे, क्योंकि नवभाषा में शब्द कम थे, शब्दों के रूप कम बनते थे। लेकिन सबसे बड़ा अंतर यह था कि जो बात नवभाषा में 4-5 शब्दों में व्यक्त हो जाती थी, उसके लिए गोराम भाषा लोग पचासों शब्द बोलते थे। संभवत कंप्यूटर के प्रयोग के कारण नवभाषा गणित के सूत्रों की तरह चुस्त और संक्षिप्त बन गयी थी।

उनका समुदाय एक विशाल मैदान के चारों ओर गुफ़ाओं में बसा हुआ था। सबसे बड़ी गुफ़ा मुखिया और उसके परिवार वालों की थी। मुखिया की अलग-अलग उम्र की कई पत्नियाँ थीं। लेकिन अन्य परिवारों में ज़्यादातर आदमी, एक और और उनके बच्चे रहते थे। आम तौर पर हर परिवार एक अलग गुफ़ा में रहता था। लेकिन स्त्री-पुरुष जब चाहे अलग हो जाते थे और दूसरे आदमी या औरत के साथ रहने लगते थे। जब स्त्री-पुरुष में झगड़ा हो जाता, तो आदमी अपनी गुफ़ा छोड़ जाता और किसी दूसरी औरत की गुफ़ा में रहने चला जाता। ऐसे अवसरों पर उस आदमी और दूसरी और के पति में लड़ाई हो जाती। छोटी-मोटी लड़ाई के बाद किसी एक आदमी को हार माननी पड़ती और वह नयी व्यवस्था की तलाश में अन्यत्र चला जाता। कभी-कभी लड़ाई इतनी उग्र हो जाती मरने-मारने की नौबत आ जाती,और लोग भी लड़ाई में शामिल हो जाते और लड़ते-लड़ते कुछ निर्णय की कोशिश करते। ऐसी स्थिति में मुखिया को भी निपटारे के लिए आना पड़ता।

एक दिन 35 ने ऐसी किसी लड़ाई का दृश्य देखा। एक नवयौवना थी, जो देखने में बहुत आकर्षक लगती थी। उसने किसी युवक को अपने साथ रहने कां आमंत्रण

दिया था और अपने पुराने आदमी से घर निकल जाने का आग्रह किया। उसने मना कर दिया और लड़ाई शुरू हो गई। दोनों ही आदमी टक्कर के थे और उग्र रूप से लड़ने लगे थे। पहले और लोगों ने बीच-बचाव करना चाहा, लेकिन वे सब स्वयं लड़ाई में शामिल हो गये। चारों ओर कोहराम मचा हुआ था। बड़ों की चीख़-पुकार के कारण बच्चे भी रोने और चिल्लाने लगे। स्थिति काबू से बाहर होते देखकर मुखिया उनके बीच आया। उसने लोगों का नाम ले-लेकर उन्हें शांत करना चाहा। लेकिन भावावेश में डूबे हुए लोग कहाँ से उसकी बात सुनते! तब मुखिया ने गुस्से में आकर ज़ोर से चीख़ा। फिर तेज़ी से कुछ बोलते हुए नाचना शुरू किया। सब लोग स्तंभित होकर शांत हो गए। मुखिया नाचते हुए होठों से कुछ बुदबुदाता, फिर हाथ उठाकर आसमान की ओर देखता। कुछ देर बाद उसने गरजकर कुछ कहा तो सब लोग तितर-बितर हो गये।

बाद में ही उसे मालूम हुआ कि मुखिया ने आदेश दिया था कि नवयौवना जिसके साथ रहना चाहे, रह सकती थी। लोगों ने उसकी बात मानी ली थी। 35 ने यह समझ लिया था कि मुखिया जो कहता था, उसे सबको मानना पड़ता था। कोई उसकी बात टाल नहीं सकता था। लोग उसे महाशक्ति का अवतार मानते थे और उसकी बात महाशक्ति का हुक्म मानी जाती थी। मुखिया उसी महाशक्ति को लक्षित कर आसमान की तरफ़ देखता था और मंत्र शब्द बोलकर उससे बात करता था। महाशक्ति सृष्टि का आधार है। वह ऊपर के लोक में बादलों के बीच विराजती है। जब वह ख़ुश होती है, तो पेड़ों में फूल खिलते हैं और नाराज़ होती है, तो आसमान से आग बरसती है या पत्थर गिरते हैं। बिजली की कौंध उसकी दृष्टि है, बादलों की गड़गड़ाहट उसकी आवाज़ है। वही सूर्य, चाँद और तारों को आसमान में इधर-उधर सरकाती रहती है। बारिश उसका दूध है, जो वह अपने बच्चों को पिलाती है। जब लोगों से नाराज़ होती हैं, तो ऊपर से रोगों को भेजती है और मनुष्यों और प्राणियों को समाप्त कर देती है। लोग उसके मान में नाच-गान करते हैं या उसे अपनी कोई बहुमूल्य वस्तु या अपना ख़ून भेंट करते हैं, तो ख़ुश हो जाती है। फिर भी आदमियों से कभी न कभी, कुछ न कुछ गलती हो ही जाया करती है। ऐसे लोगों को महाशक्ति के क्रोध से मुखिया ही बचा सकता है, क्योंकि वह उसकी भाषा जानता है और उससे बात कर सकता है।

जब लड़की की योनि से सबसे पहले ख़ून निकलता है, तो लोग कहते हैं कि उसमें महाशक्ति आ गयी है। तब मुखिया महाशक्ति को उस ख़ून की भेंट चढ़ाता है। फिर महाशक्ति को संतुष्ट करने का भी उसी का पहला अधिकार है। अर्थात लड़की के रजस्वला होने के बाद एक उचित अवसर पर मुखिया उस लड़की से पहली बार संभोग

करता था। मुखिया से पहले कोई उस लड़की से संभोग करे, तो लोग उसे मार डालते थे। इसीलिए यह ज़रूरी था कि लोग इस पहले संभोग का दृश्य देखें। 35 ने ऐसा ही एक दृश्य देखा था। 15-16 साल की एक लड़की ज़मीन पर लिटायी गयी थी। वह पूर्ण रूप से निर्वसना थी, लेकिन उसे ख़ूब सजाया गया था। बालों में रंग-रंगीन फूल खुँसे हुए थे, चमकीली गीली रेत लगी थी। पैरों में किसी लाल रंग की मिट्टी का लेपन किया गया था, जिससे पैर देखने में सुंदर लगते थे। गले में शंख-सीपियों की एक माला थी, जैसी 35 ने पहले दिन मुखिया के घर में देखी थी। उसके चेहरे पर आशंका और आकांक्षा का मिश्रित भाव था। चारों ओर इकट्ठे लोगों में ख़ुशी का माहौल था। लोग नाच-गा रहे थे, खेल-कूद रहे थे। मुखिया अपनी गुफ़ा से निकला, तो लोगों में शांति छा गयी। सब उस लड़की के चारों तरफ़ घेरे में खड़े हो गये। वह लड़की के चारों तरफ़ चक्कर लगाता हुआ कुछ बुदबुदाता, कभी ऊपर हाथ उठाते हुए आसमान की ओर देखता, कभी उस लड़की के शरीर पर हाथ फेरता और कभी नृत्य की मुद्रा में उछल-कूद करता। मुखिया होठों से जो बुदबुदाता था, उसे गोराम महा शक्ति का मंत्र कहते थे और वे भी मंत्र की भाषा नहीं समझते थे। इसी तरह का मंत्र बोलते हुए उसने लड़की की योनि को सहलाया, फिर उसने योनि से मुँह लगाकर उसके स्तनों को भींचा। इन्हीं हरकतों के बीच वह लड़की से संभोग की भी कोशिश करता, लेकिन उत्तेजना के अभाव में वह कुछ कर नहीं पाया। बुढ़ापे के कारण उसके लिए संभव नहीं था कि वह संभोग से योनि पटल को तोड़ पाता। इसलिए अंततः हार मानकर उसने अपनी उँगलियों से ही लड़की के योनि पटल को तोड़ा। इस तीव्र आघात के कारण वह चीख़ उठी। उसकी माँ उसके सिरहाने आकर उसे तसल्ली देने लगी। इकट्ठे हुए सारे पुरुष उसके पास आते और सरझुकाकरआगे बढ़ जाते। सारे लोग ऊपर आसमान की तरफ़ हाथ उठाकर देखते मानो दुआ माँग रहे हों।

35 उन लोगों के कल्पना जगत और वास्तविक जगत के अंतर को जानता था। वह जानता था कि ऊपर आसमान में कोई महाशक्ति नहीं थी। जो भी था प्रकृति का रूप था–अंतरिक्ष था, तारे थे, ग्रह थे और वायु मंडल था। अगर कोई शक्ति होती, तो क्या उसका वास वायु मंडल तक ही में सीमित होता? लेकिन आदिम मनुष्य अंतरिक्ष और वायु मंडल में भी अंतर नहीं कर पाता था। उसके लिए सूरज,चाँद, तारे और बिजली सब समान दूरी पर थे। शक्ति बाहर कहीं नहीं थी, असली शक्ति तो मुखिया ही था। लेकिन भोला-भाला मुखिया – उसने थोड़े ही इन बातों की कल्पना की होगी। पता नहीं कब से यह विश्वास उन लोगों में चला आ रहा होगा। पहले के मुखियाओं ने उसे यह परंपरा सौंपी होगी। और उनको .....? शायद कभी किसी एक व्यक्ति ने

योजना बनाकर ऐसा कुछ शुरू न किया हो। शायद सभी लोगों ने अपने आप ही उस शक्ति के बारे में सोचा हो और उससे संपर्क करने के लिए एक मुखिया को चुना हो। लेकिन इसमें कोई शक नहीं था कि मुखिया इससे बहुत महत्वपूर्ण व्यक्ति बन गया था। बिना उसके कहे लोग शिकार करने भी नहीं जा सकते थे। उसे घर बैठे शिकार का हिस्सा मिल जाता था, जबकि बाकी सब लोग अपने-अपने हिस्से के लिए लड़ते थे। जब भी थोड़ी लड़ाई-झगड़े की बात होती और फिर सबको हिस्सा मिल जाता, मुखिया चिंता नहीं करता था। लेकिन घोर युद्ध छिड़ जाए तो मुखिया ही मंत्र शक्ति से उसे रोक सकता था। यही बात औरतों के मामले में थी। माना जाता था कि महाशक्ति के दूत के रूप में सारी औरतें मुखिया की संपत्ति हैं। इसलिए झगड़ों के मामलों में मुखिया ही निर्णय करता था कि कौन औरत किस आदमी के पास रहेगी। और जो औरत मुखिया को पसंद आ जाती थी, उसे और कोई प्राप्त नहीं कर सकता था। इस कारण आराम की ज़िंदगी पाने के लिए सभी और मनपसंद औरतें पाने के लिए सारे लोग मुखिया को ख़ुश रखने का यत्न करते रहते थे। वे मुखिया के क्रोध से भी डरते थे। मुखिया के तीव्र रोष का परिणाम अक्सर मौत ही होता था। उस सभ्यता में मौत से बचने का कोई और उपाय न था। उस समाज के संगठन में मौत सबसे बड़ा सत्य था।

मुखिया की अपनी ख़ास पसंद की एक औरत उसके साथ थी। उसकी गुफ़ा में जो कई औरतें थीं, उन सबसे वह उसे अधिक पसंद करता था। उसका एक लड़का था जो अभी मुखिया न होते हुए भी मुखिया जैसा ही व्यवहार करता था। जिसे चाहता पीट देता और जिसकी चीज़ पसंद आ जाती उसे छीन लेता। यहाँ तक कि मुखिया की और औरतों के जो लड़के थे उन पर भी वह हुकूमत चलाता था। लोग उसके व्यवहार से डरते थे, लेकिन मन ही मन उससे नफ़रत भी करते थे। लेकिन उस नफ़रत का क्या फ़ायदा, जिसे प्रकट करना भी उनके लिए संभव न था? लोग जानते थे कि मुखिया के महाशक्ति के पास पहुँच जाने पर वही लड़का अगला मुखिया बनेगा। इसलिए उसके प्रति लोगों के मन में कहीं भय तो कहीं सेवा भाव, कहीं नफ़रत तो कहीं दिखावे का आदर भाव विद्यमान थे। शिकार में उसे बिन माँगे खास हिस्सा मिल जाता। उसकी शरारत पर लोग उफ़ न करते। वह जो लड़की चाहता, लोग निर्विरोध उसे सौंप देते। वह किसी पर नाराज़ होता तो उस व्यक्ति की जान सूख जाती। वह लड़का देखने में या व्यवहार में बहुत बली न था। वास्तव में उसका बल महाशक्ति का ही बल था जो समाज ने उसे सौंप रखा था।

उस समाज में 35 देखने में सबसे छोटा था, उनके छोटे लड़कों से भी छोटा। लोगों को उसके लघु आकार के कारण उससे डर न था, लेकिन वे उससे हमेशा दूर ही रहते थे। एक ओर वह मुखिया के ख़ास आदमियों में गिना जाता था, क्योंकि वह हमेशा मुखिया के या तामतामी के पास रहता था। लेकिन इससे ज़्यादा उन्हें उसके तौर-तरीक उतने ही विचित्र लगे, जितने महाशक्ति के कारनामे। वह उस समाज में अचानक आ प्रकट हुआ जैसे प्रकृति की कोई अनबूझ घटना हो। वह कहाँ से आया, किस दुनिया का है और उसकी अपनी असली शक्ति क्या है, इसके बारे में लोगों को कोई जानकारी नहीं थी। उसके बारे में लोग अटकलें ज़रूर लगाते थे, लेकिन समझ कुछ नहीं पाये। छोटे आकार के बावजूद उसकी शक्ति भी लोगों को आश्चर्यजनक लगी।

एक बार की बात है। लोग एक जंगली भैंसे के शिकार के लिए गये। कुतूहलवश वह भी शिकार का दृश्य देखने गया। लोगों के हाथ में भाले-बल्लभ आदि हथियार थे। ज़्यादातर हथियार लकड़ी के थे, जिनकी नोक पर उन्होंने जंगली बेलों से नुकीले पत्थर आदि बाँधकर तैयार किये थे। एकाध व्यक्ति के पास ऐसा भी भाला था, जिसमें कोई नुकीला धातु का टुकड़ा लगा हुआ था। आम तौर पर शिकार के समय वे उस जानवर को घेर लेते थे और जब-जब वह लोगों की तरफ़ सींग उठाकर आता, लोग नुकीले हथियारों से उस पर वार करते। वार सहकर वह वहीं लुढ़क जाता, फिर धीरे से उठकर दूसरी तरफ़ भागने की कोशिश करता। आम तौर पर शिकार का यह दृश्य काफ़ी देर तक चलता और लोग अपने को बचाकर जानवर पर वार करते जाते। लेकिन उस दिन वाला जानवर बहुत ख़ूँख़ार था और जल्दी काबू में आने वाला न था। थोड़ी देर में ही पता चला कि वह आघात सहकर भी आक्रामक मुद्रा में है और अंधाधुंध लोगों की भीड़ पर आक्रमण करता है। इससे एकाध व्यक्ति नीचे गिर पड़े और घायल हो गये। लोगों में खलबली मच गयी। 35 ने स्थिति को काबू से बाहर होते देखी तो उसे लगा कि कुछ उपाय किया जाना चाहिए। वह भीड़ को चीरते हुए आगे गया और झपटकर काले भैंसे को निशाना बनाकर अपनी पिस्तौल चलायी। क्षण भर में भैंसा नीचे लुढ़क गया, तो लोग यह दृश्य देखकर सकते में आ गये। उन्हें अब भैंसे से ज़्यादा उससे डर लगने लगा था। लोगों की जिज्ञासा शांत करने के लिए उसने पिस्तौल दिखाना चाहा तो लोगों ने उस पर नज़र भी नहीं डाली। उसने उन लोगों को यह समझाया कि उसके हाथ में भी उनके भाले की ही तरह एक हथियार है और उसने भी अपने हथियार से ही भैंसे को मारा है। उसके लाख समझाने के बावजूद उन लोगों ने उस भैंसे को नहीं छुआ और उसे अपने साथ ले जाने से इनकार कर दिया। ऐसी ही घटनाओं के कारण उस समाज में उसके प्रति भय और आदर की भावना पैदा हो गयी। अन्यथा उसके

छोटे आकार के कारण उसे हमेशा लोगों की शरारतों का शिकार बनना पड़ जाता और वहाँ बने रहना उसके लिए मुश्किल हो जाता।

वह रोज़ रात को सोने के लिए अपने यान में चला जाता था, क्योंकि वह बाहर की सर्दी-गर्मी या मच्छरों और अन्य कीड़ों के आक्रमण से अपने को बचा नहीं सकता था। शुरू में लागों को यह मालूम नहीं हुआ कि वह इस प्रकार के किसी यान में सोने के लिए जाता है। लोग सोचते थे कि उन लोगों की तरह उसकी भी अपनी एक गुफ़ा है, जहाँ वह रहता है। एक दिन वह तामतामी और बाबायू को यान दिखाने के लिए अपने साथ गुफ़ा में ले गया था। उन लोगों को अपने ऊपर विश्वास भी नहीं हुआ, क्योंकि उन्होंने अपने जीवन में कभी कोई यांत्रिक साधन नहीं देखा था। यान तो क्या, उनके पास कोई घरेलू उपकरण भी नहीं था, जिसे वे अपनी मेहनत से बनाते हों। सुसज्जित यान को देखकर उन्हें अति आश्चर्य हुआ तो उन लोगों ने समाज के और लोगों को भी उस यान के रहस्य की बात बता दी। इसके बाद कई लोग उसके साथ यान को देखने गये। सब कुतूहल से उसे चारों तरफ़ घूम-घूमकर देखते, स्पर्श करते, उसके अंदर झाँक़कर देखने की कोशिश करते और कुछ न समझने वाली मुद्रा में दूर खड़े हो जाते। एक बार वृद्ध मुखिया ने भी उसके साथ जाकर यान को देखा। वह दरवाज़ा खोलकर उसके अंदर गया और सीट पर बैठकर यान के पटल की चीज़ों को छू-छूकर देखा। फिर भी वह उस यान के कार्य के बारे में कुछ समझ नहीं पाया। उसने यान के संदर्भ में मुखिया से कहा कि वह चिड़ियों की तरह ऊपर उड़ता है, तो उसे लगा कि यान में चिड़ियाँ बैठती हैं और यहीं से उड़कर ऊपर जाती हैं। लेकिन मुखिया को अंदर घोंसले दिखाई नहीं पड़े और वह बहुत निराश हुआ। बाद में 35 ने लोगों को यह समझाना भी उचित नहीं समझा कि वह यान ख़ुद ही आसमान में उड़ता है, क्योंकि वह इसे महाशक्ति का घर समझ जाते और फिर उसके लिए कोई नयी मुसीबत पैदा हो जाती।

उन्हें यह बहुत विस्मयकारी लगा कि वह यान और वह आदमी दोनों वहाँ कैसे आ प्रकट हुए। उन्होंने अपनी आयु में कोई यान कभी नहीं देखा था, क्योंकि चारों देशों के यानों की यात्रा के रास्ते में वह स्थान नहीं आता था। कभी आता भी तो शायद यान आसमान में इतना ऊपर होता कि वे उसे देख भी न पाते। लेकिन कोई शक्ति तो थी जिसकी वजह से वह यान के साथ वहाँ पहुँचा था। महाशक्ति के अलावा वे लोग ऐसी कोई शक्ति नहीं जानते थे और किसी बाह्य व्यक्ति के साथ महाशक्ति का संबंध उनके लिए अकल्पनीय था। उनके अनुसार महाशक्ति ने केवल उन्हीं लोगों की सृष्टि की थी और वे ही महाशक्ति के अपने लोग थे। फिर भी वह व्यक्ति कहीं शक्तियुक्त था, आम आदमी से कहीं कुछ ऊँचा था। बाद की बातों में उसे ज्ञात हुआ था कि वे लोग उसे

ऐसे देश का व्यक्ति मानते हैं, जहाँ ऐसी ही दूसरी महाशक्ति होगी। वह देश पृथ्वी के बाहर किसी अंतरिक्ष द्वीप में होगा। उन लोगों ने यह भी विश्वास किया था कि 35 उन अंतरिक्ष द्वीप का मुखिया होगा, वहाँ की महाशक्ति ने ही यह सब हथियार देकर उसे यहाँ पृथ्वी के बारे में जानने के लिए भेजा होगा। उन लोगों की इस धारणा के कारण उन लोगों के बीच उसका सम्मान बढ़ गया था।

लोगों की अपेक्षा प्रकृति का सामना करना उसके लिए कठिन कार्य था। सर्दी, गर्मी की अधिकता उसके लिए असह्य थी। दिन--रात कोई न कोई कीड़ा उसे काट लेता तो उसे घंटों परेशानी होती। बारिश के दिनों में ठंडी हवा चलती तो उसके लिए सुखद अनुभूति होती। बारिश का अनुभव भी उसके लिए नया था। यद्यपि उसने नवभारत में गुंबद के ऊपर पानी गिरने की बात देखी थी, अपने ऊपर गिरती पानी की बूंदों का अनुभव उसके लिए रोमांचकारी था। जब तूफ़ान आता या तेज़ वर्षा होती तो वह उसे सह न पाता और अपने यान में चला जाता। लेकिन सामान्य रूप से प्रकृति के बदलते हुए रंग के कारण उसे सुख का अनुभव होता था। हरी-हरी घास, रंग-बिरंगे फूल-पत्तों से छन-छनकर आती हुई धूप उसके मन में सौंदर्य की अनुभूति जगाते। उसने अपने जीवन में पहले कभी प्रकृति का सामना नहीं किया था। उसके देश में न गर्मी थी न सर्दी, न आँधी थी न तूफ़ान और प्रकृति की छटा का तो वहाँ नाम भी नहीं था। बिना पेड़-पौधे की धरती और भूरे रंग के मकानों की कतार; उसमें आँखों को अच्छा लगे, ऐसा कुछ कभी देखा नहीं था। आदिम समाज में लोग प्रकृति के अत्यंत निकट थे। यह कह सकते हैं कि उनका सारा जीवन ही प्रकृति से मेल खाता था। उसने लोगों से प्रकृति के बारे में कई बातें मालूम कीं, कई नयी बातें सीखीं। उन लोगों का प्राकृतिक घटनाओं के बारे में बहुत गहरा ज्ञान था। वे अक्सर ठीक बता देते थे कि अमुक वक्त वर्षा होगी या तेज़ हवा चलेगी। ज़मीन के अंदर किस जगह कौन-सा कंद है, यह भी उन्हें मालूम पड़ जाता था। वे हवा सूँघकर बता देते थे कि अमुक दिशा में अमुक दूरी पर अमुक जानवर है। पत्ता सूँघकर बता देते थे कि वह खाने योग्य है या नहीं। इन सब बातों में 35 के अज्ञान को वे सहज मानते। उनकी धारणा थी कि महाशक्ति की सृष्टि में सबसे उन्नत उनकी कौम है और बाकी सब कौमें किन्हीं बातों में उनसे कम हैं। अतः 35 के ज्ञान की कमी उन्हें स्वाभाविक लगती थी और वे उसे हमेशा सिखाने के लिए तत्पर रहते थे।

उन लोगों का रहन-सहन भी पृथ्वी से मेल खाता था। वे लोग वही खाते थे जो अलग-अलग मौसमों में पेड़-पौधों से मिलते थे। इस तरह उन्हें यह ज्ञान था कि किस समय कौन-सा फल या फूल पेड़ों पर लग सकता है। वे पेड़-पौधों से फूल-पत्ते तोड़कर

खाते थे। उनके जीवन का तरीका भी प्रकृति के चक्र से जुड़ा हुआ था। उनके जीवन में ख़ुशियों का मौसम आता था, तो वे नाचते गाते थे और दुखों का समय वह था जब लोग बीमारी के शिकार हो जाते थे। बीमारी से बचने के लिए भी उन्होंने तरीके ढूँढ निकाले थे। जड़ी-बूटियों के उपयोग से वे बीमारियाँ कम करते और ख़ुशियों के मौके पर सब मिलकर गाते-बजाते। नवभारत में इस प्रकार न कोई मौसम था न कोई मौसम से जुड़ी हुई भावना थी। लोग ऐसे जीते थे जैसे अनंत शून्य में डूबते--उतराते हों। लेकिन आदिम समाज के लोग प्रकृति और उसके प्रकोप से बचते हुए अपने जीवन का यापन करते थे। इसी कारण उनके जीवन में भी उसी प्रकार के भावात्मक परिवर्तन आते थे, जैसे प्रकृति में आता था।

27

उस समाज में रहते हुए 35 ने अनुभव किया कि उसे भी उन लोगों की तरह प्रकृति के परिवर्तन के अनुसार जीना चाहिए। वह भी तो मनुष्य है! क्या वह प्रकृति के अनुरूप जीना सीख नहीं सकता है? 35 ने वहाँ रहते सहज मानवीय जीवन जीने का यत्न भी किया। वह चाहता था कि वह भी अन्य लोगों की तरह पेड़-पौधों से मिलने वाली चीज़ें खाए। लेकिन उससे कोई ठोस चीज़ खाते नहीं बनती थी। वह कोई ठोस चीज़ खाने से कतराता था, क्योंकि वह आदिम मनुष्यों की तरह मल विसर्जन नहीं करता था। उसने सोचा कि वह शायद फलों का रस ग्रहण कर सकता है, क्योंकि इससे उसके सिकुड़े हुए पाचन तंत्र पर अधिक प्रभाव नहीं पड़ेगा। उसने फलों का रस चखना शुरू किया, फलों का खट्टा-मीठा स्वाद उसे अच्छा लगता था। हर फल का अपना अलग स्वाद, उसकी अपनी अलग ख़ुशबू! यह नया इन्द्रिय बोध उसे रोचक लगा, लेकिन वह भोजन के तौर पर कुछ खा नहीं पाया, स्वाद जानने के अतिरिक्त वह आगे नहीं बढ़ पाया।

प्रकृति के प्रभाव के कारण उसे जब-तब कोई परेशानी हो जाती थी। कुछ खाता नहीं था इसलिए पेट की बीमारी होती नहीं थी, लेकिन गर्मी के कारण उसे कभी-कभी पानी की आवश्यकता महसूस होती थी। गर्मी के कारण उसे पसीना भी आता था और पानी पीने की भी इच्छा होती थी। लेकिन पानी पीते ही उसे पेट में बेचैनी-सी महसूस होती थी। इस कारण उसने पानी पीना छोड़ दिया और उसकी जगह सिर्फ़ फलों का रस चख लेता था। उसे लगता था कि वह खाएगा तो बीमार पड़ेगा और उस आदिम

समाज में इलाज मुश्किल होगा। न खाएगा तो उस समाज में ज़्यादा दिन गुज़ारा भी नहीं कर पाएगा, क्योंकि उसके पास ख़ुराक की गोलियाँ कम होती जा रही थीं। साथ ही संगणक नियंत्रण के अभाव में वह सही ख़ुराक भी नहीं ले पाता था और उसकी परेशानी बढ़ जाती थी। वह यहाँ रहते रोगग्रस्त नहीं होना चाहता था।

उस समाज में रोग आम बात थी। खास कर किसी को गहरी चोट लग जाए तो उसके बचने के आसार कम ही नज़र आते थे। घाव पक जाता और रोगी मर जाता, लोग दुखी हो जाते और मरे हुए व्यक्ति को दूर जंगल में छोड़ आते। महाशक्ति के कोप निवारण के लिए मुखिया मंत्र बोलते हुए नाच करता, इससे अधिक वह कर ही क्या सकता था? उसके अनुसार मौत महाशक्ति के दंड का विधान था और वह जिन लोगों से अधिक नाराज हो जाती थी उन्हें मौत देकर अपने पास बुला लेती। जो लोग कम बीमार होते थे उनका इलाज़ मुखिया ही करता। मुखिया को ऐसी कुछ जड़ी-बूटियों का ज्ञान था जिनके प्रयोग से रोग का उपचार हो सकता था। ऐसे समय में वह मंत्र जाप करता जाता और महाशक्ति के कोप से बचने के लिए उसे शांत करने का यत्न करता। महाशक्ति के लिए ऐसे अवसरों पर ख़ून की भेंट दी जाती थी। किसी व्यक्ति के शरीर में ताप बढ़ जाए तो ताप उतारने के लिए वह रोगी की जाँघ में चीरा डालता और महाशक्ति को रोगी का ख़ून भेंट करता। लोग यह मानते थे कि महाशक्ति जिसका ख़ून स्वीकार कर ले उसका ताप उतर जाता था और स्वीकार न किये जाने की स्थति में रोगी मर जाता था।

एक दिन एक बच्चे को जंगली कुत्ते के काटने के कारण घाव हो गया था। मुखिया ने जड़ी-बूटियों से उसका इलाज किया। मुखिया ने कहा था कि जंगली कुत्ता महाशक्ति का वाहन है। इसका मतलब यही है कि महाशक्ति बच्चे से किसी बात पर रुष्ट है। हो सकता है कि उसने या उसके घर में किसी ने महाशक्ति को अपने किसी कृत्य से नाराज़ कर दिया हो। महाशक्ति के अधिकार को न मानना ही महाशक्ति का सबसे बड़ा अपमान है। मुखिया ने कह दिया कि बच्चा अब बच नहीं पाएगा। उसकी माँ बहुत दुखी हुई। उसने कुछ दिन बिना खाए बच्चे की देख-भाल की। हर वक्त उसके चेहरे पर दुख छाया रहता था और आँखों से आँसू निकलते रहते थे। रह-रहकर वह महाशक्ति से दया की भीख माँगती थी और अपने बच्चे को बचाने की प्रार्थना करती थी। वह हर पल अपने बच्चे को मरते देख रही थी। और लोग भी उसके दुख में सहभागी बनकर उसके पास आते और उसे तसल्ली देने की कोशिश करते। शायद माँ की यातना दूर करने के लिए ही बच्चे ने एक दिन दम तोड़ दिया। बच्चे की माँ फूट-फूटकर रोने लगी। वह कभी ज़मीन पर लोट जाती, कभी सर पटकती और कभी

छाती पीट-पीटकर रोती। उसके साथ के आदमी ने उसे तसल्ली दी और उठाकर उसे अपने सीने से लगा लिया। और लोग भी इस करुण दृश्य से प्रभावित हुए बिना नहीं रह सके। औरतें उसी के साथ मिलकर दहाड़ें मार-मार रोती रहीं और मर्दों के चेहरे पर मातम की काली छाया स्पष्ट दीख रही थी। नवभारत में कहीं ऐसी संवेदनाओं की गुंजाइश नहीं थी। बच्चा अस्वस्थ हो, तो भी माँ चिंता नहीं करती थी। शायद वह सोचती थी कि संगणक नियंत्रण में बच्चे को कुछ नहीं होगा। लेकिन यहाँ भी यही स्थिति थी, माँ रोती तो भी बच्चे के लिए क्या कर सकती थी? अवशता दोनों स्थितियों में थी, फिर यहाँ माँ बच्चे के लिए इतनी उद्विग्न क्यों है? क्या नवभारत की स्त्री पूर्ण नारी नहीं है? आदिम संस्कृति में लोगों में भावों की अभिव्यक्ति सहज रूप में होती थी। समाज पर जो भी बीतता उसे सब लोग बाँटते। कोई हँसी की बात होती, तो सब लोग शामिल हो जाते, रोने की बात पर सब दुखी होते। लड़ना हो तो स्त्री-पुरुष, बाल-वृद्ध सभी शामिल हो जाते। ऐसा सामूहिक क्रियाकलाप नवभारत में संभव नहीं था। क्या सिर्फ़ आदिम मनुष्य अपने समाज का सही सदस्य है? क्या अत्यंत विकसित समाज में व्यक्ति अपने से भी कट जाते हैं?

28

उस समाज में वह मानसिक रूप से तापतामी के अत्यंत निकट था। स्त्री-पुरुष का वह सहज आकर्षण था जिसके वशीभूत होकर दोनों एक दूसरे के अधिक निकट आते गये। जब-जब मौका मिलता, वह उसके पास आ बैठती थी। कभी उसे जंगलों में घुमाने ले जाती, कभी उसके यान में आकर उससे घंटों बात करती रहती। बातचीत के दौरान उमंग में कभी उसके सीने से लग जाती, कभी उसे अपनी गोद में लेकर चूमती-पुचकारती। ताँबई रंग, सुडौल बदन, चेहरे पर हमेशा खिली हुई मुस्कराहट, उसके पूर्ण व्यक्तित्व में ऐसा कुछ आकर्षण था,जो उसके लिए पूर्णतः अपरिचित-सा अनुभव था। उसने कभी अपनी पत्नी की आँखों में प्यार की वह चमक नहीं देखी थी। पत्नी के लिए वह अन्य किसी भी नागरिक की तरह एक व्यक्ति था, जिसके साथ रहना उसके लिए एक सामाजिक अनिवार्यता थी। उस साथ में भी साथ होने का कोई आनंद नहीं था, क्योंकि संगणक के नियंत्रण में आनंद की अनुभूति नहीं थी, बल्कि स्नायविक संतुष्टि ही लक्ष्य थी। लेकिन ये सीधे-सादे आदिम लोग हर संबंध और संपर्क का व्यक्तिगत आनंद की अनुभूति के स्तर पर अनुभव करते थे। शायद यही इनके सुखी जीवन का रहस्य था।

लेकिन तापतामी के संग में उसे शारीरिक सुख की अनुभूति प्राप्त करने में कठिनाई थी। पता नहीं, वह तामतामी को इतना अच्छा क्यों लग गया था, जबकि उसका शारीरिक गठन उस समाज के लोगों से काफ़ी भिन्न था। कहाँ तो वहाँ के आदमी छह फुट लंबे और भारी-भरकम व्यक्ति थे। किसी जानवर की तरह बालों से ढका काला शरीर, गठा हुआ बदन और भरे-पूरे विकसित अंग। उनकी तुलना तें सुनहरे रंग वाला, छोटे कद का 35 एक खिलौने की तरह लगता था। उसके हाथ-पैर किसी मिट्टी के गुड्डे के अवयवों की तरह गोल-मटोल लगते थे, जिनमें मांसपेशियों का नाम तक न था। गोल चेहरे पर कोई मर्दानगी दिखायी नहीं पड़ती थी। शायद इसी भिन्नता ने ही तामतामी को आकर्षित किया हो। लेकिन तामतामी उसकी असली मर्दानगी को भी कभी उकसा नहीं पायी। उसका शिश्न उन लोगों की तरह अधिक विकसित नहीं था, और उसके जननांगों में इतनी भी हरकत नहीं होती थी कि वह शारीरिक रूप से संभोग कर सके। संगणक के नियंत्रण में संभोग के लिए शारीरिक उत्तेजना की आवश्यकता ही नहीं थी। तामतामी उसे उत्तेजित करने की कोशिश करती, उसके शिश्न को अपने हाथों में लेकर खेलती। वह क्षण भर के लिए उत्तेजित होता, फिर सामान्य स्थिति में पहुँच जाता। इसके बावजूद वह उससे असंतुष्ट नहीं हुई। वह 35 से उसी तरह प्यार करती, जैसे कोई बच्चा अपने खिलौने से प्यार करता हो।

एक दिन मौसम बहुत अच्छा था। लोग कहीं से एक बारहसिंगे का शिकार कर लाये थे। जंगली सुअर और भैंसे के मांस की तुलना में बारहसिंगे का मांस उन्हें बहुत प्रिय था। वह बारहसिंगा आकार में बड़ा था, इसलिए समुदाय के सभी लोगों के लिए पर्याप्त भोजन प्राप्त हो गया था। जब भोजन समाप्त हुआ, तो एक आदमी कहीं से कुछ पत्ते ले आया। उसे देखते ही सब लोगों में आनंद की लहर दौड़ गयी। सब लोगों में पत्ते के लिए होड़-सी मच गयी। स्त्री-पुरुष सब झपट कर उससे पत्ता लेने लगे और उसे मुँह में लेकर धीरे-धीरे चबाने लगे। 35 की समझ में नहीं आया कि वह पत्ता क्या है और लोगों में उसके लिए इतनी व्याकुलता क्यों है? उसने मुखिया से उसके बारे में पूछा तो मुखिया ने उसे भी एक पत्ता दिया। पत्ते को चबाते ही उसके मुँह में चुभता-सा स्वाद भर गया और रस का घूँट गले से नीचे उतरते ही उसके शरीर में सनसनाहट दौड़ गयी। वह पत्ता नहीं चबा पाया और उसने उसे थूक दिया। जिन लोगों ने पत्ता खाया, उनमें ख़ुमारी छाने लगी और वे थिरकने लगे।

एक औरत एक पेड़ के तने पर सूखी टहनी से आवाज़ करते हुए गाने लगी। उसके गाने के साथ कई लोग नाचने लगे। वे लोग गाने वाली औरत के चारों ओर घेरा बाँधकर नाचते और गाने में भी उसका साथ देते। मुखिया दूर बैठा निर्विघ्न भाव से नाच-गान

का अवलोकन करता जाता और पास बैठे 35 को गाने के बोल समझाता जाता। उसके पास बैठे बच्चे कभी नाचने वालों के पास पहुँचकर नाच में शामिल होने की कोशिश करते या दूसरे बच्चों के साथ अलग से नाचने की नकल करते। मुखिया के घर की औरतें जब नाचते हुए थक जातीं, तो उसके पास आ जातीं और थोड़ी देर सुस्ताने के बाद फिर नाच में पहुँच जातीं।

"ये लोग बोल रहे हैं कि हे महाशक्ति! हमें हमेशा इसी तरह की ख़ुशी दो। हमारे जीवन से ख़ुशी मत छीनो।" मुखिया ने उसे गाने का बोल समझाया।

"यह तो बहुत लंबा गाना है। इसका इतना ही अर्थ है?" 35 ने पूछा।

"नहीं, कई और बातें हैं। अभी गा रहे हैं कि यह धरती कितनी प्यारी है। खिली धूप, निर्मल बहता जल, फलों से लदे हुए फल, पेड़ों के ऊपर मणि की तरह चमकता नीला आसमान, ये सब दुनिया में और किसी को नसीब नहीं हैं।"

35 ने सोचा कि ये सुख और किसी को नसीब हों या न हों, कम से कम उसे अपने देश में तो नहीं मिल सकते थे। अति उन्नत संस्कृति ने उसे प्रकृति से भी अलग कर दिया था।

मुखिया ने उससका ध्यान खींचते हुए फिर कहा,"देखो, अब क्या गा रहे हैं बदमाश। कहते हैं, तुम मेरे गले से लिपटकर न सोओ तो मुझे नींद भी नहीं आती। मौसम कितना अच्छा है, तुम दूर मत जाना।"

गाने के अर्थ से अधिक 35 को उसका तान अच्छा लगा। गाने की लय और लोगों की थिरकन में ऐसा कुछ सामंजस्य था जो उसने कभी अनुभव नहीं किया था। नवभारत में गायन जैसी कोई बात ही नहीं थी। शिक्षा सत्र में बच्चों को ऐसा कुछ रटाते थे, जैसे लोगों को नारा लगाना सिखा रहे हों और बच्चे भी बड़े ही यांत्रिक ढंग से वे नारे दुहराते थे। घृणा सत्र में लोग चीख़ते-चिल्लाते थे, उसमें भी कोई मन का भाव प्रकट नहीं होता था। इन लोगों ने गाना कैसे सीखा होगा?

"यह गाना किसने बनाया और कैसे बनाया?" उसने मुखिया से पूछा।

"गाना कोई बनाते थोड़े ही हैं? हम लोग जैसे बोलते हैं, वैसे ही गाते हैं। हम तो हमेशा से ही गाते रहे हैं। कोई गाना बनाता नहीं है।" 35 को लगा कि मुखिया जवाब नहीं दे पा रहा है। गाने को रूप तो किसी ने दिया ही होगा, भले ये लोग रोज़-रोज़ नये गाने को जन्म न देते हों। उस समाज में उसने अलग-अलग अवसरों पर अलग-अलग तानों में गाने सुने थे। कुछ गाने ख़ुशियों के अवसर पर गाये जाते थे,

कुछ दुख के मौकों पर। क्या जीवन का सुख-दुख ही गायन को जंन्म देता है? फिर जिस समाज में सुख-दुख पर भी नियंत्रण हो, वहाँ गाने का स्वर कैसे फूट सकता है?

वातावरण धीरे-धीरे बदलने लगा। समूह में नाचने वाले युवक-युवतियाँ प्रेमी युगल में परिणत हुए। आदमी अपनी मनपसंद औरत को आकर्षित करने की कोशिश करते। इसमें कभी दो-तीन युवक किसी एक युवती को अपने वश में करने का यत्न करते और उनमें लड़ाई छिड़ जाती। या कभी कोई औरत किसी आदमी को उसकी संगिनी से हटाकर अपनी ओर आकृष्ट करने की कोशिश करती और दोनों औरतों में झगड़ा हो जाता। ख़ुमारी की हालत में सब भूल जाते कि कौन किसका है और मनपसंद साथी की तलाश में संघर्ष करने लगते। जब दो-तीन लोगों में लड़ाई हो जाती, तो बाकी सब उन्हें घेर कर खेड़े हो जाते और निर्णयात्मक संघर्ष के लिए उन्हें उकसाते। वे जानते थे कि जीवन में हर चीज़ संघर्ष से ही मिलती है और वे उस संघर्ष का परिणाम जानने के लिए उत्सुक जान पड़ते थे।

35 के लिए यह विचित्र अनुभव था। संघर्ष आदिम जीवन का अभिन्न गुण है, चाहे वह खाने के लिए हो या यौन तृप्ति के लिए; चाहे समाज में अपनी हैसियत और अस्तित्व के लिए हो या अधिकारों की माँग के लिए हो। नवभारत में स्थिति कुछ भिन्न थी। हर व्यक्ति को अपनी आवश्यकता की सारी चीज़ें मिल जाती थीं और संघर्ष का कोई आधार न था। पद और स्तर, ये दोनों भी निश्चित थे और संघर्ष से इनमें कोई न मिल सकता था। मानो लोग समाज में अपना स्थान और स्तर लेकर पैदा हुए हों। जनता को मालूम भी नहीं होता था कि उनके मंत्री या प्रधानमंत्री कौन बनते हैं। बस, एक दिन पता चलता कि अमुक प्रधानमंत्री बन गये हैं और पुराने प्रधानमंत्री का कोई अता-पता न होता। इस परिवर्तन के पीछे भी कोई संघर्ष न दिखायी पड़ता। संगणन तंत्र में कहीं एक व्यक्ति द्वारा किसी तरह के संघर्ष की गुंजाइश ही न थी। 35 ने भी कोई संघर्ष नहीं किया था, उसे सिर्फ़ यह जानना था कि मनुष्य क्या है, इस तंत्र में मनुष्य का स्थान क्या है। लेकिन उस तंत्र में इस जिज्ञासा का भी कोई स्थान नहीं था। वह जिज्ञासा ही सत्ता को चुनौती थी। और यहाँ संघर्ष के बिना व्यक्ति ज़िंदा भी नहीं रह सकता था। उसे हर पल अपनी आत्मरक्षा और अस्तित्व रक्षा के लिए लड़ना पड़ता था। क्या यही जीवन की सार्थकता है? यह संघर्ष जीवन का साधन है या साध्य ?

उसे आदिम लोगों की कुछ बातें अच्छी लगीं। वे अपनी ज़रूरतों की पूर्ति के लिए परमुखापेक्षी नहीं थे। शिकार के हिस्से को साधिकार छीनते थे, लेकिन किसी बच्चे ने कहीं से कोई कंद या फल अर्जित किया हो तो कोई उसे छीनता न था। इसलिए कुछ करने का सुख, अपने लिए कुछ बना लेने का आनंद उन्हें काम करने में प्रवृत्त करता

था। नवभारत में अपने प्रयत्नों से कुछ पाने की आवश्यकता ही नहीं थी। फिर व्यक्ति अपनी तरफ़ से कुछ करे भी क्यों? कुछ पाने के लिए प्रयत्न करना आवश्यक होता है। लेकिन नई दुनिया में पाने के लिए कुछ नहीं था। उल्टे, व्यक्ति के पास देने के लिए ही सब कुछ था। अपनी ख़ुशियाँ, अपने विचार और अपना निजत्व। सारी आवश्यकताओं की पूर्ति कर देने का भी यही उद्‌देश्य है, जिससे सुविधाएँ देकर व्यक्ति को ही ख़रीद लिया जाए।

सोचते-सोचते 35 को दोनों स्थितियों में एक अतंःसूत्र का आँभास हुआ। उन्नत समाज में विकसित तंत्र के कारण सामान्य जीवन संघर्ष से मुक्ति दी गयी, जिससे लोग और किसी तरह का संघर्ष न कर सकें। और यहाँ--अविकसित सामाजिक तंत्र जीवन यापन के सामान्य संघर्षों की तो छूट देता था, लेकिन इस समाज में भी अधिकार या योग्यता के अनुसार पद या स्तर के लिए संघर्ष नहीं हो सकता था।

29

अचानक उसे अपनी कमर पर किसी की छुअन का अनुभव हुआ। उसने मुड़कर देखा। तामतामी जो अब तक नृत्य करने वालों की टोली में थी, पता नहीं कब उसके पास आ बैठी थी। उसने मुस्कराते हुए 35 की ओर देखा और उसे अर्थ भरे ढंग से निहारे जा रही थी। वह क्या चाहती थी, यह 35 से छिपा नहीं था। ख़ुमारी देने वाले पत्ते के कारण और अन्य प्रेमी युगलों को प्रेमालिंगन की मुद्रा में देखकर वह भी उत्तेजना की अवस्था में थी और यौन तुष्टि के लिए उसने 35 को ही चुना था। 35 यह समझ नहीं पा रहा था कि उसे क्या करना है और वह क्या कर सकता था। उसने क्षीण मुस्कान के साथ तामतामी को देखा जैसे क्षमा याचना कर रहा हो। तामतामी ने उसे खींचकर अपने सीने से लगा या और उसके शरीर को सहलाते हुए उसे उत्तेजित करने की कोशिश करने लगी।

35 जानता था कि वह किसी भी लड़की से संभोग नहीं कर सकता। उसके जननांग इतने विकसित नहीं थे कि हरकत होने पर भी किसी लड़की के योनि द्वार में प्रवेश कर सकें। एक तो छोटा आकार और ऊपर से नयी संस्कृति के कारण शरीर रचना में अंतर; उसके मुकाबले आदिम युवकों के जननांग कितने विकसित थे! पूरी उत्तेजना में उनका शिश्न इतना बड़ा हो जाता था मानो कोई साँप अपना सर उठाकर खड़ा हो । और लड़कियों के जननांग भी इतने विकसित थे कि संभोग की अवस्था में पुरुष का अंग

तो दिखायी भी नहीं पड़ता था। क्या वह ऐसी किसी लड़की को आनंद दे सकेगा? अगर वह चाहता तो भी उसका मन उसे इस कृत्य की अनुमति शायद न देता। बचपन से ही उसे सिखाया गया था कि प्राकृतिक यौन संपर्क पशु वृत्ति है, उससे कोई लाभ नहीं होता, बल्कि छूत लग जाने की ही संभावना होती है। चुंबन भी कैसा वितृष्णा पूर्ण दृश्य था उसके लिए। चुंबन की अवस्था में उसे यह नहीं लगता था कि लोग प्रेम कर रहे हैं। चुंबनरत जोड़ों को देखकर उसके मन में यही बात आती थी मानो दो दुश्मन एक दूसरे को काट खाने को तैयार हों। लेकिन उसे यह भी देखकर बहुत आश्चर्य होता था कि किस तरह स्त्री-पुरुष पूर्ण तृप्ति की मुद्रा में उसका आनंद लेते थे। शायद आनंद लेने की भी एक मानसिकता होती थी। उसे अपने देश में तृष्टि ज़रूर मिली थी, लेकिन उसने कभी आनंद का अनुभव क्यों नहीं किया?

तामतामी उसकी मानसिक उथल-पुथल से अनभिज्ञ थी। वह तो कोशिश कर रही थी कि 35 को यौन सुख पहुँचा ही दे। वह 35 को अपनी बाहों में लेकर ज़मीन पर लुढ़क गयी। उसने 35 के वस्त्र को खींचकर परे कर दिया और उसे अपनी बाँहों में लेकर बेतहाशा चूमने लगी। कभी वह 35 को अपने ऊपर लेकर यौन संपर्क की कोशिश करती, कभी वह ख़ुद उसके ऊपर लेट जाती। उसकी इन हरकतों से पास खड़े और लोगों का भी ध्यान आकृष्ट हुआ। वे इस दृश्य को मनोविनोद का साधन मानकर हँसते, उन दोनों को उकसाने के उद्‌देश्य से चिल्लाते और कार्य की परिणति देखने की कौतुकता में उन्हें देखते रहते। तामतामी पूरे मनोयोग से अपने प्रयत्नों में लगी हुई थी, मानो वह मिट्टी के लोंदे को मूर्ति की शकल देने में तल्लीन हो। 35 की हालत अति दयनीय हो चली थी। उसे न आनंद आ रहा था, न उस दुर्दशा से छुटकारा पाने का उपाय सूझ रहा था।

इतने में एक नौजवान झपटकर आया और उसने ज़ोर से खींचकर 35 को अलग किया। तामतामी अभी आँखें मूँदे पड़ी थी और वह समझ भी न पायी कि क्या हो गया। वह युवक उस पर लेट गया और संभोग की अवस्था में कमर चलाने लगा। यह घटना सामान्य संभोग स्थिति से अब सामूहिक मनोरंजन का दृश्य बन गया। चारों ओर खड़े हुए लोग उल्लास में चिल्लाते और संभोगरत युगल का मनोबल बढ़ाते। 35 उन दोनों के पास ही लेटा था। उन दोनों की रति क्रिया देखकर उसे लग रहा था जैसे दो बली व्यक्ति संघर्ष में रत हों। रति क्रिया तीव्र होती जाती, तो तामतामी के चेहरे से लगता था कि वह असह्य पीड़ा की अवस्था में हो। मुँदी हुई आंखें, भिंचे हुए होंठ, तनी हुई चेहरे की मांसपेशियाँ, अकड़े हुए शरीर के अंग, तेज़ी से उठता-गिरता उसका वक्ष स्थल-लगा कि वह भारी वेदना का अनुभव कर रही है। लेकिन अचानक उसका

शरीर ढीला हुआ और चेहरे का तनाव दूर हुआ। वह युवक उसे छोड़कर उठ खड़ा हुआ। तामतामी ने अपना चेहरा घुमाकर 35 की तरफ़ मुस्कराकर देखा। उसके चेहरे पर असीम संतोष का भाव व्याप्त था। 35 विचित्र अनुभूति के साथ उसे और चारों ओर खड़े लोगों को देखता रहा।

30

इस घटना से उस समाज में उसका सम्मान कम नहीं हुआ था। लोग जानते थे कि वह किसी भिन्न संसार का व्यक्ति है और उसका व्यवहार उन लोगों से कई बातों में भिन्न है। संभोग न कर पाना उसकी असमर्थता नहीं थी, उसकी अपनी विशेषता थी। इसीलिए तामतामी भी उससे संतुष्ट या असंतुष्ट नहीं हुई। वह उसे चाहती भर थी, बस।

गोराम लोगों में एक लड़का था द्रेयोमू, जिसने 35 का ध्यान आकृष्ट किया था। उसे लड़का कहने में 35 को संकोच हो रहा था, क्योंकि पहले 35 उन लोगों की उम्र के बारे में अनुमान ही नहीं कर पाता था। वह शुरू में द्रयोमू को लगभग 85-90 वर्ष का व्यक्ति समझ रहा था--लंबा कद, भरा हुआ सुडौल बदन, चेहरे पर वयस्क व्यक्तियों जैसे हाव-भाव और अन्य व्यक्तियों के साथ निर्बंध और स्वच्छंद व्यवहार। लेकिन बाद में उसे पता चला कि द्रेयोमू सिर्फ़ 18 साल का लड़का है, तो 35 को विश्वास नहीं हुआ। आदिम लोगों में शायद आत्म निर्भर होने की अनिवार्यता से ही लोग जल्दी ही वयस्क हो जाते थे, जबकि नवभारत में पचास साल का व्यक्ति पराश्रित होता था और उसमें आत्म निर्भर होने का कोई लक्षण नहीं दिखायी पड़ता था। उनके व्यवहार में प्रौढ़ता नहीं आ पाती थी। और यहाँ! दो-तीन साल के बच्चे को भी कभी अपने अस्तित्व के लिए संघर्ष करना पड़ जाता था। क्या उम्र बढ़ने पर मनोविकास की दर भी कुंठित हो जाती है? या जीवन के पूर्ण विकास के लिए कुछ हद तक अपने पैरों पर खड़ा रहना अनिवार्य है?

द्रेयोमू उद्दंड प्रकृति का व्यक्ति था, और था बड़ा ही बहादुर। उसकी उद्दंडता के लिए लोग उससे चिढ़ते थे, तो उसके शौर्य के लिए उसे पसंद भी करते थे। वह कभी-कभी मुखिया के बेटे से लड़ जाता था, तो मुखिया उसे दंडित करने का भी यत्न करता था। उस समाज की यह बात 35 की कभी समझ में नहीं आयी। और सब लोगों के बच्चे माँ के बच्चे होते हैं, क्योंकि वे पितृत्व की बात ही नहीं जानते थे। बच्चे पैदा

होने से लेकर बड़े होने तक माँ के साथ गुफ़ा में रहते थे। उस औरत का कोई पति नहीं होता था, क्योंकि औरत जिसे चाहती थी, उसे अपना साथी बना लेती या कोई बलिष्ठ आदमी बलपूर्वक किसी औरत की गुफ़ा में चला जाता था और उसके आदमी को बाहर कर देता था। एक मायने में गोराम भाषा में पति या पिता नाम के शब्द भी नहीं थे। लेकिन केवल एक मुखिया था, जो बच्चों का पिता माना जाता था। इसका शायद यह कारण था कि जो औरत मुखिया की गुफ़ा में आ जाती थी, वह शायद ही निकाली जाती थी। इस कारण मुखिया के परिवार का ढाँचा उस समाज में विशिष्ट था और उसके लड़के ही फिर मुखिया बनते थे। और गुफ़ाओं के लड़के वयस्क होने पर अपनी साथी चुन लेते थे और उसकी गुफ़ा में रहने चले जाते।

द्रेयोमू को यह गवारा न था कि मुखिया के लड़के को विशेषाधिकार मिलें, क्योंकि वह द्रेयोमू से अधिक शक्तिशाली नहीं था। यह शायद अपने अधिकारों के लिए लड़ने वाली सैद्धांतिक लड़ाई नहीं थी, क्योंकि उस आदिम समाज का वह अविवेकी युवक इस हद तक विचार भी नहीं कर सकता था। मुखिया के बेटे से उसकी लड़ाई युवकोचित प्रतिस्पर्द्धा की भावना थी, जिसे उसकी स्वभावगत उद्दाम वृत्ति बढ़ावा देती थी। अपने व्यवहार के संदर्भ में वह परिणाम की भी चिंता नहीं करता था। एक दिन वह अपने साथ एक लड़की को जंगल की तरफ़ ले जा रहा था, तो मुखिया के लड़के ने उससे लड़की को छीनना चाहा। इसपर उसने मुखिया के लड़के को पीट दिया और लड़की को लेकर चला गया। मुखिया को यह बात मालूम हुई, तो उसने दो-तीन लोगों को उसे अपने पास लाने भेजा। उसने उन लोगों को मारकर भगा दिया। दूसरे दिन मुखिया ने उसे पकड़ मँगाया और उसपर दस लाठी बरसाने का आदेश दिया। वह लड़का मार खाकर पड़ा रहा, कराहता रहा, लेकिन किसी ने उसकी तीमारदारी की भी फ़िक्र नहीं की। 35 को उसपर बहुत तरस आया। उसे उस लड़के में कुछ-कुछ अपने व्यक्तित्व की झलक दिखायी पड़ी। चाहे कितना भी ऊधमी क्यों न हो, वहाँ वह एक व्यक्ति था, जो अपनी किसी बात के लिए अकेला खड़ा रह सकता था।

35 को इस मानसिक प्रशंसा का उसपर कोई असर नहीं पड़ा। वह मन ही मन 35 को अपना प्रतिद्वंद्वी समझता था और उससे चिढ़ता था। एक दिन जब 35 अकेले घूमने के इरादे से निकला था, तो उसने पीछे से किसी को तेज़ी से अपने पीछे से दौड़कर आते सुना। टहनियाँ टूटने और सूखे पत्तों की खड़खड़ाहट से उसे लगा कि कोई जानवर उसका पीछा कर रहा है। अपने बचाव के लिए उसने पिस्तौल निकाल ली और निशाना साधते हुए तनकर खड़ा हुआ। उसने देखा कि पीछे कोई जानवर नहीं था, बल्कि वही लड़का द्रेयोमू था, जो लाठी लेकर उसकी तरफ़ दौड़कर आ रहा था। उसकी समझ में

न आया कि वह क्या करे, क्या कहे। वह युवक अपनी जगह ठिठककर खड़ा हो गया। उसके चेहरे पर कहीं मित्रता का भाव नहीं था। मुखाकृति की कठोरता से यही लगता था कि वह वार करने के उद्‌देश्य से ही आया था। थोड़ी देर किंकर्त्तव्यमूढ़ भाव से खड़ा रहने के बाद वह धीरे से पलटा और फिर तेज़ी से गुफ़ाओं की तरफ़ भागा। 35 उसके इस व्यवहार का कारण नहीं समझ पाया। फिर भी उसने मुखिया से इस बात की चर्चा नहीं की, क्योंकि मुखिया नाराज़ हो जाता, तो उसे फिर पिटवाता। वह द्रेमोयू के आचरण का कारण जाने बिना कोई कदम उठाना नहीं चाहता था।

धीरे-धीरे उसे आभास होने लगा कि शायद द्रेयोमू के विद्वेष का कारण तामतामी थी। वह जब-जब तामतामी के साथ निकलता, तो वह लड़का दूर से उन दोनों की तरफ़ क्रोध की मुद्रा में देखता रहता। एकाध बार वह दोनों के पास भी आया और तामतामी से आग्रहपूर्वक बात की। तामतामी भी आक्रोश से उसे जबाब देती रही। गोराम भाषा के अल्प ज्ञान के कारण 35 उसकी पूरी बात तो समझ नहीं पाया, लेकिन कुछ शब्दों के अर्थ बोध के आधार पर अनुमान लगाया कि वह युवक तामतामी को अपना साथ देने के लिए आग्रह कर रहा है। उसका यह रवैया भी 35 की समझ में नहीं आया, क्योंकि युवक-युवतियाँ शारीरिक प्रेम के लिए स्वच्छंद थे और 35 ने तामतामी को अपने अधीन नहीं कर रखा था। उसकी तो वह भावात्मक संगिनी थी, फिर उस युवक को उससे क्या शिकायत है?

ऐसी ही किसी तकरार के बाद उसने साममाती से पूछा, "वह क्या चाहता है? तुम्हें किसलिए परेशान कर रहा है?"

"वह चाहता है कि मैं उसके साथ अलग गुफ़ा में रहने चली जाऊँ।"

"क्या वह तुम्हारी गुफ़ा में आकर तुम्हारे साथ नहीं रह सकता?"

"नहीं, मुखिया की गुफ़ा में कोई और लड़का नहीं आ सकता। उसे अलग ही गुफ़ा में रहना पड़ेगा।"

"तुम उसके साथ रहने क्यों नहीं चली जातीं? क्या वह तुम्हें अच्छा नहीं लगता?"

"नहीं, मैं उसके साथ नहीं जाऊँगी। मैं चाहती हूँ कि तुम्हारी गुफ़ा में हम दोनों रहें। मैं किसी और के साथ नहीं जाना चाहती।"

"लेकिन मैं तो गोराम नहीं हूँ। तुम मेरे साथ कैसे रह सकती हो? मैं तो तुम्हें शारीरिक सुख भी नहीं दे सकता।"

"यही तो द्रेयोमू भी कहता है। वह कहता है कि मैं तुम्हें चाहती हूँ। इसीलिए मैं उसकी गुफ़ा में नहीं जाना चाहती।"

"हाँ, मैं समझ गया हूँ। वह मुझसे नाराज़ भी है। तुम हमेशा मेरे साथ रहती हो न, इसीलिए।"

"एक और कारण भी है। वह सोचता है कि तुम भी मुखिया हो। इसीलिए तुम्हें भी सब चीज़ें मिल जाती हैं। लोग तुम्हें भेंट देते हैं, तुम कोई भी लड़की पसंद करो, तो वह मिल सकती है।"

स्थिति की विडंबना की बात सोच कर 35 को मन ही मन हँसी आ रही थी। वह ख़ुद जिन विशेषाधिकारों का विरोधी है, उन्हीं के लिए उसे दोषी ठहराया जा रहा है। वह अपने पद या स्तर का लाभ नहीं उठा रहा था, लेकिन उस युवक के सोचने में भी क्या गलती थी? द्रेयोमू का प्रत्यक्षण अपनी जगह तार्तिक था।

"ख़ैर, तुम मेरे साथ मेरी गुफ़ा में तो नहीं आ सकतीं। पता नहीं कब मेरी महाशक्ति मुझे अपनी दुनिया में बुला ले। फिर तो तुम उस युवक के साथ रह सकती हो न?" 35 से पूछा।

"नहीं, मैं अपनी गुफ़ा में ही रहूँगी, मुखिया के बेटे के साथ। उसकी माँ दूसरी है न, मैं उसके साथ रह सकती हूँ।" तामतामी ने दृढ़तापूर्वक उत्तर दिया।

कुछ दिन बाद, उनके मैदान में ही एक जंगली सुअर घुस आया। आम तौर पर जंगली सुअर अपने रास्ते चले जाते हैं और जब तक छेड़ा न जाए, मनुष्यों से बचकर निकल जाते हैं। लेकिन यह सुअर या तो किसी कारण अत्यंत आक्रामक मुद्रा में था या बौरा गया था। जंगली सुअर जब आक्रमण करे तो बल में भैंसे के समान और गति में आँधी के समान होता है। उसके पैने दाँतों के वार से बचकर उसको रोक पाना अत्यंत कठित होता है। वह किसी गुफ़ा में धावा बोल जाए, तो सबको लहू-लुहान कर जाए। गुफ़ा के द्वार पर पड़े पत्थर भी उसके भीषण आक्रमण को रोकने में असमर्थ थे। लोग गुफ़ा छोड़कर भागने लगे, चट्टानों की आड़ लेने लगे। बचने की व्यग्रता में कई लोग बच्चों को भी पीछे छोड़कर भागते। चारों ओर खलबली मची हुई थी और शोर हो रहा था।

द्रयोमू कहीं से एक हथियार ले आया और भागकर आ रहे सुअर का सामना किया। उसके बायें हाथ में लकड़ी का एक पट्टा था जो रक्षात्मक कवच का काम कर रहा था। उसने थोड़ा अपने को बचाते हुए सुअर पर तेज़ी से वार किया। गति में अवरोध के कारण वह नीचे गिरा, लेकिन उसने तेज़ी से उठकर द्रेयोमू पर हमला किया। उसके

आघात के कारण द्रेयोमू भी नीचे गिरा, लेकिन गिरते-गिरते उसने सुअर के थूथने पर वार किया। शायद निशाना ठीक बैठ गया था। पत्थर शायद दाँत पर ही लगा था। इससे सुअर को असह्य पीड़ा हुई होगी। वह क्षण भर थमा, फिर पलटकर पिस्तौल से छूटी गोली की तरह भाग गया। धीरे-धीरे सब द्रेयोमू के पास आये। शायद सुअर का दाँत लग गया था, इसलिए बाँह में गहरी चोट आयी थी। नीचे गिरने के कारण कूल्हे पर ज़ोर लगा था। वह उठ भी नहीं पा रहा था। शरीर में खरोंचें थीं। सब आकर उसे साधुवाद देते, धन्यवाद की मुद्रा में उसे छूते। 35 भी उसे देखने उसके पास गया, लेकिन उसने 35 की तरफ़ से आँखें फेर लीं। 35 ने यह भी देखा कि मुखिया अपनी गुफ़ा से बाहर भी नहीं निकला।

31

मुखिया ने उससे एक दिन बात की।

"क्या तुम लोगों की दुनिया में शक्ति पूजा नहीं होती है?" मुखिया ने उससे पूछा।

"शक्ति पूजा? वह क्या है?" 35 ने सवाल किया।

मुखिया से आगे बात करते हुए उसने जाना कि मुखिया संभोग को ही शक्ति पूजा कहता है। उसके समाज में संसार की सबसे बड़ी महाशक्ति है। उन लोगों के अनुसार वह स्त्री रूपा है। आखिर स्त्री ही तो समस्त मानव जाति की जननी है। उसके बिना सृष्टि आगे कैसे बढ़ती?

मुखिया ने उसे समझाते हुए कहा, " तुम्हें शक्ति पूजा करनी चाहिए। तुम जानते हो कि जो शक्ति पूजा नहीं करता, उससे महाशक्ति नाराज़ हो जाती हैं और उसके शिश्न में रोग भेज देती है।"

"मैं मानता हूँ कि महाशक्ति की पूजा की जानी चाहिए। लेकिन ये लड़कियाँ, औरतें- इनके साथे शक्ति पूजा क्यों होनी चाहिए?"

"इसलिए कि ये सब महाशक्ति के रूप हैं। महाशक्ति ने इन्हें अपने रूप में बनाकर भेजा है। ये ख़ुश होंगी, तभी तो महाशक्ति ख़ुश होगी। उसने हम आदमियों को इनकी रक्षा के लिए भेजा है। स्त्रियों को खिलाना-पिलाना, उनके बच्चों को सँभालना हमारा ही काम है।"

"तुम कैसे कहते हो कि ये सब महाशक्ति के रूप हैं?"

"तुम्हीं बताओ, ये स्त्रियाँ ही तो बच्चा देती हैं। क्या तुम बच्चा दे सकते हो? ये बच्चे आख़िर कहाँ से आते हैं? महाशक्ति ही तो बच्चों को भेजती है। यह भी देखो जब बच्चे पैदा हो जाते हैं, तो स्त्रियों की छाती में दूध आ जाता है। क्या और दिनों में औरत दूध दे सकती है? महाशक्ति जानती है कि बच्चे को दूध चाहिए। इसीलिए कहता हूँ कि स्त्रियाँ महाशक्ति के ही रूप हैं। वही स्त्रियाँ से अपना कार्य कराती है।"

"मैं यह जानना चाहता हूँ कि महा शक्ति स्त्री की तरह क्यों है? आदमी की तरह क्यों नहीं? क्या तुमने महा शक्ति को देखा है?" 35 ने सवाल पर सवाल किये।

मुखिया का चेहरा कुछ तन गया। उसे 35 के प्रश्न अच्छे नहीं लगे। उसने रुखाई से कहा,"देखो, महा शक्ति सिर्फ़ मुझे दिखायी पड़ती है। मेरे अलावा कोई उसे देख नहीं सकता। मैंने उसे देखा है, तभी तो ये सारी बातें बता रहा हूँ। हाँ, याद रखो, कभी उसकें बारे में इस तरह के सवाल मत करना। वह नाराज़ हो जाएगी, तो बहुत दंड देगी। तुम कभी शक्ति पूजा नहीं करते हो। इसीलिए तुम्हारा शिश्न मर्दाना नहीं लगता। तुम उसका कोप और न बढ़ाओ।"

35 से तुरंत कुछ उत्तर देते नहीं बना। वह मुखिया को नाराज़ नहीं करना चाहता था, न ही अपना अविश्वास प्रकट करना चाहता था। उसने कहा, "हमारे संसार में भी महाशक्ति ने शक्ति पूजा का विधान किया है, लेकिन वहाँ इसका रूप अलग है। हम शक्ति पूजा सीधे नहीं करते, बल्कि एक मशीन के ज़रिए करते हैं। स्त्री और पुरुष एक मशीन के पास खड़े रहते हैं। वह मशीन ही महाशक्ति का रूप है। हम लोग उसी के सहारे शक्ति पूजा करते हैं। चूँकि वह मशीन यहाँ नहीं है, मैं ठीक से शक्ति पूजा नहीं कर सकता"।

35 का उत्तर उस अबोध आदिवासी की समझ में नहीं आया। उसके मन में जिस महाशक्ति की कल्पना थी, उससे भिन्न किसी रूप की अवधारणा उसके लिए कठिन थी, फिर मशीन का तात्पर्य भी वह नहीं जानता था। लेकिन बहुत अविश्वास की बात भी नहीं थी। उसने 35 के यान और हथियार के चमत्कार को देखा था। उसे लगा कि 35 सच ही कह रहा है।

मुखिया से 35 ने यह सवाल सिर्फ़ इस वजह से नहीं किया था कि वह जानना चाहे कि सच में महाशक्ति कौन है, कहाँ है और क्या करती है। वह जानता था कि ब्रह्मांड में प्रकृति है और जीव है और किसी और तरह की कोई विचारशील शक्ति नहीं है, जो मनुष्यों के काम की देख-रेख करती हो। उसने मुखिया से सवाल यही जानने के लिए किया था कि आख़िर मुखिया और उसके समुदाय के लोग उस शक्ति के बारे में किस

प्रकार का विश्वास रखते हैं। वास्तव में यह शक्ति बाहर कहीं नहीं थी, वह लोगों के मन में थी। मनुष्य ही है जो अपने जीवन के सहारे के लिए, अपने आपको रास्ते पर लाने के लिए शक्ति की कल्पना करता है। उसका यह विश्वास ही उसका आधार है। व्यक्ति जब विश्वास छोड़ जाए तो फिर वह व्यक्ति नहीं रह जाता। इस विश्वास के लिए उसे किसी प्रमाण की भी आवश्यकता नहीं है। जब मुखिया यह कह रहा था कि उसने महाशक्ति को प्रत्यक्षतः देखा है तो वह सत्य ही कह रहा था, क्योंकि उसके अनुसार शक्ति का एक रूप है और वह रूप उसके मन की आँखों में समाई हुई है। सच में मुखिया के लिए यही सबसे बड़ा झूठ होता,अगर वह कहता कि उसने महाशक्ति के दर्शन नहीं किये हैं।

क्या कारण है कि आदिम समाज के लिए अनिवार्य वह विश्वास अति उन्नत आधुनिक समाज में नहीं है? नवभारत में धर्म का नाम ही नहीं था। लोग किसी ईश्वरीय शक्ति की बात जानते ही नहीं थे, न ही उन्हें इस प्रकार की शक्ति की आवश्यकता थी। वहाँ शासक था, जो समाज को संगठित करने की अपनी शक्ति में विश्वास करता था। समाज के लोग उस समाज की सुगठित व्यवस्था में जीते थे और उन्हें किसी बाह्य शक्ति की आवश्यकता नहीं थी। संभवतः ईश्वर भक्ति आदि बातों की आवश्यकता उसी समाज में होती है,जहाँ लोग घटनाओं पर नियंत्रण नहीं रख पाते और उस नियंत्रण के अभाव की पूर्ति के लिए किसी शक्ति की सृष्टि करते। या यों भी कहा जा सकता था कि आधुनिक समाज में सारी शक्ति प्रधानगंत्री में सीमित थी और लोग उसके अलावा किसी और शक्ति को पहचानते नहीं थे। यद्यपि उस समाज में पूजा, भक्ति का विधान नहीं था, लोगों के मन में प्रधानमंत्री के लिए उसी प्रकार की भावना थी, जैसे आदिम समाज में महाशक्ति के प्रति था। लोग उसके कोप से त्रस्त होते थे और उसकी एक कृपा दृष्टि के लिए इच्छुक रहते थे और उन लोगों के मन में व्याप्त डर और आतंक उस भावना से कम नहीं था जो आदिम समाज में महाशक्ति के प्रति थी। अंतर था तो सिर्फ़ उसके परिपालन में।

आदिम समाज में धर्म सिर्फ़ एक अतिरिक्त मानवीय भावना नहीं थी, वह जीवन का रूप था। किसी एक शक्ति में विश्वास करने के कारण जीवन की हर घटना और जीवन का हर पक्ष उससे जुड़ जाता था। मौत हो तो महाशक्ति के कारण, जन्म मिले तो महाशक्ति के कारण, सुख-दुख दोनों उसे ही अर्पित थे। उस शक्ति के वास्तविक जगत में उपस्थित न होने के कारण उसके प्रतिनिधि के रूप में मुखिया उस शक्ति का परिचायक हो गया था, भले ही वह भी एक मनुष्य के रूप में उस शक्ति पर ही निर्भर रहता था। उस शक्ति को कारणभूत मानने के कारण लोग जीवन के हर संदर्भ में उस

शक्ति को याद करते थे। बारिश भी उसी से होती थी और गर्मी के लिए भी कारण थी; इसी तरह बच्चे का जन्म हो या किसी व्यक्ति की मृत्यु हो, कोई घायल हो जाए या किसी को कुछ प्राप्त हो जाए, लोग उस शक्ति को ही इसका कारण बताते थे और उसे याद करते थे।

नवभारत में धर्म का नाम नहीं है। वहाँ रहते हुए 35 ने कभी धर्म के बारे में सुना या सोचा नहीं था। उसे यह भी ध्यान आया कि प्रधानमंत्री ने धर्म का नाम लिये बिना किसी बाह्य शक्ति की धारणा का खंडन किया था। वे मानते थे कि मनुष्य धरती पर सबसे शक्तिशाली है, वह अपने जीवन का नियामक है। आदिम लोग प्रकृत्ति में उस शक्ति का रूप देखते हैं। उनके अनुसार कोई शक्ति है जो सबकी रक्षा करती है, सब उस पर आश्रित हैं। उसे प्रसन्न करने के लिए उन्होंने रस्मों और रीति-रिवाजों का विधान बना रखा है। लेकिन गहराई में दोनों स्थितियों में कई बातें समान भी तो हैं। महाशक्ति पापियों और अविश्वासियों को दंड देती है। प्रधानमंत्री भी तो यही करते हैं। नवभारत में आचरण से हटना पाप है और प्रधानमंत्री की सत्ता के ख़िलाफ़ बोलना अविश्वास है। और दोनों जगह दंड पर सवाल नहीं किया जाता, क्योंकि दंड ईश्वरीय न्याय है। भोला मुखिया अपने को सिर्फ़ शक्ति का प्रतिनिधि मानता है। अति विकसित संस्कृति में शासक स्वयं ही सर्वशक्तिमान है, महान है।

लोगों के आचरण और आचार-विचार के नियंत्रण के लिए भी वही शक्ति आधार थी। कोई व्यक्ति सही काम न करे तो महाशक्ति के कोप का भय दिखाकर उसे सही आचरण के लिए प्रेरित किया जाता था और कोई व्यक्ति अच्छा आचरण करे तो यह कहा जाता था कि महाशक्ति उससे प्रसन्न होगी और उस व्यक्ति को तमाम ख़ुशियाँ देगी। नवभारत में आचरण के नियंत्रण के लिए इस तरह की मान्यता की आवश्यकता नहीं थी। उन्हें बचपन से ही आचरण का सही रूप सिखाया जाता था और उस रूप से विचलित होने पर दंड महाशक्ति नहीं देती थी, बल्कि कोई नहीं जानता था कि उसके साथ क्या हुआ। इस आतंक के कारण लोगों के लिए यह आवश्यक था कि वे अपेक्षित व्यवहार करें और यह अपेक्षा उन्हें किसी अनुपस्थित शक्ति के संदर्भ में नहीं, समाज के नियमों के रूप में बतायी जाती थी। आदिम समाज में आचरण नियंत्रण के लिए जिस अप्रत्यक्ष विधान की सृष्टि की गई थी उसे सत्य का रूप देने के लिए आवश्यक था कि कथन की प्रमाणिकता को घटनाओं की सत्यतता के रूप में प्रस्तुत किया जाए। समाज में ऐसी कई कथाएँ थीं जो कथन के सत्य को सिद्ध करती थीं। तामतामी ने ही उसे कई कहानियाँ सुना दी थीं, जिन पर वह ख़ुद विश्वास करती थी। उसके अनुसार एक व्यक्ति ने महाशक्ति के अस्तित्व को चुनौती दी थी, तो दूसरे दिन उसे ख़ून की

कै हुई और वह मर गया। इसी तरह उसने एक दूसरी कहानी सुनाई थी कि एक लड़की महाशक्ति को बहुत अच्छी लगती थी क्योंकि वह हमेशा महाशक्ति की दुहाई देती थी। एक बार बच्चे को जन्म देने के साथ ही उसके प्राण निकल गये थे। वह कई दिन तक हिली-डुली नहीं और उसमें जीवन के कोई लक्षण नहीं दिखाई पड़े। जब लोगों ने महाशक्ति से उसे फिर से जीवित करने की प्रार्थना की, तो उसने कई महीने बाद उस लड़की को जीवित कर दिया। 35 इन कहानियों के पीछे के सत्य को नहीं समझ पाता था, लेकिन कहानी कहने वालों के विश्वास को पहचानता था। अगर लोगों में इस प्रकार का विश्वास न होता तो वे फिर समाज का सदस्य बनकर शायद न रहते। उन लोगों के उस सहज विश्वास को वह उस प्रकार के तंत्र के रूप में नहीं देखता था, जैसा तंत्र उसने अपनी संस्कृति में देखा था। उन लोगों का यह विश्वास भी उनके जीवन का सहज अंग था, उनके व्यक्तित्व का एक हिस्सा था।

जहाँ आम आदमी इस विश्वास से प्रेरित होकर जीने को बाध्य था, जहाँ मुखिया या उसके घर के लोग इस विश्वास का फ़ायदा ज़्यादा उठाते थे। मुखिया जो भी चाहता था, उसके न होने पर वह महाशक्ति के कोप का भय दिखाकर अपना काम करा लेता। इस कोप के लिए उसे कोई आधार भी देना पड़ता। इस कारण वह कभी-कभी अपने मन में किसी नयी बात की सृष्टि कर लेता और उसे आधार का रूप दे देता। किस व्यक्ति को बिना आवश्यकता के ही दंड देना हो तो वह यह बात कह देता कि उस व्यक्ति के घर के अमुक आदमी ने अमुक समय में महाशक्ति के ख़िलाफ़ कोई गलत बात कही थी। या उस व्यक्ति के घर में साल-दो साल में जो भी व्यक्ति बीमार रहा हो तो मुखिया उस परिवार के प्रति महाशक्ति के कोप का लक्षण बता देता और कह देता कि वह कोप अभी तक बना हुआ है,इसलिए घर के किसी व्यक्ति को दंड मिलना चाहिए। इसकी ऐसी बातों का आम तौर पर प्रतिवाद न होता, क्यांकि प्रतिवाद का अर्थ था महाशक्ति के और कोप का पात्र बनना। इस कारण लोग उसकी बातों को मान लेते थे और उसका निर्णय ही चलता।

32

उस समाज में रहते-रहते 35 थक गया था। उन लोगों के जीवन में कोई नयापन नहीं था और न ही ऐसा कुछ काम था जिसमें वह लीन रह सके। दिन भर खाने-पीने, लड़ने-झगड़ने और आराम करने के अलावा इन लोगों के पास काम नहीं था और 35

को इन सब में कोई रुचि नहीं थी। उन लोगों का मानसिक स्तर भी इतना कम था कि उनके जीवन से वह कुछ सीख सके। शुरू में उसने लोगों की भाषा सीखने और उनके आचार-विचार को जानने में दिलचस्पी ली, वह ज़्यादा दिन तक बनी नहीं रही। उनका व्यवहार उसे बहुत रोचक लगता। कई बार उनकी कई बातें अनबूझ पहेलियों की तरह उसके मन पर छाई रहतीं, लेकिन प्रारंभिक उत्सुकता के अलावा उसे उन लोगों के व्यवहार और विचार में कोई आकर्षक बात नहीं दीखी। इस कारण वह उन लोगों से दूर निकलकर आस-पास के क्षेत्रों में जाने की सोचता।

वे लोग एक जंगल में रहते थे। जहाँ वे रहते थे, वहाँ कुछ गुफ़ाएँ थीं। पास में एक झरना था, जिससे पीने का स्वच्छ जल मिल जाता था। दूर छोटी-मोटी पहाड़ियाँ थीं और उन तक पहुँचने का कोई सीधा रास्ता नहीं था। घने जंगल से होकर ही कहीं बाहर निकला जा सकता था। 35 ने सोचा था कि वह चलते--चलते कुछ दूर तक जाएगा और आस-पास का दृश्य देखेगा। लेकिन उसके लिए निकलकर जाना कष्टदायक था। क़हीं जगह ज़मीन गीली होती थी और चलना मुश्किल होता था, कहीं काँटेदार पौधे उसका कपड़ा फाड़ देते या कहीं घने पेड़--पौधों के बीच से रास्ता बनाना उसके लिए कठिन हो जाता। सबसे ज्यादा डर उसे वन्य जीव-जंतुओं से लगता था। शरीर में आकर लगने वाले छोटे-छोटे जीव-जंतु, ख़ूँख़ार से लगने वाले पक्षी और प्राणी, इन सबसे बचकर जाना भी कठिन था। वह कोशिश करता कि वह ख़ुद जानवरों से दूर रहे, लेकिन चारों तरफ़ से चुपके से आने वाले जानवरों पर एक साथ निगरानी रखना उसके लिए कठिन था। इसलिए अपने बचाव के लिए उसे अक्सर पिस्तौल भी चलानी पड़ती थी, जिसके बावजूद घूमना-फिरना सरल नहीं था।

जब 35 अपने देश से निकला था, तो वह आस-पास कहीं नहीं गया था, बल्कि सीधे इस आदिम समाज में पहुँचा था। उसे यह भी नहीं मालूम था कि दुनिया कैसी लगती होगी और दुनिया में और किस-किस तरह के स्थान होंगे। इसलिए उसने सोचा कि पैदल इधर-उधर जाने से बेहतर है कि यान लेकर कहीं दूर चला जाए, जिससे वह दुनिया को भी देखे और उसकी यात्रा निरापद भी हो। कम से कम यान में वह सुरक्षित ढंग से यात्रा कर सकता था।

एक दिन लोगों की नज़र बचाकर वह अपना यान लेकर निकला। यान ऊपर आसमान में उठा और जंगल के ऊपर से आगे बढ़ा। उसने जान-बूझकर यान की गति धीमी रखी थी, जिससे वह पृथ्वी को अच्छी तरह से देख सके। जब वह थोड़ी ऊँचाई पर चल रहा था, तो उसने कई जगह भिन्न-भिन्न आकार के प्राणी देखे। कुछ प्राणी पेड़ के आकार के थे और कुछ इतने छोटे थे कि ज़मीन पर रेंगते हुए दिखाई पड़े।

उसे कई जगहों पर जानवर झुंड के झुंड जाते दिखाई पड़े। उसने एक साथ इतने जानवर कभी नहीं देखे थे। एक जगह उसने जानवरों के पीछे तेज़ी से भागता हुआ कोई प्राणी देखा, तो उसने अनुमान किया कि वह शिकारी जानवर होगा और अपने शिकार की तलाश में पीछे जा रहा होगा। उसने यान थोड़ा-सा नीचे किया और धीमी गति में चलते हुए उसे देखने लगा। उस शिकारी जानवर ने झुंड के पीछे जा रहे किसी जानवर पर झपट्टा मारा और उसे धराशायी कर दिया। 35 को उस शिकारी जानवर और आदिम मनुष्यों में कोई अंतर दिखाई नहीं दिया। जब यान और ऊपर गया तो उसे चारों तरफ़ हरियाली के अलावा कुछ दिखाई नहीं दिया। लगता था कि किसी ने पृथ्वी के ऊपर हरा रंग पोत दिया हो। उस हरीतिमा के बीच से उसे चमकते हुए काँच के तार जैसे आकार दिखाई पड़े। उसने अनुमान किया कि वह कोई नदी ही हो सकती है जिसका पानी सूरज की रोशनी में चमक रहा था। कुछ दूर चलने के बाद उसे नीचे पृथ्वी की सतह पर चमकता हुआ एक गोला दिखाई पड़ा। शायद वह चारों देशों में से एक हो। वह उसका अपना देश नहीं हो सकता था, क्योंकि नक़्शे के अनुसार वह अपने देश के करीब 14 हज़ार किलो मीटर दूर था। उस गुंबद से आगे जाने पर उसे पृथ्वी पर एक जगह आग की ऊँची लपटें दिखायी दीं। वह दावानल नहीं था क्योंकि पृथ्वी सपाट थी, वनस्पति से विहीन थी। यान के संगणक ने धुँए का विश्लेषण कर सूचना दी तो उसे मालूम हुआ कि पृथ्वी के तल के नीचे से फ़व्वारे के रूप में बाहर निकलने वाले हाइड्रोकार्बन पदार्थों का ज्वलन था। शायद वह आग सदियों से जल रही हो। कुछ दूर आगे चलने पर उसे एक सुंदर स्थान मिला, जहाँ हरी-भरी घास थी और बीच-बीच में कुछ पेड़ थे। उसने सोचा कि वह उतर कर उस जगह का निरीक्षण करेगा, क्योंकि वहाँ जंगली जानवरों का ख़तरा नहीं दिखाई पड़ा। वहाँ कई छोटे-बड़े वृक्ष थे, जो फलों से लदे हुए थे। वृक्षों पर कई तरह की चिड़ियाँ थीं, जो पेड़ों से उड़कर थोड़ी दूर जातीं फिर पेड़ों पर आ बैठतीं। उन चिड़ियों का कलरव उसे बहुत मोहक लगा। उसने कई पेड़ों से फल तोड़े और उन्हें अपने यान में जमा कर लिया।

थोड़ी देर विश्राम करने के बाद वह आगे गया और समुद्र तट पर पहुँचा। एक तरफ़ दूर-दूर तक फैला हुआ नीला समुद्र, उसके ऊपर झुका हुआ अर्ध गोले के आकार का नीला नभ। समुद्र और पृथ्वी के बीच की रेखा उसे आसमान से ऐसी दिखाई पड़ी, जैसे किसी ने पूरी पृथ्वी पर एक लंबी रंगीन रेखा खींच दी हो। उसने शिक्षा सत्र में भूगोल का अध्ययन करते हुए समुद्र का ज्ञान प्राप्त किया था, लेकिन पहले कभी समुद्र नहीं देखा था। वह समुद्र तट पर उतर गया। समुद्र की लहरें आ-आकर तट से टकरातीं और फेन के रूप में तट पर बिखर जातीं। उन लहरों की आवाज़ उसे मधुर संगीत के

समान लगी। समुद्र तट एक विशाल रेत का मैदान था जिसमें कहीं उसे प्राणी दिखाई नहीं दिया। रेत पर रेंग कर चलते हुए छोटे-छोटे जीव जन्तु उसे बहुत आकर्षक लगे। वह अकेले उन जीव-जंतुओं के पीछे-पीछे भागता और जल का स्पर्श कर फिर हल्के तपते रेतीले मैदान पर आता। उसने रेत पर कई प्रकार के रंग-बिरंगे और विविध आकारों वाले शंख, सीप और शंकु देखे और उसके मन में उन चीज़ों को एकत्र करने की बालसुलभ इच्छा जागृत हुई। उसने रेत में से कई तरह के शंख, सीप, शंकु आदि एकत्र किये। वहाँ से निकलकर वह फिर कहीं आगे गया और एक वीरान मैदान में उतरा। मैदान के चारों ओर उसे कई टूटे-फूटे मकान दिखाई पड़े, जहाँ ज़माना पहले लोग रहते होंगे; उसे कुछ ऐसी चीज़ें भी दिखाई पड़ीं, जो शायद लोगों के इस्तेमाल की थीं, बर्तन के आकार की कुछ चीज़ें, जो धातु से बनी थीं और समय के चलते गलकर पथराए हुए रूप में थीं। एक जगह उसने एक सुंदर वस्तु देखी जो मानव निर्मित लगती थी। चमकते पीले रंग के धातु में कई रंगों के पत्थर जड़े हुए थे। कई पत्थर टूट कर अलग हो गये थे और पास ही पड़े थे। उन पत्थरों की रचना और चमक देखकर वह अनुमान कर सकता था कि ये प्राचीन काल की किसी सभ्यता में बना कोई गहना होगा। उसे छूते ही उसके मन में आया कि वह कौन-सी महिला होगी जिसके गले को यह गहना सुशोभित कर रहा होगा। उन प्राचीन लोगों की कल्पना कर वह सिहर उठा। उसने उस गहने को भी अपने हाथ में ले लिया और वहाँ से निकला।

संगणक सूचित कर रहा था कि उसे अपने स्थान से निकले करीब 12 घंटे हो गये थे। उसे लगा कि अब उसे वापस जाना चाहिए, अन्यथा उसके साथी उसकी प्रतीक्षा में बेचैन हो सकते हैं। बीता हुआ दिन उसके लिए सुखद स्मृति बनकर रह गया था। वह कहीं पेड़ पर चढ़ा, कहीं रेत में लोटा, कहीं वह झड़ने के पानी की फुहार का अपने ऊपर अनुभव कर सिहर उठा था, कहीं विशाल समुद्र तट में विचरण कर आनंदित हुआ था। आनंद की अनुभूति से वह ऐसे प्रफुल्लित हो रहा था जैसे गुफ़ा के अंदर बंद बच्चे को खुले वातावरण में लाने पर वह आनंद मग्न हो जाता है। काश उसके साथ और भी लोग होते! वे आदिवासी दुनिया का दृश्य देखकर कितने प्रसन्न होते। उसे अपनी पत्नी और बच्चों की याद आने लगी। क्या उसके बच्चे भी इस वातावरण में इतने ही आनंद विभोर होते? उसने तो उन्हें कहीं हँसते हुए भी नहीं देखा था। उसके घर का वातावरण भी कितना नीरस था। सभी लोग वक्त के अनुसार किसी न किसी सत्र में तल्लीन होते। मनोरंजन सत्र में भी उसे कभी इतना आनंद नहीं मिला था। शायद नवभारत में मनोरंजन सत्र भी चिंतन सत्र की तरह मनोरंजन के लिए कम, आत्म विस्मृति के लिए अधिक था। नीरस तान जिन्हें हज़ारों बार सुनकर वह थक गया था,

घर के पर्दे पर भिन्न-भिन्न रंगों और आकारों में कई तरह की ज्यामितीय आकृतियाँ बनतीं जो पुनरावृत्ति के कारण अपना आकर्षण खो चुकी थीं, मस्तिष्क विकास के लिए पहेलियाँ और बुझौवल जो रोचक होते हुए भी अनाकर्षक थे। सभी लोगों के लिए मनोरंजन सत्र में शामिल होना अनिवार्य था अन्यथा संगणक उन्हें विकृत या कुंठित मनोवृत्ति का व्यक्ति घोषित करता।

कहाँ संगणक द्वारा रचित वे उबाऊ तान, कहाँ इन आदिम लोगों की हृदय को झंकृत करने वाले मधुर मनमोहक गीत, जिनकी रागिनी मन के किसी गहरे कोने को छू जाती थी और बार–बार उल्लास के रूप में चेहरे पर झलकती थी! शायद परिवेश का भी फ़र्क हो। सामान्य उल्लास लोगों की संगति में बहुगुणित हो जाता होगा। मानव की भावनाएँ छूत के रोग के समान हैं। बड़ी तेज़ी से हृदय से हृदय में अंतरित हो जाती हैं। अगर आदमी को दूसरों से अलग कर दिया जाए तो अकेलेपन में उसके मन की सारी भावनाएँ मर जाती हैं। उसकी विकसित संस्कृति में आदमी साथ रहते हुए भी एक दूसरे से दूर था। उस संस्कृति में सब तरह की छूत, प्रदूषण आदि को समाप्त किया तो हृदय तंतुओं को जोड़ने वाली भावनाएँ भी समाप्त हो गयीं। उसे इस आदिम संस्कृति में बहुत आनंद मिल रहा था। बचपन से ही जीवन की ऐसी ही कोई कल्पना उसके मन में थी। तभी वह इस अपरिचित अनुभूति की खोज में यहाँ तक आया है। जब वह शाम को जंगल में लौटा तो लोगों को बड़ी ख़ुशी हुई। शायद उन लोगों ने सोच लिया था कि वह उन लोगों को छोड़कर अपने संसार में लौट गया है। उसके पुनः लौटकर आने पर उन्हें जो ख़ुशी हुई वह उससे छिपी नहीं थी। वे सब उसके पास आ-आकर बताना चाह रहे थे कि उसके न रहने पर उन्हें कितना दुख हुआ। जब उसने तोड़े हुए फल निकाल कर दिये तो वे सब आनंदित हो गये। उनमें कई ऐसे फल थे जो उन लोगों ने कभी देखे नहीं थे। उन्होंने पूछा कि वह सारे फल कहाँ से लाया। उसने कहा, दूर से, बहुत दूर से। मुखिया ने पूछा 10 पहाड़ी दूर? उस जंगल के लगभग दो किलोमीटर दूर एक पहाड़ी थी। मुखिया 20 किलोमीटर की दूरी को बहुत दूर समझ रहा था क्योंकि वह यह सोच नहीं सकता था कि कोई व्यक्ति जंगली रास्ते से 12-13 घंटे में 20 किलोमीटर से ज़्यादा दूर जा सकता है। 35 उन लोगों को यह समझा नहीं सकता था कि वह लगभग 15 हज़ार किलोमीटर की यात्रा करके लौट रहा है। वे 15 हज़ार किलोमीटर की दूरी की कल्पना भी नहीं कर सकते थे। अगर करते भी तो उनके अनुसार इतनी दूरी तो पूरे ब्रह्माण्ड में भी नहीं थी। उसने हँसकर कहा, नहीं और दूर 4, 5 हाथ पहाड़ी दूर। यह सुनकर वे लोग विस्मित रह गये, वे विश्वास नहीं कर सके कि कोई आदमी आधे दिन में लगभग 50 किलोमीटर की दूरी तय कर सकता है।

लेकिन इस विदेशी आदमी का क्या भरोसा! छोटा भले हो लेकिन इसके कारनामे अचंभे के हैं।

जब उन लोगों की जिज्ञासा शांत हुई तो उसने अपने साथ लायी हुई चीज़ों को उनके सामने रखा। उसने शंख, सीप आदि निकालकर दिया तो सब देखते रह गये। जंगल में उन्होंने कभी शंख, सीप आदि नहीं देखे थे। इतनी आकर्षक और सुंदर रंग-रंगीन वस्तुओं को वे सब ललचाई दृष्टि से देखते रहे और मुखिया ने वे सारी चीज़ें हथिया लीं। तुरंत ही उसने कुछ शंख, सीप एक औरत को देकर कहा कि वह उसके लिए एक माला बना दे। ऐसे आभूषण तो मुखिया को ही शोभा देते हैं। कुछ चीज़ें उसने अपने परिवार के लोगों में बाँटी या अपने कुछ प्रिय लोगों को दिये। लोगों में इन चीज़ों के लिए होड़ सी लग गई। सब लोग उन चीज़ों को इतने प्यार से संभाला जैसे वे उनके जीवन की सबसे बड़ी संपत्ति हों। उसने खंडहरों के बीच में से प्राप्त गहने को मुखिया को दिया और गहने में से निकाले हुए रंग-बिरंगे पत्थरों को भी उसके हवाले किया। धूल से सने हुए उस गहने को मुखिया ने उलट-पुलट कर देखा और उसे एक युवक को भेंट कर दिया। वे पत्थर उसने सब बच्चों में बाँट दिये जो खुशी से उन पत्थरों को लेकर खेलने चले गये। भेंट की सामग्री देखकर लोगों के मन में उसके प्रति और स्नेह पैदा हो गया। मुखिया भी अव्यक्त शब्दों में मन ही मन उसे धन्यवाद दे रहा था।

33

उन आदिम लोगों के साथ रहना उसके लिए आनंददायक भले रहा हो, लेकिन मानसिक रूप से उसका उनके साथ तालमेल नहीं बैठ पाया। अनुभूति के स्तर पर कितने सहज, किन्तु वैचारिक स्तर पर बड़े ही जटिल। 35 उन लोगों के विचारों की गुत्थियों को समझ ही नहीं सकता था, क्योंकि वह उन्नत संस्कृति में यांत्रिक ढंग से, गणितीय सूत्रों के रूप में व्यवहार करने का आदी था। इन लोगों में राग-द्वेष, दोस्ती-दुश्मनी आदि के बीच कोई विभाजन रेखा नहीं थी। एक दिन दो व्यक्ति घमासान युद्ध करते और एक दूसरे के खून के प्यासे हो जाते, तो दूसरे ही दिन गलबाँही करते हुए किलकारियाँ मार रहे होते। क्या ये निःशेष भाव मानसिक अपरिपक्वता के लक्षण थे? क्या यह आचरण पशुवृत्ति की तरह पल-पल बदलने वाला क्षणिक आवेग है?

उनके आचरण से अधिक उनके विचार उसे अधिक पेचीदा लगे। उनके विचार जगत में लगभग हर चीज़ के दो या अधिक अर्थ थे। पेड़-पौधे एक ओर प्रकृति के तत्त्व थे, जो उनके गुज़ारे के साधन थे। दूसरी ओर उन्हीं पेड़-पौधों को वे महाशक्ति का व्यक्त रूप समझते थे। शायद ही उनकी जीवन का कोई अंग हो, जिसके संदर्भ में उन्होंने कल्पना जगत में उसे कोई नया अर्थ न दिया हो। इन बातों को समझ पाना उसके लिए बहुत कठिन था।

महाशक्ति ऊपर आसमान में थी। वहाँ ऊपर से मनुष्य के लिए आवश्यक सभी चीज़ें भेजती थी-- जल, दूध, गरमी, हवा आदि। धरती दानव अपदेवता है, चीज़ों को गंदा करता है, महाशक्ति की दी चीज़ें ख़ुद खा जाता है। सिर महाशक्ति का अनुयायी है। वह महाशक्ति की दी अच्छी चीज़ें देखता है, अच्छी चीज़ें खाता है और अच्छी बातें सोचता है। पेट धरती दानव का अनुयायी है। लोग अच्छी चीज़ें खाते हैं, तो भी उन्हें गंदा कर ज़मीन देवता को दे देता है। इसीलिए महाशक्ति पेट पर अधिकार जमाने के लिए बच्चों को वहाँ भेजती है। धरती दानव महाशक्ति के डर से ख़ामोश रहता है, फिर भी कभी-कभी तेज़ी से करवट लेता है और चीज़ों को अपनी ओर खींच लेता है। उसे पेड़ों से नफ़रत है, क्योंकि वे ज़मीन में उगते हैं, फिर भी महाशक्ति की ओर जाते हैं। इसीलिए वह आग उगलता है और पेड़ों को उसमें डाल देता है। महाशक्ति पानी भेजकर आग बुझाती है और कभी अधिक नाराज़ होने पर ज़मीन पर आग की तलवार फेंकती है। महाशक्ति पेड़-पौधों पर ज़्यादा विश्वास नहीं करती। आख़िर वे ठहरे धरती दानव के ही बच्चे। इसीलिए वह दिन भर उन पर गरमी बरसाती है, लेकिन रात तक उसे उन पर रहम आ जाता है, और वह रात भर उन पर ओस का मलहम लगाती है। जिस पर उसे ज़्यादा गुस्सा आ जाए, उस पर आग की तलवार फेंकती है या हवा भेजकर उखाड़ फेंकती है।

ऐसा नहीं कि उनकी व्याख्याएँ इतनी सरल हों। एक ही बात की एक से अधिक व्याख्याएँ भी हो सकती हैं। बच्चे के जन्म के बारे में वे लोग मानते थे कि महाशक्ति हर नारी का पेट चीरती है और ख़ून बहा देती है, क्योंकि पेट धरती दानव का अनुयायी है। लेकिन जब वह किसी नारी से खुश हो जाती है, तो उसका पेट नहीं चीरती, बल्कि उसके पेट में बच्चा भेज देती है।

“वह सिर्फ़ औरतों का ही पेट क्यों चीरती है? आदमियों का क्यों नहीं?” 35 ने सवाल किया था।

“इसलिए कि नारी ही धरती पर उसका रूप है। आदमी तो ....”। मुखिया को लगा कि वह बहुत अधिक संगत उत्तर नहीं दे पाया। उसे 35 के प्रश्न करने पर झुंझलाहट

हुई। अपनी खीझ को छिपाये बिना उसने कहा, "हर बात में क्यों, कैसे नहीं पूछते रहते। क्या हम जान सकते हैं कि महाशक्ति क्या सोचती है और क्या चाहती है? हमें समझ लेना चाहिए कि वह हर बात ठीक से ही करती है।"

एक अन्य व्यक्ति ने भी उसे बच्चे पैदा होने के संदर्भ में उनकी मान्यताओं का वर्णन किया था। वही लोगों को आसमान से धरती पर भेजती है। लोग जब उसका ध्यान करना छोड़ देते हैं, तो उन्हें अपने पास बुला लेती है। लोग जब उसके पास जाने लगते हैं, तो उसकी ज्योति से उनकी आँखों की रोशनी कम हो जाती है, उनके बाल सफ़ेद होने लगते हैं। ऊपर की चढ़ाई चढ़ने से उनकी कमर झुक जाती है। ऊपर का रास्ता फिसलन भरा होता है और चढ़ने के लिए सीढ़ियाँ नहीं होतीं। इसलिए उनके दाँत गिरने लगते हैं, जिससे वे दाँतों पर पैर जमाकर चढ़ सकें। जब लोग उसके पास पहुँचकर उसे संतुष्ट करते हैं, तो उन्हें फिर ज़मीन पर भेज देती है।

"इतना छोटा बनाकर क्यों?"

"इसलिए वह पिछला सब भूलकर नये सिरे से बड़ा हो और फिर से महाशक्ति का ध्यान करे। क्या बूढ़ा आदमी धरती पर आकर शक्ति पूजा कर सकता है?"

"यह कैसे कहते हो कि वही आदमी फिर से धरती पर लौटकर आता है?"

"यह तुम देख नहीं रहे हो। वह खड़ा है न बच्चा, उसकी शक्ल उस बूढ़े से नहीं मिलती जो पिछले साल महाशक्ति के पास पहुँच गया था?" उस आदमी ने प्रति प्रश्न किया।

"ठीक है। उस लड़के को भी देखो। उसकी शकल हूबहू उस आदमी से नहीं मिलती, जो तुम्हारी गुफ़ा की बगल में रहता है? वह तो अभी मरा नहीं है न? फिर दोनों की शकल कैसे मिलती है?" जब उस व्यक्ति से कोई संतोषजनक उत्तर देते नहीं बना, तो वह 35 की तरफ़ जिज्ञासा से देखने लगा। क्या 35 कोई समाधान देने वाला है?

35 ने सोचा कि उसे पितृत्व के बारे में समझा दे। उसने कहा, "पिछले साल उस आदमी ने उस लड़के की माँ के साथ संभोग किया था। तभी वह बच्चा उस औरत के पेट में आया। इसलिए बच्चे में आदमी की शकल आयी है। हम लोगों के संसार में उसे लड़के का पिता कहते हैं, जैसे वह औरत उसकी माता है।"

वह व्यक्ति 35 का कोई भी शब्द नहीं समझ पाया। संभोग और बच्चे के जन्म में क्या संबंध है? उसके अनुसार इन दोनों में कोई संबंध नहीं था। 35 उसे गर्भाधान का रहस्य समझा नहीं सकता था। जो व्यक्ति संभोग की स्थिति में स्खलन और ज़ुकाम की स्थिति में गले से निकलने वाले बलगम में कोई अंतर नहीं कर सकता, वह शुक्राणु का

रहस्य क्या समझेगा? उसके लिए वही सत्य था, जो प्रत्यक्ष था; अन्यथा उसके कल्पना लोक में भिन्न रूप में सत्य बन जाते थे।

दो अर्थ वाले उनके विचारों की प्रतिच्छाया उनके व्यवहार में भी देखी जा सकती थी। नैतिक रूप से उनकी घोषणा थी कि नारी महाशक्ति का रूप है, और इसलिए उसका आदर होना चहिए, आदमी को उसकी रक्षा करनी चाहिए। लेकिन व्यवहार में वह लोग ज़्यादातर विपरीत आचरण करते थे। औरत आदमी की निजी संपत्ति जैसी होती थी। वह उसे इच्छानुसार काम न करने पर मारता-पीटता था। शिकार के बाद खाने क़ी बेला आती, तो सबसे पहले आदमी शिकार पर टूट पड़ते थे। एकाध ही पुरुष अपनी प्रिय संगिनी के लिए मांस का टुकड़ा दे आता था, अन्यथा जानवर के छोटे होने पर औरतों को तथा बच्चों को कोई हिस्सा नहीं मिलता था। उन्हें दोने या कंद-मूल खाकर गुज़ारा करना पड़ता था। गुफ़ा औरत की होती थी, लेकिन उसमें रहने का अधिकार बली पुरुष ही पाता था। कोई व्यक्ति बलपूर्वक किसी औरत का साथ पसंद कर ले और अन्य व्यक्ति उसे चुनौती न दे, तो उस औरत को उसी के साथ रहना पड़ता था। इस तरह साथी का चुनाव आदमी, वह भी बलवान आदमी ही करता था। बलवान व्यक्ति की औरत पर उसकी इच्छा के विरुद्ध कोई और व्यक्ति नज़र भी नहीं डाल सकता था। दूसरे शब्दों में कमज़ोर व्यक्ति की अपनी कोई चीज़ नहीं हो सकती थी। उसकी वस्तुएँ, औरत और खाने की चीज़ें सब दूसरे लोग छीन सकते थे। आम तौर पर ऐसे मामलों में मुखिया दखल नहीं देता था। यह लोगों का आपस का मामला था और उन्हें स्वयं ही इसका निपटारा कर लेना चाहिए था। हाँ, मुखिया तभी किसी मामले में बोलता था, जिसमें उसका अपना हक हो।

नवभारत में ऐसी कोई छीना-झपटी नहीं थी। न किसी का कोई परिवार था, न किसी का कोई संपत्ति। वहाँ बल या स्वत्व पर अतिक्रमण का कोई अर्थ न था। हर आदमी को अपनी आवश्यकताओं की हर चीज़ मिल जाती थी और उसे संघर्ष करने की ज़रूरत न थी। लेकिन गहराई में.......। दोनों स्थितियों में साम्य तो था। मुखिया विश्वास और विचार पर कब्ज़ा कर लोगों को अपने अधीन करता था और प्रधानमंत्री सूचना तंत्र पर अधिकार कर शासन तंत्र को अपने अधीन किये हुए था। यहाँ बाहुबल जीतता था और वहाँ बुद्धि बल। यहाँ लोगों के मुँह से निवाला छीना जाता था, तो वहाँ व्यक्ति का अपना स्वत्व ही नष्ट किया जा रहा था। दोनों ही स्थितियों में विचार वर्जित था-- व्यक्ति को विचार वही करना था जो उन्हें तंत्र देता।

लेकिन विचार और व्यवहार में कितना अंतर होता है। मुखिया भले सामाजिक न्याय और ज़रूरतमंद लोगों की आवश्यकताओं की पूर्ति करने की बात करे, वह समय आने

पर एक निरंकुश शासक है, इसका प्रत्यक्ष प्रमाण 35 को मिल गया। द्रेयोमू की गलती बहुत बड़ी नहीं थी, उसने आदतन किसी छोटी बात पर मुखिया के लड़के को पीट दिया था। मुखिया तो पहले से ही उसे त्रस्त था, क्योंकि द्रयोमू कभी मुखिया के लड़के को सबक सिखा देता, और यदा-कदा तामतामी को अपने साथ रहने के लिए मजबूर करता रहता। मुखिया ने उसे बुलाकर डाँटा,तो वह गुस्से में कहने लगा कि तुम पक्षपात करते हो। मुखिया ने उसे अपने अधिकार का स्मरण दिलाते हुए डाँटा और महाशक्ति के क्रोध का भय दिखाकर धमकाया। द्रेयोमू ने भी प्रतिवाद में कह दिया कि महाशक्ति सबके लिए बराबर है और मुखिया को भी उसके क्रोध का पात्र बनना पड़ सकता है। इसपर मुखिया तिलमिला गया और घोषित किया कि द्रेयोमू अविश्वासी है, महाशक्ति के कोप का पात्र है और उसे दंडित न किया जाए, व्रो महाशक्ति पूरे संसार का नाश कर देगी। उसने द्रेयोमू को मृत्युदंड देने की घोषणा कर दी।

द्रेयोमू ने कभी कल्पना भी नहीं की थी कि बातचीत के लिए उसे इतना बड़ा दंड मिलेगा। लेकिन वह ज़रा भी विचलित नहीं हुआ। उसने मौन होकर अपने विचार स्वातंत्र्य के अपराध की सज़ा स्वीकार कर ली। लेकिन उसकी माँ को इस निर्णय से गहरा आघात पहुँचा। वह रोती-कलपती मुखिया के पास आयी और गिड़गिड़कर दया की भीख माँगने लगी। मुखिया रहम करता तो भी कैसे? द्रेयोमू ने क्षमा याचना जो नहीं की थी! मुखिया अपने फ़ैसले पर अडिग रहा। उसका रुख़ देखकर और लोग भी नहीं बोले।उनमें कुछ सोचते थे कि द्रेयोमू को आवश्यकता से अधिक दंड दिया जा रहा है। लेकिन वे अपनी बात कह भी नहीं सकते थे। मुखिया के शासन में बने रहना है, तो उसके निर्णयों को मानना भी पड़ेगा।

उसी दिन दुपहर को द्रेयोमू को मारना था। उसे एक चट्टान के सामने खड़ा किया गया था। अपने बचाव के लिए उसे ढाल भी दिया गया था। लोगों के पथराव से वह बच जाता या चोट खाने के बाद बिना इलाज के ज़िंदा रह जाता, तो उसे फिर समुदाय में शामिल किया जाता। यह माना जाता कि महाशक्ति ने ही उसे माफ़ कर दिया है। अन्यथा उसकी मृत्यु निश्चित थी। लोगों ने चारों तरफ़ से उस पर पत्थर फेंके। वह एक तरफ़ से आने वाले पत्थर से अपना बचाव करता, तो दूसरी तरफ़ से पत्थर लग जाता। कुछ देर के पथराव में वह लुढ़क गया और थोड़ी देर में दम तोड़ दिया। 35 इस घटना की क्रूरता से विचलित हुए बिना नहीं रह सका। उसे यह देखकर और भी दुख हुआ कि किस तरह समाज की संगठित शक्ति अक्सर अपना ही गला घोंटने को मजबूर होती है।

34

वहाँ रहते उसने गोराम भाषा सीख ली थी और लोगों के साथ धड़ल्ले से बोलने लगा था। शुरू में उसे गोराम भाषा बड़ी कठिन लगी थी, क्योंकि उसमें बहुत से क्रिया रूप थे। नवभाषा में क्रियाओं की बहुलता नहीं थी, लेकिन गोराम भाषा में हर व्यक्ति के संदर्भ में क्रिया बदल जाती थी, इसीलिए शुरू में वह 'तुम कहता हैं', 'मैं कहती हो' जैसे वाक्य बोलता था, तो लोग हँस पड़ते थे। उसने बड़ी कठिनाई से सही क्रिया का प्रयोग करना सीखा। लेकिन वह 'मैं' के लिए वह शब्द नहीं बोलता था, जो मुखिया अपनी भाषा में बोलता था। उसने तो ज़्यादातर बाबायू और तामतामी से भाषा सीखी थी, लेकिन उनका 'मैं' भिन्न था। मुखिया मानता था कि 35 भी एक मुखिया है, इसलिए उसे 'मैं' के लिए उच्च वर्ग का शब्द बोलना चाहिए। 35 यह समझ नहीं सका कि 'मैं' हर स्थिति में बदल कैसे जाता है!

गोराम भाषा में उसे कई बातें विचित्र लगीं। सबसे विचित्र लगे उसे लोगों के मुहावरेदार प्रयोग, जिनका अर्थ शब्द जानने पर भी समझा नहीं जा सकता था। 'सीना सुलगे टपके आँसू' का अर्थ का तपती गरमी के बाद बारिश का होना। 'शक्ति का मारा' का अर्थ था वह व्यक्ति जिस पर बहुत-सी मुसीबतें आयी हों। धरती तोड़कर पानी डालने का अर्थ था संभोग करना। मारे हुए शिकार को वे महाशक्ति का महा प्रसाद कहते थे और किसी व्यक्ति के मर जाने पर कहते थे कि वह शक्ति में लीन हो गया। इस जटिलता के कारण उसे गोराम भाषा समझने में कठिनाई होती, लेकिन उस भाषा की या बोलने वालों की एक विशेषता के कारण उसे अधिक कष्ट नहीं हुआ। वे लोग एक ही बात को कई तरह से घुमा-फिरा कर कहते थे, अलग–अलग शब्दों में कहते थे। इस तरह बातचीत का कोई सूत्र भी हाथ लग जाता, तो पूरी बात समझ में आ जाती थी।

पहले उसे उनकी कविताओं को समझने में भी दिक्कत होती थी, लेकिन भाषा के ज्ञान के साथ-साथ उसे कविताएँ भी समझ में आने लगी थीं। आदिम समाज की लड़कियाँ कभी अपने बालों में एक तरह की चमकीली रेत लगा लेती थीं, जिससे बालों के बीच में से रेत के कण चमकते दिखायी देते थे। उनकी एक कविता में भी इसी तरह का एक वर्णन था–

वे नहीं तारे महाशक्ति की केश राशि काली
दिक-दिगंत तक फैली उसमें श्वेत रेत चमकीली

नवभारत में नारी का सौंदर्य नामक कोई शब्द ही नहीं था। गोराम भाषा में नारी के सौंदर्य पर सुनी हुई काव्यमय उक्ति उसे अद्भुत लगी। वर्णन में कल्पना की क्या उड़ान थी।

हिरन के ताज़ा मांस-सी रसीली हो तुम।
जंगल के 'दुनाहा' पत्र--सी नशीली हो तुम।
चितवन तुम्हारा है सूर्य किरण जल कुंड में गिरती
चाल वह तुम्हारी है काष्ठ नौका जल सतह पर तिरती।
कटि पर स्तन भार अहा! 'गोलप' लता फलों से लदी
सुंदरता बयान कैसे करूँ? गोराम भाषा में कोई शब्द ही नहीं।
प्यार जगाती हो मेरे मन में, याद आती हो दिन-रात
बुला न लो मुझे तुम गुफ़ा में, करूँ प्यार तुम्हीं से दिन-रात।

उन लोगों को कविता करना किसने सिखाया था, यह बताना कठिन था, लेकिन भावना की उड़ान से ही कविता प्रेरित थी, इसे गाने वालों की उमंग से पहचाना जा सकता था। उसे लगा कि उसे ऐसी कविताओं को लिख लेना चाहिए, जिससे वह उन्हें अपने पास सुरक्षित रख सके।

गोराम समुदाय के लोग भाषा बोलते थे, लेकिन लिखने की कला से पूर्णतः अपरिचित थे। आखिर वे लिखते तो भी किस पर? उनके पास संगणक नहीं था, न ही उसके पास 'सोरानीन' शीट था, जो नवभारत में उपलब्ध था। 35 ने सुना था कि प्राक-ऐतिहासिक युग में लोग कागज़ नामक पदार्थ पर कुछ लिखते थे। लेकिन गोराम लोग इतने अविकसित थे कि कागज़ का भी निर्माण नहीं कर सकते थे। उसने उन लोगों की भाषा को लिखना चाहा तो, उसे बड़ी कठिनाई हुई। नवभाषा में केवल सोलह ध्वनियाँ थीं- पाँच स्वरः आ, ई, ऊ, ए, ओ, और ग्यारह व्यंजनः क, ग, त, द, प, ब, म, न, र, स, ह। सोहल ध्वनियों तक भाषा को सीमित करने का एक उद्देश्य था। उनके संगणक का एक स्मृति कोष्ठ सोलह भिन्न अवस्थाओं में व्यक्त हो सकता था। हर अवस्था में 0 से 15 तक की कोई संख्या सीमित कर दी थी। लेकिन उसने अनुभव किया कि गोराम भाषा में 50-60 ध्वनियाँ हैं। इतनी सारी ध्वनियों को लिखने के लिए उसके पास अक्षर नहीं थे। यही नहीं, किसी शब्द में कभी एक ध्वनि आती थी, तो कभी उससे भिन्न दूसरी ध्वनि। इस अव्यवस्था के कारण भी वह उस भाषा को लिखने में अपने को असमर्थ पाता था।

उसने जानना चाहा कि क्या गोराम भाषा में कभी-किसी ने कुछ लिखा है। प्रत्यक्ष रूप से उसे कुछ दिखायी नहीं पड़ा। हाँ, गुफ़ाओं में उसने ज़रूर कुछ तस्वीरें देखी थीं। जानवर को मारने का दृश्य, नाच-गान का दृश्य, माँ और बच्चे की तस्वीर, मंत्र जाप करते मुखिया का चित्र आदि दृश्यमान थे। उनमें मनुष्यों की आकृति अधिकतर सांकेतिक ही होती थी, क्योंकि खुरदुरी सतह पर सूक्ष्म रेखाएँ खींचना भी कठिन होता

है। उसने मुखिया के घर पर मिट्टी का बना एक तखत देखा था, जिसमें खुदी हुई आकृतियाँ तस्वीर कम, और भाषा के शब्द ज्यादा लगती थीं। शायद कभी किसी ने गीली मिट्टी में कुछ लिखने का यत्न किया हो। वह तखत जंगल की आग में पड़ गया होगा। जलकर वह पत्थर की तरह सख्त हो गया था। इसीलिए अब उसे पढ़ सकने वाला कोई व्यक्ति नहीं था। उसने स्वयं ही सूर्यास्त, चिड़िया जैसे विचारों को तस्वीरों से पहचान लिया था। कुछ आकार उसकी समझ में नहीं आये, लेकिन मुखिया ने उन्हें स्पष्ट किया था। जैसे, एक फल के दो टुकड़े दिखाये हुए थे; देखते ही मुखिया ने कहा 'काटना'। एक आदमी ने आसमान की तरफ़ एक उँगली उठा रखी थी, मुखिया ने कहा, 'जीत'। लेकिन कई तस्वीरों का अर्थ वह भी नहीं बता पाया था। 35 ने सोचा कि किसी ने तस्वीरों के माध्यम से विचारों को लिखित रूप देने का यत्न किया है। क्या ही अच्छा होता, अगर ये लोग लिख सकते होते! उनके गीत, कथाएँ, अनुभव सब को स्थायी रूप मिल जाता और आने वाली पीढ़ियाँ अपने पूर्वजों के बारे में जान पातीं। लेकिन उसे उनकी भाषा को लिपिबद्ध करने का लोभ छोड़ना पड़ा, क्योंकि उनकी सारी ध्वनियों के लिए अक्षरों का निर्माण करना संभव न था।

34

विकास सिर्फ़ एक प्रक्रिया नहीं है, एक मानसिकता है। इसलिए किसी समुदाय में विकास अपने आप नहीं हो जाता, उसके लिए लोगों को मन से तैयार होना होता है। ऐसा नहीं कि गोराम जाति के लोग सूक्ष्म कलात्मक वस्तुएँ निर्मित न कर सकते हों। वे जंगल की लताओं से लकड़ी, पत्थर आदि को जोड़कर आकृतियाँ बनाते थे, रेशों में बीज, मनका आदि को पिरोक़र मालाएँ बनाते थे। लेकिन इन चीज़ों का मूल्य तभी तक था, जब तक इन्हें प्रतिष्ठा के रूप में संगृहीत कर अपने कब्ज़े में न कर लेते थे। बाद में उन्हें किसी कोने में डाल देते या तोड़-ताड़कर अलग न कर लेते। 35 ने सोचा कि वह उन्हें चाकू से तराशकर लकड़ी की मूर्तियाँ बनाना सिखाए। लेकिन वे कोई नयी चीज़ सीखना ही नहीं चाहते थे। यहाँ तक कि चाकू से जानवर को काटना भी उन्हें उपयोगी विचार न लगा। शायद प्रकृति पर आश्रित रहने की वृत्ति के कारण वे मानव कौशल से सिद्ध किसी भी व्यापार से मुँह मोड़ लिया हो। विकास की प्रक्रिया जब एक बार शुरू होती है, तो फिर रुकती नहीं है। उस माया जाल में न फँसना चाहो, तो कुछ शुरू ही मत करो।

यही बात विचारों पर भी लागू होती है। विचार और विकास में परस्पर संबंध है। वे जानते थे कि सड़ा हुआ जानवर खाने से रोग होता है और मृत्यु भी हो सकती है। लेकिन ऐसी अवस्था में मृत्यु को वे मरने वाले की नियति मानते थे, महाशक्ति के कोप का परिणाम मानते थे। कभी-कभी ऐसा भी होता था कि कोई भूख से व्याकुल बच्चा सड़ा माँस खा जाता और आँतों के दर्द से मर जाता। वे यह नहीं सोचते थे कि ऐसे बच्चों को मरे जानवर को खाने नहीं देना चाहिए, बल्कि दुख मनाकर कहते कि उस बच्चे ने कोई कुकृत्य किया होगा। सीमित दृष्टि से ज्ञान सीमित होता है और मानसिक विकास ही ज्ञान की सीमा को दूर कर सकता है।

गोराम जाति के लोग वास्तव में उतना ही विचार करना चाहते थे, जितना उन्हें अपने जीवन यापन के लिए आवश्यक था। उससे अधिक विचार उन्हें भयावह लगते थे। उससे बातचीत के दौरान मुखिया उससे अपने बारे में कई बातें बताता था। उसे शायद लगता था कि वह एक अबोध, नासमझ आदमी को ज्ञान की शिक्षा दे रहा है। उसके अनुसार महाशक्ति ने संसार में उन्हीं लोगों की सृष्टि की है। विश्व की सृष्टि करने के बाद वह मुखिया को सृष्टि की रक्षा का दायित्व सौंपकर अपने लोक में चली गयी है। मानव की रक्षा मुखिया का धर्म है। वह अपने कुल की रक्षा करता है, लोगों का परिपालन करता है। यह काम हमेशा उसके परिवार के लोगों को ही करना पड़ा है, क्योंकि वह और उसके परिवार के लोग संसार में श्रेष्ठ हैं। शेष सभी लोग उसकी सेवा के लिए हैं।

मुखिया जब महाशक्ति की सृष्टि, कुल की श्रेष्ठता और उसमें मुखिया के स्थान की चर्चा करता था, तब उसके चेहरे की ओर देख कर यही लगता था कि वह पूर्ण ईमानदारी के साथ अपनी बात कह रहा है। वह ऐसी कोई बात नहीं कह रहा है, जो उसके अपने हिसाब से गलत हो और जिसे वह यत्नपूर्वक मनवाना चाहता हो। वह जो जानता था, सोचता था वह उसके लिए सत्य था। वस्तु सत्य और व्यक्ति सत्य में कितना अंतर होता है! मुखिया के कथनों के संदर्भ में वस्तु सत्य उसके सामने नहीं था। इस कारण उसका कथन अंततः सत्य था। 35 जैसे और व्यक्ति ही ज्ञान तथा अनुभव की तुलना के आधार पर व्यक्ति सत्य की सच्चाई को पहचान सकता है। लेकिन क्या वह मुखिया और उसके कुल को वास्तविक सत्य से अवगत करा सकता है? शायद नहीं। शायद उनके लिए वस्तु सत्य झूठ है। वह कैसे मनवा सकता है कि सूर्य महाशक्ति के आँगन का टिमटिमाता दीप नहीं है। उनका जीवन जिन विचारों पर निर्मित है, उसे कोई खंडित नहीं कर सकता है। उसके देश के प्रधानमंत्री जो विश्वास लेकर चल रहे हों, वे भी शायद उसके अनुसार सत्य हों। वे भी शायद यही मानते हों कि उन्होंने नवभारत के

लिए जीवन की जो पद्धति चुनी है वही श्रेष्ठ है। लेकिन नवभारत के प्रधानमंत्री तो कम से कम मुखिया की तरह तथ्यों से अज्ञात नहीं थे। वे भूत, वर्तमान, भविष्य सब के जानकार थे। फिर उनकी विचारधारा को अज्ञान से प्रेरित व्यक्ति सत्य कैसे कहा जाए? 35 ने सोचा कि व्यक्ति सत्य केवल प्रस्तुत तथ्यों पर ही आधारित नहीं होता। दृष्टि भी एक कोण है, जिससे सत्य को देखा जा सकता है। कोई सत्य के एक पक्ष को देखे और अन्य पक्षों की अवहेलना करे, तो वह उन पक्षों को झूठ मान सकता है। एक व्यक्ति की सत्ता में इसी कारण असत्य ही सत्य हो जाता है। सबकी सामूहिक दृष्टि ही शायद सत्य को पहचानने में मदद कर सके। लेकिन फिर इस संघर्ष का क्या हल है- सत्ता दृष्टि से डरती है और दृष्टि सत्ता चाहती है। वह बात तो हर संस्कृति में है। विकास, अविकास कोई इस संघर्ष का निवारण नहीं कर सकता।

इसीलिए उसके विचारों में कभी जनहित और जन सेवा की भी भावना झलकती थी। अपने समाज की समस्याओं का ज़िक्र करते हुए मुखिया ने उसे बताया कि आदमी अक्सर औरत और बच्चों को छोड़कर दूसरी औरतों के पास चले जाते हैं। लेकिन नयी औरत के बच्चों की देखरेख नहीं करते। उन बच्चों को पालने की पूरी ज़िम्मेदारी उस औरत पर आ जाती है। छोटी उम्र में तो औरत को साथी मिल जाता है, लेकिन बूढ़ी औरतों को अक्सर अकेले रहना पड़ जाता है। वह सोच रहा है कि किस तरह ऐसे बच्चों और बूढ़ी औरतों का पालन किया जाए। वह कह सकता है कि हर गुफ़ा में एक बूढ़ी औरत ज़रूर रहे और लोग उसके लिए खाना लाएँ। या फिर वह सारी बूढ़ी औरतों को एक गुफ़ा में रहने को कह सकता है और लोगों को आदेश दे सकता है कि वह शिकार का एक हिस्सा बच्चों और बूढ़ों के लिए अलग कर दें।

"तुम्हारा विचार तो अच्छा है। सब लोगों को खाना और रहने की जगह मिलनी ही चाहिए। लेकिन पहले से ही ऐसा क्यों नहीं किया था?" 35 ने प्रश्न किया।

"क्या करें, लोग मानते नहीं। सब अपना ही फ़ायदा सोचते हैं। दूसरों की भी सोचनी चाहिए न?"

"क्या वे अब तुम्हारी बात मान लेंगे? क्या तुम उन्हें शिकार का हिस्सा देने के लिए मजबूर कर सकते हो?"

"क्यों नहीं, मैं कहूँगा तो सब मानेंगे।"

"मान लो कि एक आदमी तुम्हारी बात न माने तो?" 35 ने फिर कुरेदते हुए पूछा।

मुखिया थोड़ी देर चुप रहा, जैसे इस विस्फोटक स्थिति के परिणाम के बारे में सोच रहा हो। उसके चेहरे पर आक्रोश के भाव उभरे। संभावित विद्रोह के विरोध में माथे

पर बल पड़ गये। उच्च स्वर में उसने कड़ककर कहा, "महाशक्ति उस पर कोप बरसाएगी।" उसके इस कथन की सत्यता को 35 ड्रेयोमू कांड में प्रत्यक्ष रूप से देख चुका था।

35 को उस जनजाति के बीच में आए कई महीने बीत गये। उसने आश्चर्य के साथ प्रकृति का एक पूरा चक्र देख लिया था। गर्मी, सर्दी, पतझड़, शीत, वसंत जिनके बारे में उसने पहले सिर्फ़ सुना भर था, उन्हें प्रत्यक्षतः देखने का अनुभव अद्भुत था। वास्तविक अनुभूति सुनी हुई बात से कहीं बहुत भिन्न होती है, लेकिन यह अनुभूति इतनी सुखद भी नहीं थी जितनी की सोचने में लग सकती थी। प्रकृति के उपादान उस पर अपना असर भी दिखाते थे। जाड़े का मौसम उसे असह्य लगा क्योंकि उसके पास पर्याप्त वस्त्र नहीं थे। नवभारत की एक वस्त्रीय पोषाक प्रकृति के भीषण प्रकोप को झेलने के लिए उपयुक्त नहीं थी। आदिमवासी दंड से अधिक डरते नहीं क्योंकि उनके शरीर पर काफ़ी बाल थे जो ठंड के लिए एक कवच का काम करते थे। साथ ही वे घास-फूस बिछाकर उस पर सोते थे। ऊपर खाल ओढ़ लेते थे और ज़्यादा सर्दी हो तो एक दूसरे से लिपट कर सोते थे। उसने भी खाल ओढ़ना सीखा, फिर भी ठंड उसके लिए असह्य थी। नवभांरत की शीतोष्ण जलवायु और प्रकृति के वास्तविक स्वरूप में बहुत अन्तर था। यह भी नहीं संभव था कि वह दिन भर यान में अकेला बैठा रहे।

इसी प्रकार गर्मी या बारिश का मौसम भी उसके लिए असह्य थे। गर्मी में उसे बहुत प्यास लगती और शरीर में से पसीने की बूंदे चुहचुहा आतीं। लेकिन वह झरने का पानी भी पी नहीं सकता था। बारिश के मौसम में ज़मीन चलने लायक नहीं रहती थी और कीड़े काट लेते थे। कीड़े काटने पर वह खुजा लेता और उसके शरीर पर व्रण हो जाता। ऐसी विपदाओं के लिए उसके पास उचित दवाइयाँ भी नहीं थीं। मुखिया जड़ी-बूटियों से उसका उपचार करने का प्रस्ताव करता, लेकिन 35 को मुखिया के इलाज़ पर भरोसा न था। मुखिया का उपचार अनुभव पर आधारित था फिर भी वह अँधेरे में भाला फेंकने के समान था। 35 को यह भी मालूम था कि कोई महाशक्ति नहीं है जिसकी कृपा दृष्टि से वह ठीक हो जाए। उसकी यह बड़ी विचित्र स्थिति थी, क्योंकि वह चाहते हुए भी उन लोगों के समाज में खप नहीं पाया। कठिनाई वैचारिक स्तर पर भी उतनी नहीं थी क्योंकि उस समाज के अपने बंधन जो भी हों, ये बंधन उस पर लागू नहीं थे। दूसरे स्तर के मुखिया होने के नाते वह आचार-विचार की दृष्टि से अधिक स्वतंत्र था। लेकिन शरीर की जो भौतिक माँगें थीं, उनसे वह कैसे छूट पाता।

अब तक वह नवभारत से लायी हुई गोलियों पर ही आश्रित था। चाहे कम गोलियों से उसका काम चल जाता हो, लेकिन थीं वे सीमित ही। उसने अनुभव किया कि उसकी

ख़ुराक की गोलियाँ कम होती जा रही हैं, इस गति से कुछ महीने बाद उसके पास खाने के लिए भी कुछ न होता होगा। फिर...... वह स्वयं गोलियाँ तैयार नहीं कर सकता था। अपने एकाकी और परतंत्र होने का उसे अहसास हुआ। आदमी चाहे जितना भी स्वतंत्र हो या होना चाहे, संगठित शक्ति और सामूहिक व्यवस्था के सहारे ही जी सकता है। हम सभी कहाँ परतंत्र हैं, संगठनात्मक सता के मुखापेक्षी हैं। इससे भी बड़ी बात यह थी कि हम जिस व्यवस्था में पले-बढ़े, उस व्यवस्था से अलग होना भी कठिन कार्य है। व्यक्ति कहीं व्यवस्था का शिकार है। उस समाज में बने रहने के लिए उसके लिए आवश्यक था कि वह भी उन लोगों की तरह कच्चे मांस और कंद-मूल, फल पर गुज़ारा करे। लेकिन शरीर जब एक ख़ास तंत्र में ढल चुका था तो उससे छुटकारा पाना और एक नयी व्यवस्था में अपने को ढालना असंभव नहीं, तो अत्यंत कठिन था। वह ठोस पदार्थ तो खा नहीं सकता था, लेकिन फलों का रस या किसी जानवर का रक्त ग्रहण करना भी उसके लिए संभव नहीं था। उसका पाचन तंत्र इस लायक था ही नहीं कि वह बाहरी पदार्थ अधिक मात्रा में ग्रहण करे और पाचन के उपरांत मल विसर्जन कर सके। मन अगर किसी व्यवस्था में बाँधा जा सकता है तो शरीर भी बाँधा जा सकता है। शरीर के बँधन से निकलना भी शायद उतना ही कठिन है जितना मन के बंधन से निकलता।

अपने शरीर धर्म के संदर्भ में विचार करते हुए उसे ख़्याल आया कि यौन तुष्टि भी उसके लिए उतनी ही आवश्यक है जितनी ख़ुराक। इस संदर्भ में उसने अनुभव किया कि नवभारत के प्रशासकों ने सभी भावनाओं और उद्वेगों के क्षरण की कितनी बुद्धिमता से व्यवस्था कर रखी थी! घृणा हो या प्रेम हो या वासना सभी भावनाओं को क्षरण कर अवसर न दिया जाए तो व्यक्ति जी नहीं सकता। लेकिन इस आदिम अवस्था में संगणक के अभाव में वह यौन तुष्टि भी पा कैसे सकता है? जो व्यवस्था उसे उपलब्ध थी वह अपने ही परिवेश में सार्थक थी। परिवेश से कटकर उस व्यवस्था का भी कोई अर्थ नहीं था, लेकिन शरीर धर्म अपनी जगह बना हुआ था। काम भावना की तुष्टि के अभाव में उसे कोई विशेष कठिनाई तो नहीं थी, लेकिन सामान्य सहज जीवन जीना उसके लिए सरल नहीं था। उसे स्वयं ही क्षोभ हुआ अपने देहधर्मी होने पर; क्यों नहीं वह अपने मन या शरीर के बंधन से निकल पा रहा?

इतने दिन के अपने अनुभवों के बाद उसने सत्य के दर्शन कर लिए। वह शारीरिक रूप से अपनी नयी व्यवस्था में रहने के लिए बाध्य था लेकिन मानसिक रूप में वह पुरानी दुनिया से संबंध जोड़ सकता था, भले वहाँ भी कुछ बँधन रहे हों। लेकिन वह भौतिक रूप से पुरानी दुनिया में खप नहीं पाया था। उसे अनुभव हुआ कि हर दुनिया

का अपना एक़ गठन होता है, उसकी अपनी आन्तरिक व्यवस्था होती है, उसकी अपनी कुछ माँगें होती हैं। अगर व्यक्ति को उस व्यवस्था में बने रहना हो तो उसे उसी व्यवस्था में अपने लिए सबसे उपयुक्त स्थान चुनना होगा अन्यथा या तो व्यवस्था उसे उखाड़ फेंकती है या व्यवस्था उसका जीना कठिन बना देती है। यह हर व्यक्ति के वश में नहीं है कि वह हर व्यवस्था को अपने अनुकूल ढाल सके और अपनी इच्छा की पूर्ति की आकांक्षा करे। बंधन चाहे देह का हो चाहे समाज का, चाहे धर्म का हो चाहे विचार का, मुनष्य की अपनी सृष्टि है। इस सृष्टि का अधिकार उस व्यक्ति के हाथ में है जो उस व्यवस्था में सबसे बली है। वह तो व्यवस्था को वही रूप देगा जो उसके लिए उपयुक्त हो, अन्य व्यक्तियों की आवश्यकताएँ और आकांक्षाएँ उसके लिए अर्थहीन हैं।

पुरानी दुनिया की कुछ बातें उसे बहुत अच्छी लगीं। उसे यह भी लगा कि वही शायद जीवन का वास्तविक स्वरूप होना चाहिए बशर्ते कि लोग व्यवहार में विवेक का भी पुट जोड़ें। वे पुराने लोग भी रहन-सहन में कितने सहज थे! उनके जीवन का प्रकृति के साथ पूरा तालमेल था। वे प्रकृति को जानते थे और उसके अनुसार जीवन यापन करते थे। उन्हें प्रकृति को अपने ढंग से मोड़ने की आवश्यकता न थी क्योंकि प्रकृति उन्हें हर चीज़ विपुलता में देती थी। नवभारत के प्रशासन ने प्रकृति को पूर्ण रूप से नियंत्रण में करना चाहा, इसलिए मनुष्य भी स्वभाव में प्रकृत नहीं रहा! कहीं कुछ पाने के लिए कहीं कुछ खोना पड़ता है। प्रकृति के साथ तादात्म्य के कारण ही आदिम लोगों में भाव जगत कहीं सुरक्षित था। वे लड़ते थे तो दूसरे ही क्षण सहयोग करते थे, कष्ट देते थे तो फिर तसल्ली भी देने पहुँच जाते थे। सुख-दुख की यह धूप-छाँव उनके जीवन को उतना ही मोहक बना देता था जितना कि प्रकृति का पल-पल में बदलता हुआ रूप। कभी अगर उनमें थी तो ज्ञान की, विवेकपूर्ण विवेचन की और अपने जीवन को प्रकृति में रहते हुए व्यवस्थित करने की! लेकिन क्या यही नियति की विडंबना है कि आदमी जब विकास करने लगता है तो फिर उसी आधार को ठुकराकर आगे बढ़ता है जो उसका अपना संबल है? उसकी अपनी दुनिया में लोग विकास करते थे तो अपने अस्तित्व को ही उस विकास में खो देते थे और इस दुनिया में लोग विचार और विकास की ओर से मुँह फेर लेते थे तो हमेशा के लिए। क्या अविकास और विकास के बीच कोई ऐसा बिन्दु नहीं है जहाँ पर व्यक्ति स्थिर रूप से खड़ा रह सके और प्रकृत रहते हुए विकास का लाभ उठा सके। क्या कहीं ऐसी कोई दुनिया होगी जहाँ उसे इस प्रकार का जीवन मिलेगा? उसे लगा कि वह उन आदिम लोगों के बीच ज्यादा दिन नहीं रह

सकेगा। उसे अपने लिए कुछ करना ही होगा। लेकिन वह क्या कर सकता है इसका उसे कोई आभास नहीं था।

36

35 उन लोगों के बीच बना रहा और सोचता रहा कि वह क्या करे, कहाँ जाए। भले वह मानसिक रूप से अपनी दुनिया में खप नहीं पाया था फिर भी रह वहीं सकता था। उसका देह धर्म उसको और कहीं रहने की छुट्टी नहीं देता था। लेकिन क्या वह अपने दुनिया में अब वापस जा सकता है? जिस दिन वह संगणक केन्द्र से नाता तोड़कर उस संसार से बाहर निकला था, उसी दिन उन लोगों के लिए समाप्त हो गया था। जिस समाज में लोग क्यों या क्यों नहीं का प्रश्न भी नहीं कर सकते, वहाँ पूर्व आज्ञा के बिना यान लेकर देश से बाहर निकलना महा अपराध था। इस अपराध का दंड उसे मालूम था। अगर वह वहाँ वापस पहुँच भी जाए, तो उसे सीधे शल्यक्रिया विभाग में भेज दिया जाएगा, जहाँ उसके शरीर के अंग-अंग अलग कर दिए जाएँगे। किसी तरह प्रशासन अगर कुछ दयाशील हुआ तो उसे तुरंत विश्रामालय भेज दिया जाएगा, जहाँ उसे अकेले बैठे अपने आख़िरी दिन गिनने पड़ते। वह जाए तो भी किसके लिए? वह जानता है कि जिस दिन वह उस दुनिया से चला था उसी दिन उसके परिवार को दूसरा सदस्य मिल गया होगा और उसकी पत्नी और बच्चे उसे पूर्णतः विस्मृत कर चुके होंगे। जब वह साथ रहती थी तो भी उसकी भावविहीन मूरत उसके मन को बाँध नहीं सकती थी। लेकिन आज उसके चेहरे पर एक अतिरिक्त भाव होगा। वह या उसके बच्चे कभी कहीं 35 का नाम भी नहीं लेंगे, क्योंकि उसका नाम लेना उस समाज में अब कोई कम अपराध नहीं होगा। मित्र वगैरह तो पहले भी नहीं थे लेकिन उनके लिए वह उसी प्रकार अस्तित्वहीन है जैसे कभी वह उस समाज में रहा ही नहीं हो। इस प्रकार की भावनाओं से रहित परतंत्र और मशीनी संस्कृति में फिर से जाना उसके लिए अपनी मृत्यु से बदतर स्थिति थी।

वह जिन लोगों के बीच रह रहा है उनसे बिछुड़ना भी उसके लिए उतना ही कष्टदायक था। मुखिया उससे कितना स्नेह करता था, भले वह 35 के सवाल करने पर क्रुद्ध होता था और उसे अपने अधिकार की चुनौती समझता था फिर भी उसे बहुत चाहता था। मुखिया उसकी सुख-सुविधा का पूरा ख्याल रखता था, मानो वह उसके

परिवार का ही एक सदस्य हो। लोग उससे दूर रहते थे,फिर भी उसके प्रति स्नेह और महत्व का भाव हमेशा प्रकट करते थे। उन्हें लगता था कि बेचारा अपनी आवश्यकताओं के लिए न लड़ता है, न कोई चीज़ माँगता है। वे कोशिश करते कि उसे कोई खाने-पीने की चीज़ भेंट करें, नाच गानों में उसे सम्मिलित करें और शृंगार की उसकी पसंद की कोई चीज़ उसे बनाकर दें। वे सिर्फ़ यह नहीं जानते थे कि 35 इन सब आवश्यकताओं से परे है और उसे केवल उनका साथ चाहिए, उनका प्रेम चाहिए। तामतामी भी उसे भरसक रिझाने की कोशिश करती, झरने पर नहाने के लिए उसे खींचकर ले जाती, उसके साथ बैठे बातें करती रहती और उससे प्रेम जताती। दूसरी ओर समाज की और लड़कियाँ भी उसे प्रसन्न और संतुष्ट रखने की कोशिश करतीं। तामतामी की आँखों में उसने अपने लिए जो प्यार की चमक देखी थी वैसी भावना कभी अपनी पत्नी के भाव-विहीन चेहरे पर नहीं देखी थी। उन लोगों का आपस में भी इतना प्रेम था, लड़ना उनके लिए उतना ही सहज था जितना लड़ने के बाद गले मिलना। सुख-दुख शायद एक दूसरे के प्रतिरूप थे और जीने के लिए दोनों ही आवश्यक थे। नवभारत में व्यक्ति न हँसना जानता था, न रोना। हँसे तो आख़िर किस बात पर और किसके साथ? रोया जाए तो किसके लिए? समान धरातल पर लाए जाने पर न सुख सुख रह जाता है न दुख दुख। उसने निर्णय कर लिया कि चाहे जो हो, वह इस दुनिया से दूर कहीं चला जाएगा। ऐसी किसी अज्ञात धरती पर जहाँ जीवन उसके रहने लायक हो और जहाँ लोग इस आदिम संस्कृति की तरह आपस में ख़ुशियाँ बाँटते हों। उस धरती में जहाँ आदमी विचारशील हो ओर विवेक का भी आदर करता हो। उस संसार में जहाँ व्यक्ति स्वतंत्र हो और मिलकर जीना जानता हो। अत्याधुनिक भावनाओं में रहते हुए अपने आसपास खिलते हुए रंग-रंगीन पुष्पों की सुगंध का भी अनुभव करता हो। लेकिन क्या इस ब्रह्मांड में ऐसी कोई धरती है? क्या वहाँ के लोग इन आदिम लोगों की तरह प्रसन्न मन से दूर की धरती के एक नवागंतुक का स्वागत करते होंगे? उसे न ऐसी किसी धरती का ज्ञान था, न ऐसे संसार की राह मालूम थी। अगर उसे ऐसी धरती का पता लगाना है तो हिम्मत करके निकल पड़ना होगा। इस विशाल ब्रह्मांड में कहाँ उसे ऐसी संस्कृति तो होगी ही जहाँ वह भटकता-भटकता पहुँच जाए और न भी पहुँचे तो क्या हुआ? आख़िर कुछ वर्ष बाद नवभारत उसे सुला ही देगा। इससे तो अच्छा कि वह कम से कम खोज तो करे और अपने जीवन के अंत तक किसी अज्ञात स्वर्ग लोक की तलाश में आगे चलता रहे। एक दिन तामतामी के साथ इधर-उधर घूमते हुए उसने हल्के से संकेत किया कि वह शीघ्र ही उन लोगों को छोड़कर चला जाएगा। तामतामी उसके कथन का आशय नहीं समझ पायी। "कहाँ जाओगे, अपने संसार में" उत्तर देते

नहीं बना, उसने कहा कि उसके संसार में वह वापस नहीं जा सकता। वह बहुत दिनों से अपने घर से निकल गया था। इसलिए उसकी महाशक्ति उससे अप्रसन्न है। वह नहीं चाहती कि वह फिर अपने संसार में लौटे तो फिर कहाँ जाओगे, क्या कोई दूसरा संसार भी है जहाँ तुम जा सकते हो?" तामतामी ने पूछा।

"मैं ऐसा कोई दूसरा संसार नहीं जानता। लेकिन सोचता हूँ कि खोज करूँ तो कोई संसार तो मिलेगा ही, जहाँ मैं रह सकता हूँ और वहाँ की महाशक्ति मुझसे नाराज़ नहीं होगी।"

"तुम यहीं क्यों नहीं रहते हो? क्या तुम्हें यहाँ अच्छा नहीं लगता?"

"अच्छा तो लगता है , सच पूछो तो बहुत अच्छा लगता है। तुम हो, मुखिया है, और लोग हैं, मुझे तो सब अच्छे लगते हैं। लेकिन क्या करूँ,मैं यहाँ नहीं रह सकता। तुम लोगों का रहना मेरी दुनिया के रहने के बहुत भिन्न है। मैं बहुत दिन तक यहाँ रह नहीं सकता।"

"यहाँ हम लोग तुम्हें कोई तकलीफ़ तो नहीं देते। तुम शक्ति पूजा नहीं करते हो तो भी तुम मुझे अंच्छे लगते हो। क्या तुम मेरे लिए यहाँ नहीं रह सकते हो? तुम यहाँ रहते हो तो मुझे बहुत अच्छा लगता है।"

"लेकिन यहाँ मेरा कोई काम नहीं है। मेरी महाशक्ति चाहती है कि मैं किसी दूसरी जगह जाऊँ,जहाँ तुम जैसे लोग हों और मेरे रहने की सुविधा हो।"

"तो फिर तुम मुझे भी अपने साथ ले चलो। मैं भी तुम्हारे ही साथ रहना चाहती हूँ। मैं भी उसी देश में रहूँगी और वहाँ की महाशक्ति जैसे चाहेगी वैसे रहूँगी।"

35 उसे नहीं समझा पाया कि वह उसे अपने साथ नहीं ले जा सकता। वह अपनी संस्कृति से कटकर एक दिन भी जी ही सकती, उसका मन और शरीर इस जीवन. से इस तरह जुड़े हुए थे कि वह उससे कभी अलग नहीं हो सकती। लेकिन वह उसे यह बात नहीं समझा सकता था, उसने यही कहा कि महाशक्ति उसे उस दुनिया में जाने की अनुमति नहीं देगी। तामतामी को उसके जाने के समाचार से गहरा आघात पहुँचा था। वह उससे चिपटकर रोने लगी और कहती रही कि वह न जाए या उसे भी साथ लेता जाए।

उसे मालूम था कि ब्रह्मांड में करोड़ों तारे हैं और इनमें कई तारों के सौर मंडल में करोड़ों ग्रह हैं। उसे यह लगता था कि किसी न किसी ग्रह में कोई जीव राशि होगी, मनुष्य होंगे और सामाजिक जीवन होगा। संभव है कि उसे ऐसी कोई धरती मिल जाए जहाँ वह अपने पैर टिका सके। उसका यान एक लाख किलोमीटर प्रति घंटे की रफ़्तार से जा सकता था, क्योंकि वह तारों से मिलने वाली क्षीण ज्योति से ब्रह्मांड में उपलब्ध वायु के परमाणु विलयन से अपनी ऊर्जा पैदा कर सकता था और इस ऊर्जा से अनवरत गति से आगे जा सकता था। यान की इस गति से वह लगभग एक वर्ष से कम अवधि में सौर-मंडल को पार कर सकेगा, इसके आगे? वह यह जानता था कि यान इसी गति से आगे बढ़े तो उसे निकटतम तारे तक पहुँचने में करीब 480 वर्ष लगेंगे। अगर उसके सौरमंडल में उसे जीवन न मिला तो फिर उसे इसी तरह हज़ारों वर्ष भटकना पड़ सकता है। उसके पास इतना समय तो था नहीं। उसने सोचा कि वह स्वयं गति पाकर आगे नहीं बढ़ेगा। बल्कि ब्रह्मांड में उसी तरह तैरता रहेगा जैसे समुद्र के पानी पर कोई लकड़ी का टुकड़ा तैरता हो। उसे यह तो मालूम था कि ब्रह्मांड में और सब पिंड द्रुत गति से बढ़ रहे होते हैं। पता नहीं किस अज्ञात दिशा की ओर। अगर वह स्वयं एक जगह टिका रह सके और आस-पास अन्य तारे और उनके साथ के ग्रह भाग रहे हों तो संभव है कि कोई न कोई ग्रह उसके पास से गुज़रता मिलेगा। वह अपने संगणक को ऐसे किसी ग्रह का पता लगाने का काम सौंप कर बैठ जाए तो हो सकता है कि उसका यान उसे उस ग्रह तक फिर पहुँचा दे। वह उस ब्रह्मांड में तब तक तैरता रहेगा जब तक उसे कोई वांछित संसार न मिल जाए। कठिनाई सिर्फ़ यही थी कि उसके अपनी ज़िंदगी आख़िर कितने वर्षों की है। जो भी हो उसे तो निकलना ही है चाहे भविष्य के गर्भ में जो भी उसके लिए सुरक्षित हो। उसे अपने यान की ज़िंदगी पर पूरा भरोसा था। उसका यान सबसे शुद्ध धातुओं से निर्मित था और हज़ारों वर्ष तक वह प्रकृति के किसी भी तत्व से विगलित नहीं हो सकता था। उसने निर्णय कर लिया कि वह इस निर्दिष्ट गंतव्य की यात्रा पर निकल पड़ेगा। उसने अपने संगणक को इस यात्रा के लिए अभिक्रमित करने का यत्न किया और संगणक ने उसे सूचना दी कि इस प्रकार की यात्रा संभव है।

वह सौर मंडल पार करते ही यान को स्वचालित गति पर रख देगा। यान राडार यंत्र द्वारा निकट में पड़ने वाले ग्रहों का पता लगाकर उन ग्रहों को वर्गीकृत ध्वनि संकेत देता जाएगा। अगर कहीं से उसे संकेतों का उत्तर मिले तो उन्हें विश्लेषित कर 35 को आवश्यक सूचनाएँ देगा। 35 सौर मंडल पार कर यान के भीतर के अतिशीलन कक्ष में प्रवेश कर जाएगा, जिसका तापमान शून्य से बहुत नीचे होगा। उस परिवेश में वह

सुषुप्तावस्था में पड़ा रहेगा। चूँकि उस तापमान में सारे शारीरिक कार्य व्यापार स्थगित हो जाएँगे। उसे ख़ुराक नहीं चाहिए होगी और श्वास के लिए अतिस्वल्प मात्रा में आक्सीजन की ज़रूरत होगी। जब भी संगणक को कोई संकेत मिलेगा, वह 35 को उसकी अवस्था से जागरण की अवस्था में लाएगा। 35 ने संगणक को यह भी आदेश दिया कि वह संकेत न मिलने की स्थिति में हर पचास साल में एक बार जगाए, जिससे वह अतिक्षीण शारीरिक व्यापार की शक्ति के लिए ख़ुराक ले सके। उसके पास जो गोलियाँ बची थीं, वे उसके लिए सैकड़ों वर्ष के लिए पर्याप्त होंगी। अगर वह इतने वर्षों तक ज़िंदा रहा, तो कहीं न कहीं अवश्य पहुँचेगा। अगर न ज़िंदा रहा तो? तो यान अतिशीलन कक्ष में सुरक्षित शव के साथ अनंत की ओर तब तक दौड़ता रहेगा जब तक उसका स्वयं अंत न हो जाए।

यह निर्णय करने के बाद उसने एक दिन मुखिया से कहा कि वह चिड़िया गाड़ी में बैठकर बहुत दूर जाने वाला है। मुखिया ने पूछा, तुम्हारे देश में 35 ने जवाब दिया "नहीं, और दूर, बहुत दूर, आसमान में महाशक्ति के साम्राज्य की ओर।" मुखिया को उस गगन साम्राज्य में उसके पहुँचने की बात विस्मयकारी लगी। वह व्यक्ति तो उस महाशक्ति के हास और क्रोध के भी दर्शन कर सकेगा? "फिर कब आओगे?" "पता नहीं, शायद कभी नहीं। महाशक्ति ने मुझे रोक लिया तो फिर भी कभी आऊँगा नहीं।" इस बात पर मुखिया का मुख मलिन हो गया। इतने दिनों में उसने अपने बराबर का एक साथी पाया था जो उस समाज का सहज ही सदस्य बन गया था। यह बात और लोगों को भी मालूम हुई तो उन्हें गहरा दुख हुआ। वे उससे पूछना चाहते थे कि वह क्यों जा रहा है, लेकिन पूछा नहीं। उनके चेहरों पर प्रश्न ज़रूर अंकित थे। शोकाकूल मन से उन लोगो ने उसके प्रस्थान को अनिवार्य दुर्घटना के रूप में स्वीकार कर लिया। उन लोगों का मन था कि वह हमेशा उनके साथ बना रहे, लेकिन वे शायद जानते थे कि वह कहीं जाने को बाध्य है।

लोगों से घिरे हुए वह यान की ओर बढ़ा। आदिम जाति के लोग कुतूहल से यह देखना चाहते थे कि वह किस तरह चिड़िया में बैठ ऊपर महाशक्ति के पास जाता है। एक लड़के ने उसे फल देना चाहा, तो 35 ने उसकी पीठ थपथपाकर मना किया। उसने तामतामी को सीने से लगाकर विदा ली। वह जानता था कि वह उसे तसल्ली नहीं दे सकता था। उसका मन कमज़ोर होता जा रहा था। फिर उसने दुखभरे मन से मुखिया को सीने से लगाया और कहा "बड़े दादा, अब चलता हूँ। महाशक्ति कहेगी तो वापस आ जाऊँगा, तुम सब लोगों के पास, तामतामी के पास।" भारी मन से उसने यान में प्रवेश किया, द्वारा बंद किये ओर यान चालू किया। यान उठने लगा तो उसे लोग

विस्मय से दोनों हाथ ऊपर उठाये नज़र आये। जब वह इस जगह आया था, तब लोग जानवर के शिकार में तल्लीन थे और उसे नोच खाने की व्यग्रता में थे। अब यहाँ से जा रहा है तो सब भूख-प्यास छोड़कर उसे विदा करने आये हैं।

जब यान उन लोगों से दूर आगे जा रहा था तो उसे उन लोगों के साथ अपने बीते हुए दिनों की ज़िन्दगी आ रही थी। सबसें अधिक उसे तामतामी की याद आ रही थी। उस लड़की को उससे कोई लाभ नहीं था। वह न उसे साथ दे सकता था, न शारीरिक सुख। फिर भी उसका उससे कितना प्यार था! आधुनिक युग में लोग न एक दूसरे से प्यार करते थे, न संवेदना प्रकट करते थे। शायद वे उसे जीवन के लिए बाधक तत्व समझते थे। काम भावना भी सिर्फ उत्तेजना के दमन के लिए था, दूसरे के प्यार के लिए नहीं। लेकिन आदिम लोग काम और प्रेम में अलगाव रखते हुए भी दोनों से जीवन का आनन्द प्राप्त करते थे। तामतामी अपने स्वार्थ की भावना से प्रेरित होकर प्यार नहीं करती थी, वह सच में दिलों को जोड़ने वाली भावना से प्रेरित थी। उसमें मानवीय कमजोरी भी थी। वह सिर्फ़ मुखिया के सामाजिक स्तर से जुड़े रहना चाहती थी। फिर भी उसका प्यार ---। इसी तरह और लोगों में भी प्यार की अनुभूति स्पष्ट झलकती थी। नहीं तो वे किसी अनजान, भिन्न प्रकृति के व्यक्ति को अपने समाज का अंग क्यों बनाते? उसे उन लोगों से बिछुड़ते हुए अपार दुख हो रहा था।

थोड़ी देर में उसे सिर्फ़ हरियाली दिखाई पड़ी, दूर धरती की परिधि में काँच के एक-दो गोले दिखाई पड़े, जो उस महा सागर में शीघ्र ही खो गये। ये वही देश थे जिन्हें अति उन्नत संस्कृति ने अपने रहने के लिए स्थापित किये थे। कुछ देर बाद उसे धरती की सतह पर वे गोले भी दिखाई नहीं पड़े। क्या यही मनुष्य का अस्तित्व है? वे इस धरती पर एक धूल कण के समान भी नहीं थे, लेकिन उनका वह अहंकार और अधिकर का मोह! लगता था कि विकास करने के बाद वे स्वयं ही धरती के कर्त्ता हैं। वे अपने से बाहर कहीं किसी वस्तु या विचार को देख भी सकते थे और इसीलिए उन्होंने स्वयं अपने को एक खोल में बंद कर लिया था और सोच लिया था कि वही खोल सृष्टि है, समष्टि है।

कुछ क्षण बाद हरियाली भी नहीं दिखाई पड़ी। सिर्फ़ मटमैली धरती लुढ़कते गेंद की तरह दिखाई पड़ी। वही धरती जिसमें नयी संस्कृति थी, जो पुरानी संस्कृति के अस्तित्व को नकारती थी, पुरानी संस्कृति थी जो किसी नयेपन का विरोध करती थी और इन दोनों के बीच झूमता हुआ व्यक्ति जो अपना बनने की कोशिश में लगा हुआ था। 35 अपने पीछे भिन्न संस्कृतियों को छोड़ आगे बढ़ रहा था। पीछे पृथ्वी सिकुड़ती जा रही थी, आगे फैला हुआ महाशून्य था।